东南交通·青年教师·科研论丛

常规公交车辆行车计划智能化编制及优化方法

张 健 李文权 冉 斌 著

国家自然科学基金资助项目(51308115)

东南大学出版社
·南京·

内 容 提 要

公交车辆行车计划是公交车辆运营调度的重要依据，是整个公交企业工作的纲领性文件之一。常规公交车辆行车计划智能化编制及优化方法研究是优先发展城市公交的重要体现，同时也是提高运输效率、增强公交吸引力、缓解城市交通拥堵的有效途径。本书共包含 8 章内容。第 1~4 章介绍了该研究的背景、意义、行车计划编制分析、信息采集与处理、时刻表编制。第 5~7 章阐述了行车计划的编制方法、优化方法和基于 VANET 的车辆动态调度技术。第 8 章是根据现有研究的不足提出需要进一步深入探索的问题，并结合车联网技术的发展提出研究的新趋势。

本书可用作交通运输规划与管理、智能交通系统、工业工程等相关专业本科生、研究生教学科研用书，也可供从事交通规划、公交管理等工作的技术和管理人员阅读参考。

图书在版编目(CIP)数据

常规公交车辆行车计划智能化编制及优化方法/张健，李文权，冉斌著. —南京：东南大学出版社，2014.7
(东南交通青年教师科研论丛)
ISBN 978-7-5641-4995-6

Ⅰ.①常… Ⅱ.①张…②李…③冉… Ⅲ.①公交车辆—车辆调度—智能运输系统 Ⅳ.①U492.4

中国版本图书馆 CIP 数据核字(2014)第 111608 号

常规公交车辆行车计划智能化编制及优化方法

著　者	张　健　李文权　冉　斌
责任编辑	丁　丁
编辑邮箱	d.d.00@163.com
出版发行	东南大学出版社
社　址	南京市四牌楼 2 号　邮编:210096
出 版 人	江建中
网　址	http://www.seupress.com
电子邮箱	press@seupress.com
经　销	全国各地新华书店
印　刷	南京玉河印刷厂
版　次	2014 年 7 月第 1 版
印　次	2014 年 7 月第 1 次印刷
开　本	787mm×1092mm　1/16
印　张	11.75
字　数	287 千
书　号	ISBN 978－7－5641－4995－6
定　价	48.00 元

本社图书若有印装质量问题，请直接与营销部联系。电话(传真):025-83791830

总　序

在东南大学交通学院的教师队伍中,40岁以下的青年教师约占40%。他们中的绝大多数拥有博士学位和海外留学经历,具有较强的创新能力和开拓精神,是承担学院教学和科研工作的主力军。

青年教师代表着学科的未来,他们的成长是保持学院可持续发展的关键。按照一般规律,人的最佳创造年龄是25岁至45岁,37岁为峰值年。青年教师正处于科研创新的黄金年龄,理应积极进取,以所学回馈社会。然而,青年人又处于事业的起步阶段,面临着工作和生活的双重压力。如何以实际行动关心青年教师的成长,让他们能够放下包袱全身心地投入到教学和科研工作中?这是值得高校管理工作者重视的问题。

近年来,我院陆续通过了一系列培养措施帮助加快青年人才成长。2013年成立了"东南大学交通学院青年教师发展委员会",为青年教师搭建了专业发展、思想交流和科研合作的平台。从学院经费中拨专款设立了交通学院青年教师出版基金,以资助青年教师出版学术专著。《东南交通青年教师科研论丛》的出版正是我院人才培养措施的一个缩影。该丛书不仅凝结了我院青年教师在各自领域内的优秀成果,相信也记载着青年教师们的奋斗历程。

东南大学交通学院的发展一贯和青年教师的成长息息相关。回顾过去十五年,我院一直秉承"以学科建设为龙头,以教学科研为两翼,以队伍建设为主体"的发展思路,走出了一条"从无到有、从小到大、从弱到强"的创业之路,实现了教育部交通运输工程一级学科评估排名第一轮全国第五,第二轮全国第二,第三轮全国第一的"三级跳"。这一成绩的取得包含了几代交通人的不懈努力,更离不开青年教师的贡献。

我国社会经济的快速发展为青年人的进步提供了广阔的空间。一批又一批青年人才正在脱颖而出,成为推动社会进步的重要力量。世间万物有盛衰,人生安得常少年?希望本丛书的出版可以激励我院青年教师更乐观、自信、勤奋、执着的拼搏下去,搭上时代发展的快车,更好地实现人生的自我价值和社会价值。展望未来,随着大批优秀青年人才的不断涌现,东南大学交通学院的明天一定更加辉煌!

2014年3月16日

前　言

在我当学生的 20 年里,最后 3 年的博士研究生学习生涯对本书的出版起到了至关重要的作用,因为我的研究对象就是城市公交车辆的行车计划编制及优化调整。

借用经济学家钟爱的"需求"、"供给"两个词,不难理解在国民经济快速发展和城镇化进程加快的进程中,人民群众日益增长的交通出行需求与现有道路交通设施所能提供的交通供给之间的矛盾日益突出。城市交通拥挤堵塞已成为制约城市可持续发展的主要瓶颈之一,并在很大程度上影响了城市经济进一步发展及人民生活水平的提高。为缓解日益严峻的交通供需突出矛盾,促进整个城市可持续发展,必须引导城市交通向"以公共交通为主体"方向发展。在城市人口密度大、道路资源相对十分有限的中国国情下,优先发展城市公共交通已成为缓解我国城市交通压力的有效措施和必然选择。

公交车辆行车计划是公交车辆运营调度的重要依据,是整个公交企业工作的纲领性文件之一。公交车辆的行车计划智能化编制是优先发展城市公共交通的重要体现,同时也是提高运输效率、增强公交吸引力、缓解城市交通拥堵的有效途径。本书围绕常规公交车辆的行车计划智能化编制及优化调整这条主线,按照"规划—管理"的思路,将公交车辆行车计划研究分成"静态—动态"两部分(以静态调度规划编制车辆行车计划,用动态调度技术来优化调整车辆行车计划)。本书的主要内容如下:

第 1 章介绍研究背景、意义、国内外研究现状、研究目标和主要研究内容,提出了研究思路和技术路线,梳理了本书的组织结构。第 2 章对常规公交车辆行车计划的传统编制方法进行分析,从常规公交车辆调度流程、调度组织形式和现场调度等三个方面分析了传统编制方法的不足,并在其基础上提出改进的车辆行车计划智能编制方法,着重给出常规公交车辆行车计划的智能化编制及优化流程图,明确智能化的具体体现。第 3 章从交通工程学科角度出发,分别从人、车、路、环、管五个方面,对常规公交车辆行车计划编制及优化所需信息的获取与处理进行了分析;综合利用乘客出行行为特征、公交站点附近土地用地性质和公交站点换乘功能影响等多元信息来改进公交线路客流 OD 推算,并对与后续章节联系较为密切的部分进行了比较详细的介绍。第 4 章是对常规公交车辆行车时刻表的编制研究,是本书的重点之一,该章通过公交站点基本信息的获取与处理,首先研究公交线路车辆发车间隔优化问题,按照"由点到线"的逻辑顺序编制出公交线路的车辆行车时刻表;然后通过区域范围内不同线路间乘客的换乘,利用公交换乘站点"由线到面"地研究了区域公交线路时刻表的调整问题。第 5 章是对常规公交车辆行车计划的编制研究，既是本书的重点，也是难点。其核心是利用排序理论中的固定工件排序知识来解决行车计划智能编制过程中车辆排班问题，从而最终解决车辆行车计划编制问题，到此章结束才算真正解决了车辆行车计划的编制问题。第 6 章是对常规公交车辆行车计划的优化调整研究。第 5 章是静态编制，该章是动态优化，主要是从动态优化调整策略、现有方法分析两个方面开展研究，然后重点讨论了公交车辆晚点到站异常情况下的车辆行车计划优化调整。第 7 章是公交车辆行车计划动态优化技术研究。伴随新技术发展，从公交车辆传统常用调度技术出发，提出了基于新通讯环境下的常规公交车辆行车计划动态优化技术。主要介绍了 VANET 的相关内容，分析了无线通讯的连通性并对集中优化调度技术进行了比对。第 8 章是结论与展望，对全书的主要研究成果与结论进行总结，概括主要创新点，分析研究的不足，并对今后研究的方向提出展望。

  本书在写作过程中得到了许多同行学者、朋友和研究生的帮助，在此特别感谢授业导师李文权教授、冉斌教授，感谢王炜教授、秦霞书记等领导及同事，感谢美国威斯康星大学麦迪逊分校的金璟博士、程阳博士和方捷博士等同门，感谢王卫博士、张鹏博士、许项东博士、李锐博士、万霞博士、曲栩博士，感谢硕士赵锦焕、研究生邱丰、华璟怡、何赏璐、聂建强、钟罡、孟越、丁婉婷等人，有了他们的支持最终才能完成本书。最后还要特别感谢我的家人，感谢父母的养育，感谢妻子的支持，感谢岳父母的理解，感谢孩子小鑫带给我的动力和欢乐，有了家庭的温暖和关怀才使得笔者有时间和精力投入到本书的写作中。

  本书有幸出版，得到了江苏省优势学科建设资助，还要感谢现代城市交通技术江苏高校协同创新中心、江苏省城市智能交通重点实验室、东南大学交通学院青年教师发展委员会、东南大学物联网交通应用研究中心、物联网技术与应用协同创新中心智慧交通物流分中心给予本人在青年教师出版方面的支持与帮助。

  由于笔者专业视野和学术水平有限，本书难免有错漏和不足之处，敬请读者批评指正。

张 健

2014 年 4 月

于东南大学

目　录

总序
前言

1 研究概述 ·· 1
　1.1 研究背景及意义 ··· 1
　　1.1.1 研究背景 ·· 1
　　1.1.2 研究问题 ·· 2
　　1.1.3 研究意义 ·· 3
　1.2 国内外研究现状 ··· 3
　　1.2.1 国外研究概况 ·· 3
　　1.2.2 国内研究概况 ·· 8
　1.3 研究目标与主要内容 ·· 12
　　1.3.1 研究目标 ·· 12
　　1.3.2 主要研究内容 ·· 13
　1.4 研究思路和技术路线 ·· 13
　1.5 本书组织结构 ·· 14

2 常规公交车辆行车计划编制分析 ·· 16
　2.1 常规公交车辆行车计划概述 ··· 16
　　2.1.1 常规公交车辆行车计划 ·· 16
　　2.1.2 常规公交车辆调度的形式 ··· 17
　　2.1.3 常规公交车辆调度的分类 ··· 17
　2.2 行车计划传统编制方法介绍与分析 ·· 18
　　2.2.1 车辆行车计划传统编制 ·· 18
　　2.2.2 公交车辆传统调度流程 ·· 19
　　2.2.3 公交车辆传统调度组织形式 ·· 19
　　2.2.4 公交车辆传统现场调度 ·· 20
　　2.2.5 车辆行车计划传统编制方法的不足 ··································· 21
　2.3 改进的车辆行车计划智能编制方法 ·· 21
　　2.3.1 公交车辆行车计划智能编制及优化流程 ···························· 22
　　2.3.2 公交车辆智能调度组织形式 ·· 23

    2.3.3 公交车辆智能现场调度 ································· 23
    2.3.4 车辆行车计划编制的智能化体现 ······················· 26
  2.4 本章小结 ·· 27

3 车辆行车计划编制及优化的基本信息获取与处理 ················· 28
  3.1 引言 ·· 28
  3.2 公交客流特征信息的获取与处理 ····························· 29
    3.2.1 调查内容 ··· 29
    3.2.2 获取手段 ··· 29
    3.2.3 信息处理 ··· 33
  3.3 公交车辆运营信息的获取与处理 ····························· 34
    3.3.1 调查内容 ··· 34
    3.3.2 获取手段 ··· 35
    3.3.3 信息处理 ··· 39
  3.4 公交线路特征信息的获取与处理 ····························· 41
    3.4.1 调查内容 ··· 41
    3.4.2 获取手段 ··· 42
    3.4.3 信息处理 ··· 42
  3.5 道路环境特征信息的获取与处理 ····························· 46
    3.5.1 调查内容 ··· 46
    3.5.2 获取手段 ··· 46
  3.6 公交管理政策信息的获取与处理 ····························· 48
    3.6.1 调查内容 ··· 48
    3.6.2 获取手段 ··· 49
  3.7 本章小结 ·· 49

4 常规公交车辆行车时刻表编制研究 ································ 50
  4.1 行车时刻表编制技术 ·· 50
    4.1.1 车辆运行参数的确定 ································· 50
    4.1.2 行车次序排列的确定 ································· 53
    4.1.3 确定发车类型 ·· 53
    4.1.4 完成车辆行车时刻表 ································· 54
    4.1.5 行车时刻表编制总结 ································· 55
  4.2 公交车辆线路发车间隔优化研究 ····························· 56
    4.2.1 引言 ·· 56
    4.2.2 线路发车间隔优化模型建立 ·························· 56
    4.2.3 模型求解算法 ·· 60

4.2.4 算例分析 ………………………………………………………… 70
4.3 公交车辆区域行车时刻表优化研究 ………………………………… 77
　　4.3.1 引言 …………………………………………………………… 77
　　4.3.2 车辆区域行车时刻表优化模型建立 ………………………… 78
　　4.3.3 模型求解 ……………………………………………………… 80
　　4.3.4 算例分析 ……………………………………………………… 81
4.4 本章小结 ………………………………………………………………… 83

5 常规公交车辆行车计划编制研究 ……………………………………… 84
5.1 引言 ……………………………………………………………………… 84
5.2 公交车辆线路行车计划编制 …………………………………………… 84
5.3 公交车辆区域行车计划编制 …………………………………………… 86
　　5.3.1 排序理论的引入——固定工件排序模型 …………………… 86
　　5.3.2 排序理论下的区域车辆排班模型 …………………………… 87
　　5.3.3 模型求解 ……………………………………………………… 94
5.4 算例分析 ………………………………………………………………… 102
　　5.4.1 算例设计 ……………………………………………………… 102
　　5.4.2 离线情况下的公交车辆区域行车计划 ……………………… 103
　　5.4.3 在线情况下的公交车辆区域行车计划 ……………………… 106
5.5 本章小结 ………………………………………………………………… 108

6 常规公交车辆行车计划优化调整研究 ………………………………… 109
6.1 引言 ……………………………………………………………………… 109
6.2 常规公交车辆行车计划优化调整方法 ………………………………… 109
　　6.2.1 动态优化调整策略 …………………………………………… 110
　　6.2.2 现有站点调度问题分析 ……………………………………… 110
　　6.2.3 晚点到站异常情况下的车辆行车计划优化调整 …………… 111
6.3 本章小结 ………………………………………………………………… 114

7 基于VANET的公交车辆行车计划动态优化技术 …………………… 115
7.1 公交车辆动态调度常用技术 …………………………………………… 115
　　7.1.1 传统的现场调度技术 ………………………………………… 115
　　7.1.2 基于GPS-GSM/GPRS/CDMA的调度技术 ………………… 115
7.2 基于VANET的公交车辆动态优化调度 ……………………………… 117
　　7.2.1 VANET相关概念 ……………………………………………… 117
　　7.2.2 国内外研究现状 ……………………………………………… 118
　　7.2.3 车载自组网技术 ……………………………………………… 120

  7.2.4　基于 VANET 的公交车辆动态调度 ················· 123
 7.3　公交车辆动态调度无线通信的连通性分析 ················· 126
 7.4　常规公交车辆动态优化调度技术对比 ··················· 129
 7.5　本章小结 ······································ 129

8　结论与展望 ······································ 130
 8.1　主要研究成果与结论 ······························· 130
 8.2　主要创新点 ····································· 131
 8.3　研究不足与展望 ·································· 132

参考文献 ··· 135

附录 1　GPS 数据处理程序 ··························· 150
附录 2　LINGO 软件编程代码 ························· 154
附录 3　排序理论介绍 ································ 156
附录 4　University of Wisconsin-Madison 校园公交线路图 ··· 166
附录 5　Access 数据库中数据处理的 Java 软件编程 ········· 167
附录 6　主要变量及符号释义 ·························· 174

1 研 究 概 述

1.1 研究背景及意义

1.1.1 研究背景

随着国民经济的高速发展和城镇化进程的加快,人民的生活水平不断提高,城市规模不断扩大,我国机动车拥有量及道路交通量急剧增加。尤其在大城市,交通拥挤堵塞已经成为制约城市可持续发展的主要瓶颈之一,并在很大程度上影响了城市经济进一步发展及人民生活水平的提高。以北京市为例[1],2009年末全市民用汽车拥有量达到368.11万余辆,相比2000年末的104.12万辆,增长了2.54倍;私人汽车拥有量达到296.56万余辆,相比2000年末的49.41万辆,增长了5.00倍。据调查[2],2005年,北京市市区高峰小时机动车流量超过10 000辆以上的路口有55个,5 000~10 000辆的路口有51个,严重拥挤堵塞的路口和路段有99处。市中心区道路网高峰期的平均负荷度已超过90%,11条主要干道的平均车速已降至12 km/h,个别路段的车辆行驶速度仅为7~8 km/h,有近1/5的路口与路段呈瘫痪状态。进入"十一五"后,市区道路交通拥堵范围更加扩大,拥堵范围逐步由市中心区向外围和放射线道路蔓延。尤其是在早晚高峰时段,全市拥堵道路经常超过百条,节假日前夕有时竟高达140条。特别是遇到雨雪恶劣天气,全市脆弱的道路交通系统几乎濒临瘫痪。据《2009福田指数——中国居民生活机动性指数研究报告》显示,道路畅通时,北京居民每天平均上下班在路上消耗的时间为40.1 min,若遇到拥堵,则该时间会增长一半以上(62.3 min)。此外,每天早高峰时间比以往提前约1个小时,晚高峰多从下午4点左右开始,持续到晚8、9点才结束。据统计,北京每台机动车每月支付的道路拥堵成本在300~400元之间,若全市机动车保有量以450万辆计算,则年损失就高达216亿元。

众所周知,公共交通具有运载量大、运送效率高、能源消耗低、相对污染少、运输成本低等优点。优先发展城市公共交通是提高交通资源利用效率,缓解交通拥堵的重要手段;在城市交通结构中,公共交通在人均占用道路资源、道路环境污染和能源消耗等三方面颇具优势。一方面,优先发展城市公共交通是国外城市交通发展的经验总结。在欧洲,瑞士的苏黎世、德国的弗莱堡、法国的巴黎等城市都是成功的范例;在亚洲,一些国家和地区拥有完善的城市公共交通系统,如日本东京、新加坡和香港;在美洲,巴西的库里蒂巴是快速公交(Bus Rapid Transit, BRT)的发源地,即使是在汽车王国美国,也有像波特兰这样的公共交通示范城市。另一方面,我国政府也高度重视城市公共交通的优先发展。2004年6月,温家宝总理做出重要批示:"优先发展城市公共交通是符合中国实际的城市发展和交通发展的正确战略思想。"2005年9月23日,国务院办公厅转发了建设部等六部门《关于优先发展城市公共交通的意见》(国办发〔2005〕46号),要求各地要认真贯彻落实"公交优先"战略。2005年11月17日,全国公交企业代表共同签署公交优先的《郑州宣言》。2006年,建设部会同国家发展和改革委员会、财政部、劳动保障部等四部门印发了《关于优先发展城市公共交通若干经济政策的意见》(建城〔2006〕288号文件)。2009年10月7日,胡锦涛总书记在考察北京交通工作时指出:"要解决城市交通问题,必须充分发挥公共交通的重要作用,为广大群众提供快捷、安全、方便、舒适的公共交通服务,使广大群众愿意乘公交、更多乘公交。"

因此,为缓解日益严峻的交通供需突出矛盾,促进整个城市的可持续发展,必须在加大城市交通建设、规划和管理步伐的同时,采取多手段调控城市交通结构,引导城市交通向以公共交通为主体的方向发展,特别是在城市人口密度大、道路资源相对十分有限的现实国情下,优先发展城市公共交通已经成为缓解我国城市交通压力的有效措施和必然选择。

虽然提出"优先发展城市公共交通"的交通政策已有许多年,但是我国城市公共交通却发展缓慢。以南京市为例[3],主城区1999年居民公交出行方式比例为21%,2005年为22.6%,2006年为18.61%(其中轨道交通分流0.68%),2007年(含轨道交通)为21.46%[4],2008年(含轨道交通)为21.56%[5],2009年为21.86%(其中路面公交出行比例为19.11%[6],轨道交通出行比例为2.75%)。造成城市公交发展缓慢的表面原因有两个方面,一是居民出行对公交方式失去了吸引力,主要原因有:①公交车辆到站准时性不能保证;②车内环境差、服务质量低;二是公交企业效率低下,亏损严重,影响服务质量。这两个方面互相影响,使公交发展陷入了恶性循环。造成公交失去吸引力和公交公司亏损的重要原因是:公交运营调度不合理、欠优化。调度是依据"行车计划",并执行"行车计划",车辆行车计划的编制及优化是本书要研究的内容。

1.1.2 研究问题

公交车辆行车计划是公交运营调度的重要依据。整个公交企业的工作都围绕公交车辆行车计划进行安排。车辆行车计划编制及优化的是否合理,不仅直接影响企业生产效率、经济效益和服务质量,还进一步影响着居民公交方式出行比例和城市运输效率。编制车辆行车计划的目的是:通过科学组织车辆运行最大限度地方便公交乘客出行,满足居民公交出行需求,提高公交出行方式的吸引力。公交车辆行车计划编制不合理或者调整不及时,会直接导致车辆过分拥挤或者接近空车运行,既影响公交公司效益,又失去公交对市民吸引力。所以,研究公交车辆行车计划的编制及优化是提高运输效率、增强公交吸引力、缓解城市交通拥堵的有效途径。

按照各种交通工具的技术特征,可将公共交通系统分为常规公共交通系统、大运量快速公共交通系统、辅助公共交通系统和特殊公共交通系统。常规公共交通系统主要包括公共汽车、公共电车(有轨、无轨)、小型公共汽车(中巴)等。它是城市公共交通系统的主体,是使用最广泛的公共交通系统,其特点是灵活机动、成本较低。大运量快速公共交通系统又称轨道交通系统,包括地铁、轻轨、高铁,其特点是运量大、速度快、可靠性高,并可促进城市土地开发,但造价很高。辅助公共交通系统包括出租车、三轮车、摩托车,在城市公交系统中起着辅助和补充作用。特殊公共交通系统包括轮渡、缆车等,在特殊条件下采用[7]。显而易见,对常规公交系统的研究更具有广泛性和现实性。

公共交通事业的快速发展,"优先发展城市公共交通"政策的切实落实,居民公交出行方式比例的提高,离不开现代化的公交技术和管理手段。如何充分利用现有的城市常规公共交通基础设施,提高公交车辆的运营效率？如何智能化地编制公交车辆行车时刻表和排班计划？这正是本书所要思考和探索的问题,即常规公交车辆行车计划的智能化编制及优化方法研究。

1.1.3 研究意义

目前,我国大部分城市的公交车辆调度仍在沿用20世纪40年代的"定点发车,沿线失控、两头卡点"传统手工作业编制方式。行车计划的编制多凭调度人员的经验,缺少必要的理论指导,具有不稳定的缺点；调度员与驾驶员之间缺乏必要联系,公交车辆调度处于"看不见、听不着"状态,对运营过程中出现的临时性变化反应滞后；车辆运营中的"串车"、"大间隔"现象普遍,乘客候车时间过长、前车提前离站、后车拥挤不堪的现象常有发生,导致公交公司的经济和社会效益受到很大损失。由于缺乏实时的数据反馈和高效的分析预测,公交车辆的现场调度只能依赖于调度员的经验,车辆调度的科学性、实时性和有效性得不到保障。

近些年来,随着国家大力优先发展公共交通政策的实施,以及计算机网络、无线通讯、车辆定位、大屏幕显示、公交电子站牌等技术的不断完善,我国部分城市利用全球定位系统(Global Positioning System,GPS)、通用分组无线业务(General Packet Radio Service,GPRS)、地理信息系统(Geographic Information System,GIS)等先进技术产品先后建立了智能化公交调度系统。例如,北京、上海、杭州、大连等城市对建设先进公共交通系统给予了高度重视,在硬件建设方面取得了初步成果,先后在部分公交线路上建立了公交智能化调度系统。然而,由于它们依据的公交车辆行车计划未能摆脱传统的经验编制模式,与之配套的车辆调度形式在很大程度上仍然由调度人员的经验决定,而不是根据实时公交车辆运行状况由系统自动给出,使得现有调度系统难以发挥其应有作用。因此,为改善我国公交车辆调度落后状况,国家高技术研究发展计划设立了探索导向类专题课题,研究我国城市公交车辆行车计划的智能化编制及优化方法具有重要的理论意义和实用价值。

1.2 国内外研究现状

公交车辆行车计划编制及优化研究大致可归纳为两个方面:①优化理论研究；②系统设计与集成。可将这两个方面分别视为车辆运营调度系统的"软件"和"硬件"部分。前者是在系统提供的信息基础上,辅助调度员或系统自身做出科学决策；后者是利用大量定位、通讯、控制等硬件技术装备,获得充分的实时信息,保证信息中心与公交车辆之间的信息交通畅通。

1.2.1 国外研究概况

国外发达国家对公交车辆行车计划编制及优化的理论研究非常重视,开始研究的时间也早,主要运用运筹学等应用数学的理论和方法,针对行车计划编制及优化进行研究。已取得了大量的研究成果,并出版了相关指南和手册。以美国为例,早在1947年8月就已经出版《公共交通运营计划编制指导手册》[8]。1998年,美国公共交通合作研究项目(Transit Cooperative Research Program,TCRP)出版行车计划编制培训手册《报告30》[9],2009年又出版了该手册升级版《报告135》[10]。丰富的公交车辆行车计划编制及优化技术与先进的车辆定位、无线通信、计算机网络技术相结合,使得国外很早就建立了很多公交调度系统的实例。如20世纪80年代以来,美国、日本、新加坡和欧盟部分发达国家对公交系统的智能化研究给予了高度重视和巨大投入,大量研究成果和先进技术被应用于城市公交调度系统,传统公交行车计划编制及优化中存在的诸多问题得到了很大改善,这些国家已经进入了智能化公交运营调度时代。

1) 优化理论研究方面[11-13]

20世纪50年代后期,英国利兹大学探讨了计算机在交通调度中的应用问题,并在60年代将理论研究成果应用于铁路和公交车辆的行车计划编制中,为进一步研究的可行性提供了理论和技术基础。1966年,Elias提出公交行车计划中车辆和人员的分配优化模型。1968年,Kirman发表了最早的基于网络的调度优化方法。

进入20世纪70年代,各种行车计划编制软件的研究促进了理论的进一步发展。如Hoffstadt提出的基于网络调度优化的Hungarian算法,Ario等于1979年提出的分时段优化调度方法。1975年在芝加哥举行的"公交车辆功能自动调度技术"研讨会上,第一次将应用软件分为基于线路和基于网络两类,表明基于网络的优化理论已较为成熟,而且得到了广泛应用。在整个70年代,许多优化理论应用到公交调度优化理论中,如匹配算法(Matching Methods)、集划分算法(Set Partitioning)、集覆盖法(Set Covering Approaches)和交互式优化法(Interactive Approaches)等寻优方法。

20世纪80年代公交行车计划编制研究的侧重点是实用理论的建立、区域行车计划编制优化理论的研究和计算机模拟执行行车计划。1981年,Stern和Ceder[14]将Deficit函数引入到车辆行车计划编制中,应用该方法研究了运营车辆数的最小化问题。1983年,Bodin等[15]提到一种考虑线路时间约束的车辆调度问题,约束由车辆离开车场的时间或英里数代替。1985年,Furth[16]针对线路两方向客流不均匀问题,探讨了如何优化放车调度(空车发出、中途载客)过程,并提出了相应模型。1985年,Koutsopoulos等[17]提出了一个用来求解具有不同需求的公交网络中每日不同时段的发车频率问题模型,模型中维修费用和出行时间也假设随时间的变化而变化。区域行车计划编制的理论研究主要集中在单车场车辆行车计划编制问题(SDVSP)和多车场车辆行车计划编制问题(MDVSP)的模型和求解方法上。1984年,Carraresi和Gallo[12]提出了基于先分组后安排线路策略的车辆行车计划编制模型,为多车场车辆行车计划编制问题的求解打下基础。1987年,Bertossi等[18]考虑到多车场车辆行车计划编制问题的复杂性,提出了一种启发式求解算法。计算机模拟方面也有很多研究成果,如公交线路发车频率模拟模型、运营情况模拟模型等,拓展了公交车辆行车计划编制模型的建模和求解方法。如1988年,Marlin等[19]开发了一种仿真模型来编制公交车辆行车计划,检验结果的可行性,并在交互的计算机支持系统中使用了数学规划方法对车辆进行分配。

随着先进公共交通系统(APTS)的发展,20世纪90年代开始对实时调整和各种调度控制模式下的行车计划编制进行了研究。1992年,Li和Rousseau[20]建立了实时放车调度的优化模型并运用启发式算法进行求解。1993年,Carey[21]研究了车辆的非准点到站分布,以及不同发车间隔下乘客的到达分布,基于个体对费用、出行时间等因素考虑研究了时刻表的编制问题。1995年,Van Oudheusden和Zhu[22]提出用于优化公交线路发车频率的模拟模型。1995年,Eberlein[23]系统地研究了实时控制策略下的公交运营模型和分析。1998年,Adamski和Turnau[24]运用SIMULINK仿真工具对处于准点控制、发车间隔控制、协同控制和随机控制四种调度控制模式下公交线路运营状况进行了模拟仿真研究。1999年,Dessouky等[25]运用车辆跟踪技术研究了大间隔发车的公交车辆到站的延误分布,发现车辆的晚点与起始时间无关,为实时控制提供一定依据。2001年,Ceder等[26]研究以协同最大化为目标的公交时刻表制定,建立了多条公交线路协同发车的行车计划编制模型。

21世纪以来,理论研究进入"百家争鸣,百花齐放"新时期:既有改进传统车辆行车计划编制模型,又有构建智能化新模型;既研究车辆的线路调度,也有探讨区域调度。2000年,Banihashemi和Haghani[27]重点研究了实际的大规模多车场车辆行车计划编制问题的求解算法。2001年,Palma和Lindsey[28]研究了单条线路在给定公交车辆数情况下的公交时刻表的优化编制方法。2002年,Haghani和Banihashemi[29]为解决现实中可能存在的诸如燃料消耗之类的约束,在车辆行车计划编制问题中考虑了额外的运行时间约束,并提出了几种启发式求解方法。该方法在大城市的应用表明,需要减少变量和约束条件的数目。同年,Valouxis和Housos[30]以乘客出行费用最少为目标建立了关于车辆与驾驶员最佳组合问题的模型,并采用一种快速遗传算法对模型进行求解,在希腊的几个运输公司中得到了较好应用。2003年,Haghani等[31]比较了三种车辆行车计划编制模型,一种是多车场模型,其他两种是基于特殊多车场问题的单车场模型,分析表明在一定情况下,单车场行车计划编制模型表现更好,并对重要参数进行了敏感性分析,分析结果表明空驶车次的行驶速度参数非常关键。2004年,Zolfaghari等[32]提出了一种基于实时信息的公交调度模型。2005年,Gintner等[33]研究了多车场多车型的公交车辆行车计划编制问题。2006年,Rodrigues等[34]给出了一种解决大都市车辆与驾驶员调度问题的计算工具。2007年,Fattouche[35]通过更好的行车计划编制来改进高频率发车下公交车辆服务的可靠性。2008年,Guihaire和Hao[36]对城市公交网络的设计与行车计划编制进行了系统全面的文献综述研究。2009年,Laurent和Hao[37]提出了一种列生成法用来求解多车场车辆行车计划编制问题。同年,Michaelis等[38]在给定的公交网络上,给出了一种以顾客为导向的启发式算法,来求解公交线路规划、时刻表生成和行车计划编制的一体化问题。2010年,Guihaire和Hao[39]以改进服务质量、降低车辆运营成本为目标,联立考虑了时刻表生成和公交车辆分配,并对时刻表进行了重新定义,给出了一种求解方法。

特别的,在线路发车间隔优化方面:

1980年,Schéele[40]提出了一个最小乘客出行时间的公交线路发车频率优化模型。该模型是一个非线性规划,其决策变量是每条线路的发车频率,优化频率同时还考虑客流分配问题。1981年,Furth和Wilson[41]介绍了确定公交线路发车间隔的四种常用方法,提出用于确定给定公交网络的发车频率的一种优化(非线性规划)模型和求解算法;模型假设每条线路的需求是具有弹性的,即对发车频率变化敏感,却没有建立不同线路间需求的关联关系。1984年,Ceder[42]提出了基于站点调查数据(最大客流)和基于跟车调查数据(断面客流)确定发车频率的四种方法。1985年,Koutsopoulos等人[43]提出了一个以乘客等待费用、运营者成本和拥挤费用最小为目标,用来求解具有不同需求的公交网络中每日不同时段的发车频率问题的模型,该模型是一个非线性规划,通过简化初始条件,最后采用线性规划方法进行了求解。1990年,Banks[44]提出了一种在公交线路系统中确定发车间隔的模型,并对比了线路需求变化与需求固定的情况。1994年,Shih和Mahmassani[45]在给定的公交网络中,在O-D需求不变情况下,提出了一种迭代的方法:首先优化车型,然后根据载客量确定发车频率,再重新优化车型,直至结果相差不大为止。2003年,Wirasinghe[46]检验了由Newell提出的发车频率计算公式的有效性,指出在大多数情况下,Newell提出的"平方根法则"通过一些修改是可用的。

在区域车辆时刻表编制研究方面:

2001年,Ceder等[47]建立了以网络中每两辆公交车辆相遇次数最大为目标的模型,并应用于以色列的公交运营系统。但该模型没有考虑公交站台的停车泊位数,也没有考虑到多辆车相遇要比两辆车辆分别相遇可以给乘客换乘提供更多的选择。

2006年,Cevallos和Zhao等[48]建立了比较详尽的车辆同步到达模型,但参数难以获得,不具备实用性。

在车辆行车计划编制研究方面:

美国公共交通合作研究项目(TCRP)的《报告30》[9]和《报告135》[10]给出了构建车次链的基本方法。1972年,Salzborn[49]建立了在已知车次的平均往返时间和停站时间,放射状公交线路下计算最小车队规模的模型。20世纪八九十年代,Vijayaraghavan研究了基于大站快车和区间车调度策略下的车辆分配、组织和行车计划编制问题,并通过引入若干特定线路从而减少某条线路的车辆数[50-51];Freling等[52](2001)和Huisman等[53](2005)提出了用于求解单条线路车辆人员编制问题的集成方法:将车辆行车计划问题定义为一个网络流问题,网络中的每条路径代表一个可行的行车计划编制方案,每个点代表一个车次;在组合过程中网络问题合并为相同的规划问题,问题中还包含了用于描述人员编排问题的集合分割问题。

(1) SDVSP

SDVSP可以理解为MDVSP的子问题,也可以被描述为最小费用流问题、线性指派问题、运输问题、近似指派问题或匹配问题。

1978年,Gavish和Shifler[54]定义了大型公交企业的行车计划编制问题,即如何合理的规划车辆配置来执行给定的班次任务,给出了满足相关约束条件下所需车辆数最小和车辆闲置时间最少的问题求解算法。1995年,Desrosiers等[55]归纳了SDVSP研究中的关键问题,指出SDVSP研究的主要进展,并在此基础上对SDVSP研究前景进行了展望。1999年,Kwan和Rahin[56]提出一种面向对象的车辆行车计划编制方法,该方法通过修正交换规则改进Smith和Wren在1981年提出的VAMPIRES迭代算法,改进算法引入了辅助活动层次分类概念,这些辅助活动包括:车次、滞留、重新分配、无效的滞留、无效的重新分配、场站返回、场站起始、场站结束。2001年,Fring等[57]应用准指派问题模型和贪婪算法讨论了单车场单车型的车辆调度问题,提出了四种不同算法并比较了它们的效率:用于求解准指派问题的现有贪婪算法和新贪婪算法,可交换的二阶段准指派模型,用于减小问题规模的基于核心的算法。同年,Hasse等[58]描述了车辆人员集成编排问题,研究了单车场单车型的车辆行车计划编制问题,对于人员编制问题提出了包含线路行程边缘约束的集合分割问题,基于这样的约束可产生适宜的车辆行车计划。

(2) MDVSP

MDVSP 是 SDVSP 的扩展问题。1987 年，Bertossi 等[59]证明了车场数大于等于 2 时的 MDVSP 属于 NP-hard 问题。在实际应用中，车辆行车计划编制问题通常被描述为整数线性规划(Integer Linear Programming，ILP)问题。其求解方法的基本原理是：首先构造一个解空间，然后利用启发式方法缩减这个空间，再将问题描述为集合覆盖问题，然后利用分枝定界法对问题进行求解。近几年，列生成(Column Generation)技术被引入到 ILP 问题求解中，求解的问题规模有所增大，但对大型实际问题的求解仍需简化。

因为区域调度下的配车问题，可行解数量极大，特别是针对多车场车辆行车计划编制问题，所以针对该问题的研究多集中在问题求解算法方面。1981 年，Ceder 和 Stern[14]提出了逆差函数法(Deficit Function Approach)来解决公交车辆调度问题，描述了一种基于构建空驶班次的算法来减少车队规模。1993 年，Dell'Amico 等[60]基于最短路径问题研究了几种启发式算法，为多车场行车计划编制问题寻求所需的最小车辆数。算法分阶段进行，每阶段中新增加车辆的任务都得以确定。通过在网络子集而非整个网络中应用最短路径算法来提高算法效率。算法定义了一个禁用弧集，之后在网络图中搜索不包括禁用弧的可行回路。通过将整个问题分解为几个部分的方法来减少问题规模，并对基本算法进行了修正，如将求解车次的再分配问题替换为单车场行车计划编制问题、重组部分车次以及不同车场每个车次对的内部再分配等，以节约计算时间。1995 年，Mingozzi 等[61]第一次提出了解决有时间窗(Time Windows)的多车场车辆行车计划编制问题(Multiple Depot Vehicle Scheduling Problem with Time Windows，MDVSPTW)的算法，算法使用分枝定界法解决包含筛选列集的集合分割模型，列集筛选使用了变量固定法(Variable Fixing)。Löbel[62-63](1998，1999)研究了多车场车辆行车计划编制问题及其松弛问题，提出一个特殊的多货物流问题模型，并基于拉格朗日松弛技术提出了列生成算法求解模型，将问题转变成线性规划问题以应用分枝定界法求解。1999 年，Mesquita 和 Paixao[64]基于多货物网络流模型，使用了搜索树方法对多车场行车计划编制问题进行求解。该算法包含用于描述车次间的连接和描述将车次分配到场站这两种不同类型的决策变量。Banihashemi 和 Haghani[27][29](2000，2002)重点研究了实际的大规模多车场车辆行车计划编制问题的求解算法，提出了几种启发式求解方法，通过修正方法减少问题求解规模，将原问题转化为一组单车场问题，并考虑了续驶时间约束限制。2005 年，Huisman 等[65]提出了用于描述多车场调度问题的动态模型，通过解决一系列短时优化问题对静态调度问题中假设行驶时间是一个仅输入一次的固定参数进行了调整，研究表明少量增加车辆可满足最小化晚点车次和最小化总延误费用目标。为求解模型，应用了"聚类再生成"启发式算法：算法开始于一个分配车次给车场的静态问题，然后求解多个动态的单车场问题，最后基于数学规划模型得出优化的结果。

值得注意的是，MDVSP 的模型并不一定比 SDVSP 的模型标线更好。2003 年，Haghani 等[66]比较了三种车辆调度模型：一种是多车场模型，另两种是基于特殊多车场调度问题的单车场模型。研究表明，在一定条件下单车场调度问题的模型表现更好，空驶车次的行驶速度参数非常关键。这也是本书只对 SDVSP 进行研究的原因之一。

综观国外学者的研究成果，国外公交车辆行车计划优化理论研究还在不断深化、不断完善。主要内容可总结为：基于不同目标公交行车计划编制优化模型、区域协调编制优化问题、不同运营模式下公交行车计划编制方法以及实时调整技术。国外研究成果注重分析模型的直接目标和约束条件,对目标和约束条件更深层次原因研究较少。另外,由于国情不同,如在城市交通高峰时段公交乘客的流量大、线路发车频率高,不少国外学者的研究成果并不一定适用。因此,本书从我国的国情出发,在考察具体公交线路的基础上,研究适合我国的公交车辆行车计划编制及优化方法。

2) 系统设计与集成研究方面[11][13]

国外发达国家在研究公交车辆行车计划编制优化理论的同时,还积极地吸收采用各种高新技术,提高行车计划编制及优化的有效性和可靠性,从而提高公交吸引力。主要使用的新技术有:现代通讯技术、车辆自动定位(Automatic Vehicle Location,AVL)技术、乘客自动计数系统、地理信息技术等。其中,无线信息传输技术以及车辆定位技术的发展对推动行车计划编制及优化的智能化起着关键性作用。车辆自动定位技术是行车计划调整的核心技术,通过定位与传输设备实现调度指令的交互传递。常用的车辆定位技术有:GPS、路标(Signpost and Odometer)定位技术、陆基无线(Ground-based Radio)定位技术和惯性导航系统(Inertial Navigation System,INS)。目前,基于车路通讯的定位技术正处于研究中。此外,GIS 技术的日渐成熟和智能化也为提供了有效的技术支撑。

公交车辆行车计划智能化编制及优化需要硬件设备的支撑,更离不开软件系统的支持。国外在软件系统开发和应用上已经取得了一定成果。从 20 世纪 70 年代逐渐发展起来的英国 BUSMAN 系统,已经在英联邦国家的公交系统中广泛应用,其主要功能有车辆及人员调度,提供大量的公众信息、驾驶员和管理方面的文件,行车计划自动化方案的调整和方案评价等;由德国 Hamburger Hochbahn AG 开发的 HOT 系统是基于区域运营调度而设计的,主要包含 5 个部分:数据管理、灵敏度分析、车辆的调度、班次计划和人员安排。其车辆和班次计划及人员安排采用是的边优化边调整的方法,仍需要人为的干预。加拿大 GIRO 公司开发的 HASTUS 系统,已应用到波士顿、纽约、新加坡等几十个城市。该系统包括用于宏观决策的 HASTUS-MACRO、车辆的行车计划编制系统 HASTUS-BUS、人员计划的编制系统 HASTUS-MICRO 和日常人员管理系统 HASTUS-DDAM。这些系统注重对整个公交系统的自动化管理,但在公交车辆行车计划的智能化编制及优化方面仍有不足:难以真正地实现数据的自动更新、时刻表的自动更新以及实时调整方案的确定,仍然以人为干预为主。此外还有美国 MITER 联运公司于 1974 年开发的排班与行车计划(Run-Cutting and Scheduling,RUCUS),以色列工程技术大学开发的 OPTIBUS,也都是具有代表性的公交行车计划编制系统软件。

国外这些行车计划编制商业软件,在系统优化方面运用了各种优化理论和方法,从理论上保证了方案的最优性,但还难以在我国的公交运营中应用。首先,这些系统一般都要求公交运营环境较为理想,且运力足以满足客流需求。其次,国外公交车辆调度以区域调度为主,国内车辆调度则大多以线路调度为主。再次,国内外公交企业的经营模式差别很大。因此,研究适合我国的行车计划编制及优化系统软件尤为重要。

1.2.2 国内研究概况

国内对公交车辆行车计划编制及优化的研究起步较晚,相应研究成果也较少,以公交行车计划为研究对象的学术论文较少,学位论文 10 篇左右;而对公交调度的研究,成果则颇为丰硕。从 20 世纪 80 年代开始,随着"优先发展城市公共交通"战略的确立,特别是国家

"十五"重点科技攻关计划"智能交通系统关键技术开发和示范工程"项目实施后,国内广大高校、研究机构的教授、学者和研究生在公交车辆智能化调度方面取得了不少成果,其中包括公交车辆调度基础理论研究,以及智能化调度系统的设计与开发。有关公交车辆调度优化理论技术研究方面的学术论文大约有300多篇,学位论文约70多篇。

1) 优化理论研究方面

1987年,马庆国等[67]研究了城市公交行车计划模型。2002年,张德欣[68]尝试用计算机模拟技术编制公交行车计划,实现了对具体公交线路的车辆计划编制,但没有对配车优化问题进行研究。2003年,张铁梁[69]描述了建立公交车辆运行系统模拟模型,实现了对构造时刻表、车辆计划和班组计划的整体优化,但其研究没有解决路线两端驻车时行车计划的编制问题,同时对于上下行单程行驶时间、首末站发车次数的分别设定以及车辆抽停、加开的原则问题没有很好解决。2004年,肖挺[70]结合北京市21路公交线路进行了行车计划的编制,但文章最后提到该系统的计划编制规则缺乏通用性。2007年,邹迎[71]建立了基于社会总体效益最优为目标对多条线路的车辆调度形式和发车时刻同时进行优化的行车计划模型,提出"逐条配班,优化成网"的求解思想。同年,陈少纯和曹海霞[72]提出了一种自动排列公交行车计划的算法,但在各班次工作时间均匀方面不尽完善。2008年,杨柳[73]提出一种界定实际运营中高峰与非高峰时段的方法,在此基础上提出了分上下行编制行车计划的一般过程和车次不相等时的校核算法,但其研究仅实现了公交行车计划中的时刻表部分。同年,张学炜[74]综合考虑车辆调度问题和驾驶员调度问题的目标及约束,建立了集成化调度模型,但研究只适合线路调度模型,不适用于区域调度。2009年,徐竞琪[75]研究了单线路公交发车时刻表和人车排班优化模型,但没有考虑多线路协调调度的行车计划编制优化。同年,肖倩[76]从海量GPS实时数据中挖掘公交车辆的运行特征,并通过其运行特点优化公交行车计划,但没有研究如何通过实时调度来对车辆行车过程进行有效控制。梁媛媛[77]建立了公交行车计划一体化编制模型,并选取合肥市145路公交线路的基础数据对模型和算法进行了示例分析,但没有研究现实中的首末站驻车情况。2010年,李桂萍[78]应用基于逆差函数的启发式过程研究了多场站公交行车计划编制实际问题的求解。

1997年,孙芙灵[79]对公交车辆行车计划编制中的发车间隔确定方法进行了研究。2000年,黄溅华等[80]讨论了实时调度的准点控制模型及其求解。2001年,黄溅华和张国伍[81]以乘客总费用最小为目标讨论了放车调度和实时控制的模型及其求解。2002年,张飞舟等[82]提出公交车辆动态调度策略及其在线调整方法,分析研究了运营车辆出现意外、故障及延误等实际情况时,调度管理人员应如何采取相应应急调度措施和方案。同年,邹迎和黄溅华[83]以乘客候车时间最小为目标建立了实时发快车模型。2003年,胡坚明等[84]给出了基于BP神经网络的公交车辆实时调度形式的确定方法。2004年,陈茜等[85]建立了以企业效益满意度、乘客等待抱怨程度和乘客拥挤抱怨程度最低的多目标发车频率优化模型。2005年,祝付玲等[86]从车辆类、道路条件等方面考虑,以公交线路长度、营运周转速度和发车间隔为约束条件,提出一种公交线路运力配备的方法。同年,宋瑞等[87]通过机会约束规则研究公交调度问题,研究在公交走行时间不确定、乘客需求不确定、及乘客等待时间限制等因素影响下,企业利益如何在一定的置信水平下最大化。2006年,李铭和李旭宏[88]建立了公交枢纽内多线路车辆的实时调度优化问题模型。同年,滕靖和杨晓光[89]基于APTS研究了BRT单线路运行系统的动态调度问题,就换乘枢纽的公交调度模式进行了研究。宋瑞等[90]针对需求随机变动条件下公交运营设计的综合优化问题,将公交运行情况抽象到三维网络中,综合考虑公交企业经济效益和乘客所得公交服务水平,构造了基于随机期望值规划的公交时刻表设计与车辆综合优化模型。2007年,冯岩等[91]分析了影响车辆正常行驶的主要因素,并分别对1辆和2辆车进行了动态放车调度研究。同年,刘志刚和申金升[92]按照区域公交调度模式,建立了公交调度系统中时刻表生成和车辆调度之间的双层规划模型。2008年,李文权[3]通过研究城市常规公共交通运营优化和实时调度过程,提出了编制公交行车作业计划的流程和八项技术研究内容,并指出未来公共交通智能化运营调度研究的三个发展方向是不同模式公共交通系统间的协调调度,换乘车站运营调度和城际公共交通运营调度等。2009年,何迪[93]提出构建区域协同发车时刻表的思想,建立了区域系统情况下的公交发车时刻表模型,对公交车辆区域调度配车计划进行分析,将"时空网络"引入公交区域调度领域。2010年,柏海舰[11]以基于站点协调的公交车辆智能化调度方法为题对公交车辆区域调度方法进行了系统的研究。

由于公交车辆调度问题多是 NP-Hard 或 NP-Complete 问题,求解较为困难,传统计算方法难以完成,所以现代优化计算等新方法不断被引进。2001年,张飞舟[94]采用混合遗传算法求解车辆静态调度问题。2003年,李跃鹏等[95]针对公交排班的特点,对遗传算法的各个算子进行了专门处理,证明了遗传算法对解决公交车辆排班问题是有效的。同年,刘闯和韩印[96]用遗传算法求解智能化调度下的公交网络优化模型。2005年,童刚[97]研究了遗传算法在公交调度中的应用。同年,任传祥等[98]研究了混合遗传—模拟退火算法在公交智能调度中的应用。2007年,王海星[99]研究了以电动车为背景的有续驶时间约束的公交车辆调度问题和有充电时间约束的公交车辆调度,并分别建立了相应模型,给出了求解方法。同年,耿金花等[100]对序贯均匀设计方法在调度中的应用进行了研究。2008年,白子建等[101]将禁忌算法与模拟退火算法相结合对BRT线路组合的频率进行优化。同年,付阿利和雷秀娟[102]将粒子群优化算法应用到公交车智能调度中。陈鹏[103]研究了基于BP神经网络的公交智能实时调度模型研究及系统实现。2009年,杨智伟等[104]提出采用基于信息熵的人工免疫算法对公交车辆优化调度模型进行求解。

特别的,在线路发车间隔优化方面:

国内对线路发车间隔优化的研究起步较晚,比较有代表性的有:1997年,孙芙灵[79]根据西安市公交公司客流调查数据,引入时段配车数的概念,探讨了不同客流状态下确定时段配车数和发车频率的方法。2003年,牛学勤等[105]提出了以企业满意程度、乘客满意程度为目标函数的发车频率优化模型。2004年,杨兆升[106]提出的一个以最大化社会效益的发车频率优化模型;陈茜等[85]建立了公交车辆发车频率的多目标优化模型,兼顾了乘客和企业经营者双方利益。2005年,陈云新和谭汉松[107]提出了各站上、下车人数分布的数学模型;宋瑞和赵航[87]利用机会约束规划,考虑了公交走行时间的不确定性、乘客需求的不确定性以及乘客等待时间约束等影响因素,建立了在一定的置信水平下企业利益最大化模型,研究了公交调度问题。2006年,于滨等[108]提出了一种优化公交线路发车频率的双层规划模型。2008年,晏烽和广晓平[109]基于对调查数据的分析和推导,建立以乘客满意度为上层目标、企业运营效益为下层目标的双层规划模型。

在区域车辆时刻表编制研究方面:

2003年,杨晓光等[110]探讨了基于ITS环境的两条公交线路间乘客换乘等待时间问题;

2004年,周雪梅和杨晓光[111]探讨了一条公交轨道交通线路与多公交线路之间的换乘调度优化问题,两者都是在发车间隔固定不变的情况下对衔接线路的首发时刻进行优化,仍将多条公交线路看做是相互独立的而不具备网络特征。2006年,覃运梅[155]在Ceder等人模型的基础上,考虑发了车间隔要求及站点容量约束,以网络中相遇次数最大为目标建立了改进的模型。但没有考虑优化出现的公交车辆相遇最多的站点和最集中的时刻,并不一定有最大的换乘需求。2007年,石琴等[112]以公交车辆总相遇次数最大和总相遇点数最小为目标对区域调度优化进行了研究,同样也没有考虑换乘需求与公交车辆站点和时刻的关系。2009年,何迪[93]以APTS为基础,考虑乘客在公交线路间换乘等待时间,研究了区域协同发车时刻表的确定。该模型没有考虑公交站点的停车泊位数限制。2010年,刘颖杰[113]以客流需求和投入成本为发车间隔上下限约束,建立了以全网络乘客等待时间最小为目标的模型。模型考虑了客流需求量,却没有考虑客流在空间分布上方向性的差异。

在车辆行车计划编制研究方面:

国内对线路车辆行车计划中的配车研究相对比较宏观,大多基于整体供需平衡的角度来计算线路运力规模。2005年,祝付玲等[86]在分析影响公交线路车辆配备各种因素的基础上,从公交车车型、道路条件等方面综合考虑,并以公交线路长度、营运周转速度和发车间隔为约束条件,提出了一种公交线路运力总量配备方法。2006年,冯树民和陈洪仁[114]引入时段配车的概念,分析推导得到公交线路的既满足服务质量,又保证配车数最小的一般配车方法。2007年,胡兴华[115]对影响公交线路运力配置的系统内外影响因素展开分析、对公交线路运力合理配置的内涵、目标进行界定,阐述分析了实现公交线路运力合理配置过程中要实现的主要平衡关系。

在我国,区域调度模式尚处于实际应用前期。2007年,刘志刚等[116]以使用车辆总数和车辆总空驶时间最小为目标,将公交车辆区域调度问题归结为一类约束极强的车辆调度问题,设计了基于新解的表达方式的禁忌搜索算法的模型解法。2008年,王大勇等[117]在阐述车辆调度问题的基础上,对车辆调度问题的可行模型与算法的研究现状进行了综述,同时对公交车辆调度研究的扩展问题进行了分析。2009年,何迪[93]研究了智能公交系统下的公交车辆区域调度配车计划编制问题。

综上所述,国内车辆行车计划编制及优化的研究很少;调度理论的研究较为繁杂,系统性不太强,尚未能形成体系。不少学术研究是在国外相关的公交车辆调度模型和算法的基础上加以改进完成的,没有从我国城市公共交通问题的本质出发,未能充分结合我国城市公交运营调度的特点,以致影响公交车辆行车计划编制在实际应用过程中的智能化进程。本书从我国公交线路实际出发,对公交车辆行车计划的智能化编制和调整进行研究。

2) 系统设计与集成研究方面

20世纪90年代,香港各巴士公司陆续开始应用计算机生成行车时刻表,并综合运用GPS等智能交通手段实现动态调度。国内关于智能化公交调度系统的研发应用就开始于此时。随着GPS、GIS、INS等定位技术在国内的普及和应用,以及具有我国自主知识产权的卫星定位与通信系统——北斗导航系统日益成熟,国内多个城市开始智能公交系统建设方面的实践。以科技部"十五"智能交通科技示范项目的几个试点城市为例:作为我国首个综合性公交ITS项目,北京市公交ITS示范工程于1999年投入运行,300多辆公交车辆装载了车载卫星定位系统和无线通信装置,项目的总体目标是建立集运营之后调度、综合业务通信、乘客信息服务等为一体的智能化公交管理系统;在2008年,为奥运提供更好的公交服务,北京公交在部分线路上应用实时调度系统。该系统以SynchroFLOW 4.1企业版为应用支撑平台,它的使用结束了传统公交调度的手工作业方式,取消了纸质行车路单,实现了无纸化调度。但该系统尚不能根据客流状况自动编制行车时刻表[118]。上海市于1999年对公交线路981路应用了GPS技术进行车辆调度管理,主要功能是实现调度员与驾驶员的信息沟通,以及完善的电子地图显示功能。深圳市于2000年9月开始运行以公交车营运信息采集、分析、辅助营运决策为主要目标的公交车营运子系统,并将GPS技术应用到其公交总公司的跨市长途班车和车内公共中小巴上。类似应用的城市还有杭州、南京、青岛、广州、石家庄等。此外,青岛海信网络科技股份有限公司开发的海信智能公交行车计划编制系统也是我国目前使用较为广泛的系统之一[119],但该系统只适用于单线路行车计划编制,且无法满足不同车型及调度模式的变化要求。这些智能交通系统的应用推动了我国公交车辆调度系统设计和集成方面的发展,但也存在着过于重视硬件设备本身的先进和高级,忽略了系统调度方法和技术的智能化等问题。

在软件系统方面,1999年,张国伍[120]在阐述公共交通智能化调度系统基本构架的基础上,着重分析了系统的综合集成模式,并对各子系统的功能结构进行了详尽的论述。同年,张飞舟等[121]介绍了ITS中APTS的大致功能与框架。2000年,杨新苗和王炜[122]提出了发展基于准实时信息的公交调度优化系统的设想,并进行了相应的设计。2005年,陈茜等[123]基于Petri网理论建立了城市公交智能调度系统的分层有色PN仿真模型。2006年,张宁等[124]提出了城市公共交通系统集成调度的构想。2009年,刘波[125]详细分析了调度的业务流程,按照面向对象软件工程的思想,利用UML建模技术对城市公共交通运输调度系统进行分析和设计。

假如只是一味在车辆硬件设备上实现智能化,而不重视车辆行车计划编制及优化方法的智能化,那么结果可想而知:定然是只摆了花架子,不能解决实际问题,公共交通的吸引力还是提升不了。所以,在理论研究的同时必须结合实际,实际应用过程中也要有科学的、智能化调度方法加以指导,这样才能从根本上推动我国公交系统智能化的进程,才能提高公交吸引力。因此,本书将对我国常规公交车辆行车计划智能化编制及优化方法进行研究。

1.3 研究目标与主要内容

1.3.1 研究目标

公交车辆行车计划的科学编制是车辆运营调度的关键,合理安排公交车辆的配置与运营计划,能同时满足乘客利益和企业利益,从而提高公交吸引力是本书研究初衷。利用公交站点和公交线路的信息编制出科学合理的行车时刻表;借鉴排序理论在制造业和服务业已有的良好应用经验,通过分析公交车辆行车计划中车辆配置问题,利用排序的技术和方法,建立实用性强的公交车辆行车计划编制模型;最后通过研究异常情况下的行车计划调整技术,最终实现科学合理的常规公交车辆行车计划智能化编制及优化,这是本书研究的目标。

1.3.2 主要研究内容

1) 常规公交车辆行车计划编制方法调研分析

首先,简要介绍了城市常规公交车辆行车计划。然后从常规公交车辆调度流程、调度组织形式和现场调度等三个方面分析了传统编制方法的不足,并在其基础上提出改进的车辆行车计划智能编制方法。最后给出了常规公交车辆行车计划的智能化编制及优化流程图,明确了智能化的具体体现。

2) 常规公交车辆行车计划编制及优化基本信息的获取与处理技术

公交调度信息是整个公交运营调度的基础,数据的获取和处理是进行车辆调度的依据。从交通工程学科的角度出发,分别从人、车、路、环、管五个方面,系统介绍并分析公交车辆行车计划编制及优化所需信息的获取与处理,着重研究智能化的获取技术与方法。

3) 常规公交车辆行车时刻表的编制研究

我国城市公交普遍采用的调度模式是公交线路调度。线路调度依据的是公交线路行车计划,而线路行车计划的核心之一是编制行车时刻表,行车时刻表编制的关键是确定合理的线路发车间隔。因此,首先总结车辆的行车时刻表编制技术,然后对公交线路车辆进行静态调度研究。在优化了的公交线路基础上,通过换乘站点的"衔接",对区域内多条常规公交线路的公交车辆进行调整,编制出区域车辆的行车时刻表。

4) 常规公交车辆行车计划的编制研究

在给定行车时刻表的情况下,为所有车次分配最佳执行车辆,并为每辆车安排需执行的车次链以达到最优,这是车辆行车计划编制问题的核心环节。从简单介绍线路调度下编制单条线路的车辆行车计划方法入手,然后引入排序理论,将"交通"中的单车场车辆行车计划编制问题转化为"排序"的固定工件排序问题,从而搭建起一座连接交通运输工程和排序理论的桥梁;再利用已成熟应用于工业工程及计算科学领域的排序问题求解方法来解决交通运输工程中的相关难题。

5) 常规公交车辆行车计划调整研究

在常规公交车辆行车计划编制的基础上,考虑公交系统的动态变化特性,对公交车辆进行行车计划调整研究。首先介绍车辆行车计划的动态调整策略,然后讨论车辆晚点到站异常情况下的车辆行车计划的调整方法。然后,以智能化获取和传输信息的技术手段为出发点,从移动通信技术的发展入手,提出基于 VANET 的公交车辆动态调度技术,详细地介绍了 VANET 的概念、发展现状及主要研究内容,之后研究了 VANET 下公交车辆动态调度无线通信的连通性,分析了单车道的情况。最后,对比了车辆传统动态调度技术、基于 GPS-GSM/GPRS/CDMA 的动态调度技术和提出的基于 VANET 的公交车辆动态调度技术。

1.4 研究思路和技术路线

基于前述内容,研究思路是:围绕常规公交车辆行车计划的编制及优化方法,按照"规划—管理"的思路,将车辆行车的编制及优化方法研究,分成"静态—动态"两部分(以静态调度规划编制车辆行车计划,以动态调度技术方法优化车辆行车计划),构架骨干;再从系统的角度出发,综合考虑交通工程学的人、车、路、环、管这五个方面,按照"点(公交站点)—线(公交线路)—面(区域公交)"的逻辑顺序,研究常规公交车辆行车计划智能化编制及优化方法。

研究采用如下技术路线:

1) 确定研究目标

研究目标是整体工作开展的纲领,基于此形成中心思路,有助于分解和细化研究方向并协调分步实施。本书研究的主要目标是通过分析常规公交车辆行车计划的编制,利用理论方法和技术手段,实现常规公交车辆行车计划的智能化编制与调整。

2) 分析研究对象

在明确研究目标之后,查阅国内外有关公交车辆行车计划编制研究等相关领域的文献资料,对相关研究成果进行全面总结,吸取成功经验,进一步认清公交车辆行车计划编制问题的实质,解决好"是什么"的问题,充分认识研究对象,开拓研究思路。

3) 把握问题关键

在前面工作基础上,把握住车辆行车计划编制及优化问题的关键。由于排序理论中车间作业生产调度过程和公交车辆的运营调度过程在本质上都是对资源合理配置的问题,所以可以将制造业中已有的生产调度方法,合理地引用到公交车辆调度中来。

4) 探索解决方法

明确并认清了问题本质之后,采用什么方法来解决问题是紧接着必须思考的。在研究过程中,注重综合运用各类知识,如交通运输工程学、运筹学、排序理论、系统工程学、经济学、概率论与数理统计等多学科知识,以城市常规公交车辆的行车计划智能化编制及优化问题为实际背景,使用概率论和数理统计知识分析客流情况、研究通信连通性,借鉴交通运输工程学知识来梳理基本信息,利用经济学知识来建立系统目标函数,应用排序理论建立模型,基于运筹学方法求解模型,系统地研究常规公交车辆行车计划的智能化编制及优化问题。另外,解决问题的数学方法也同样可以借鉴,采用已有的算法和改进的算法对模型进行求解计算并针对静态和动态调度各自的特点,要求算法的离线计算能力和在线计算能力等等。

1.5　本书组织结构

根据研究内容,本书一共分为8章:

第1章是研究概述,主要介绍常规公交车辆行车计划智能化编制及优化问题的研究背景及意义、国内外研究现状、研究目标与主要内容、研究思路和技术路线和本书组织结构。

第2章是对常规公交车辆行车计划编制的分析,提出行车计划智能化编制。首先对常规公交车辆的行车计划进行概述,然后具体介绍和分析常规公交车辆的传统编制方法,总结了传统编制方法的不足,并在其基础上提出了改进的行车计划智能化编制方法,着重给出了常规公交车辆行车计划的智能化编制及优化流程图,明确智能化的具体体现。

第3章是对常规公交车辆行车计划编制及优化所需基本信息的获取与处理研究,这是智能化编制的基础。本章从交通工程学的角度出发,从五个方面对国内外的信息获取与处理技术进行了回顾,并对与后续章节联系较为密切的部分进行了比较详细的介绍。

第 4 章是对常规公交车辆行车时刻表的编制研究,是本书的重点之一。在第 2 章和第 3 章的基础上,本章通过公交站点基本信息的获取与处理,首先研究了公交线路车辆发车间隔优化问题,按照"由点到线"的逻辑顺序编制出公交线路的车辆行车时刻表;然后通过区域范围内不同线路间乘客的换乘,利用公交换乘站点"由线到面"地研究了区域公交线路时刻表的调整问题。

第 5 章是对常规公交车辆行车计划的编制研究,既是本书的重点,也是难点。其核心是利用排序理论中的固定工件排序知识来解决行车计划智能编制过程中的车辆排班问题,从而最终解决车辆的行车计划编制问题。到本章结束才算真正解决了车辆行车计划的编制问题。

第 6 章是对常规公交车辆行车计划的优化调整研究。上一章是静态编制,本章是动态优化,主要是从动态优化调整策略、现有方法分析两个方面开展研究,然后重点讨论了公交车辆晚点到站异常情况下的车辆行车计划优化调整。

第 7 章是公交车辆行车计划动态优化技术的研究。伴随新技术发展,从公交车辆传统常用调度技术出发,提出了基于新通讯环境下的常规公交车辆行车计划动态优化技术。主要介绍了 VANET 的相关内容,分析了无线通讯的连通性并对集中优化调度技术进行了比对。

第 8 章是结论与展望,对全书的主要研究成果与结论进行总结,概括主要创新点,分析研究的不足,并对今后研究的方向提出展望。

本书整体框架和各章节的关系如图 1.1 所示。

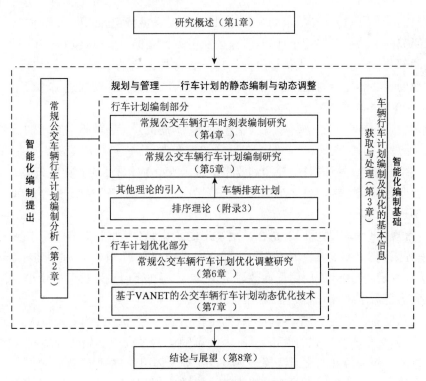

图 1.1　本书总体框架和各章节关系

2 常规公交车辆行车计划编制分析

本章将先对常规公交车辆的行车计划进行概述,然后具体介绍常规公交车辆传统调度方法并对其进行分析,从而明确本书需要重点考察的智能化改进方法。

2.1 常规公交车辆行车计划概述

2.1.1 常规公交车辆行车计划

1) 常规公交车辆行车计划

公交行车计划是公共交通运营调度的基础,体现了公交企业的经营方向和企业的管理水平,包括行车时刻表、车辆排班计划、司售人员排班计划三个组成部分[75]。

公交企业的主体资源有三大类:一是作为工具的运营车辆,二是作为工具使用者的驾驶员,三是作为营运平台的线路和场站。简单地说,常规公交行车计划是在一定的限制条件下,合理配置各项不同特性和数量的资源,来最大程度满足特定的调度和管理目标。

本书研究的是公交车辆行车计划,它是公交行车计划的一部分,包括行车时刻表和车辆排班计划两部分,不包括司售人员排班计划部分。常规公交的车辆行车计划是常规公交车辆调度作业的核心和先导,且公交车辆资源的运作效率主要是体现在这一环节上。

2) 常规公交车辆调度

所谓调度,就是调动,安排。常规公交车辆调度,是指公交企业根据客流的需要、城市公交的特点,通过编制运营公交车辆的行车计划和发布调度命令,协调运营生产各环节、各部门的工作,合理安排、组织、指挥、控制和监督运营公交车辆运行,使企业生产达到预期经济目标和社会服务效益。常规公交车辆调度是遵循一定的原则,按照制定的制度和方法,对常规公交车辆进行安排。

通常,常规公交车辆调度问题是在满足一定的约束条件(如公交出行需求量、车辆满载率、行驶里程限制、相关法规政策等)下,合理地安排公交车辆,使车辆有序地在公交线路上运营,并达到一定的目标(如使用车辆数尽量少、与车辆行车时刻表误差尽量小、极小运营费用完成极大出行需求量等)。

从系统角度看,常规公交车辆调度系统,是指由人(司售人员、调度人员等)、车(常规公交车辆)、路(公交车辆所行驶的道路)、环(公交车辆运营过程中所处的环境)、管(常规公交车辆运营过程中需要遵守的交通法规、公司规定)等个体组成,根据编排好的行车计划,能够完成单个个体完成不了的公共交通运输任务的群体。常规公交车辆调度系统属于复合系统,它是自然系统和人工系统的组合。

2.1.2 常规公交车辆调度的形式

车辆调度形式是指运营调度措施及计划中所采用的运输组织形式,主要包括以下基本形式:

1) 按车辆工作时间的长短划分

(1) 正班车:主要指车辆在正常运营时间内连续工作相当于两个工作班的一种基本调度形式,又称为双班车或大班车。

(2) 加班车:指车辆仅在某种情况下,在某段运营时间内上线工作,并且一日内累计工作时间相当于一个工作班的一种辅助调度形式,又称为单班车。

(3) 夜班车:指车辆在夜间上线工作的一种辅助调度形式,常与日间加班车相兼组织,夜班车连续工作时间相当于一个工作班。

2) 按车辆运行与停站方式划分

(1) 全程车:指车辆从线路起点站发车运行直至终点站为止,且必须在沿线各固定站点依次停靠,按规定时间到达有关站点并驶满全程的一种基本调度形式,又称为全站车或慢车。

(2) 区间车:指车辆仅行驶在线路上某一客流量较大的路段的一种辅助调度形式。

(3) 快车:指为了适应沿线长乘距乘车的需要而采取的一种越站快速运行的车辆调度形式,包括大站快车和直达车两种。大站快车是指车辆仅在沿线客流集散量较大的停靠站停靠和在其间直接运行的一种调度形式;直达车是快车的一种特殊形式,车辆仅在线路起点站和终点站停靠。

(4) 定班车:指为了接送有关单位职工上下班或学生上下学等情况而组织的一种专线车调度形式,又称为定点车。车辆可按定时间、定线路、定班次和定站点的原则进行组织。

(5) 跨线车:指为了平衡相邻线路之间客流负荷,减少乘客换乘而组织的一种车辆跨线运行的调度形式。俗称的"支援车"是跨线车的一种。

在城市常规公交运营调度中,以全程正班车为基本调度形式,辅以其他调度形式。根据公交线网的客流情况,综合考虑道路与交通条件、企业运营组织与技术条件及相关服务质量要求等等因素,合理采用调度形式,对于平衡车辆及线路负荷,提高运输效率和运输服务质量进而提高公交吸引力并最终改善城市交通拥挤,具有积极意义。

2.1.3 常规公交车辆调度的分类

根据不同分类标准,常规公交车辆调度有不同种类划分。

1) 按系统组织模式划分

(1) 线路调度:指公交企业以各条公交线路为单位,以线路(车队)为运营组织调度实体,对公交车辆进行运营调度。由于历史原因,目前我国城市公交调度普遍采用线路调度的方式,这在很大程度上是由我国当前公交企业的管理体制决定的。

线路调度的行车计划是按线路客流最大断面决定配车的,在线路的首末站均设调度员,实行两头调度。因而各线路实体"小"而"散",车辆停放分散,加油、洗车、低保作业以及员工餐饮、休息等生活设施须多处兴建。相对于区域调度,线路调度的集中程度较低,对公交车辆的使用效率较低。

(2) 区域调度:指在一定地域范围内,原来各自独立运营线路上的车辆、人员,通过一定的技术手段和管理组织协调起来,以一个区域为单位,对公交车辆进行运营调度,使资源得到最有效配置和充分利用的一种组织模式。区域调度有单车场调度和多车场调度两种。单车场调度是指在同一调度区域内所有运营车辆均由一个车场管理,即同一车场发车、同一车场存放。多车场调度则是指在同一调度区域内所有运营车辆由多个车场管理,即运营车辆从多个车场发车、完成任务后又返回各自车场。国外大城市普遍采用区域调度的形式。

  区域调度的调度范围大,统一编制行车计划,可以使闲置的人力、运力在线路间调剂互补,实现车辆跨线运营,实现运输资源在多条线路之间的优化配置,达到节约资源的目的。又因为其调度手段是通过计算机实现,所以调度速度快、效果好。此外,区域调度的场站统一,可以集中管理公交车辆及司乘人员,节省管理成本,并能集中财力、物力,提高配套设施的建设标准。

  2) 按系统获取数据属性划分

  所谓数据属性是指调度系统获取的公交数据的属性,分为两类:静态数据,即在一定时间内不发生变化或不需要实时更新的数据,如公交线路所经站点数据、公交站点位置数据等城市公交基础设施信息的数据、车辆行程时间历史经验数据等等;动态数据,是指随着时间变化实时更新的数据,包括公交站点的客流量、公交车辆位置数据、车辆实时速度信息、交通流量数据等等。

  (1) 静态调度:指根据历史调查统计的乘客需求量、车辆行程时间等静态数据,编制车辆的行车时刻表,车辆按照编制好的时刻表进行运营。静态调度并没有考虑公交车辆运行环境中的随机和不确定因素,只是假设所有数据都是确定和不变的,将实际复杂的公交车辆调度问题进行了简化处理。

  (2) 动态调度:指在相关系统比较完善的基础上,全面地采集车辆运行环境、车辆、客流等各种相关动态数据,根据信息反馈,及时发现车辆实际运行与时刻表的偏差,采取重新调度或在线调整等等动态调度方法,得到更新了的车辆行车时刻表,从而最终满足因系统外在变化而引起的内在适应需求,保证公交车辆运营秩序的稳定,提高公交的服务水平。通常所说的实时调度属于动态调度。

2.2 行车计划传统编制方法介绍与分析

2.2.1 车辆行车计划传统编制

  城市公交行车计划,是根据运输生产要求和客流基本变化规律,编制的指导线路运输作业的计划,以适应不同季节、不同工作日和节假日的客流变化需求。它是企业组织运营生产的基本文件。

  1) 编制原则

  (1) 依据客流动态变化规律,以最大限度的方便和最短的时间,安全运送旅客。

  (2) 调度形式的确定,要适应客流需要和有利于加快车辆周转,提高运营效率。

  (3) 充分挖掘车辆的运用潜能,不断提高劳动生产率。

  (4) 组织有计划、有节奏、均衡的运输秩序。

(5) 在不影响服务质量的前提下,兼顾职工劳逸结合,安排好行车人员的作息时间。

(6) 根据季节性客流量变化来适时调整计划,并根据每周、每日的不同客流量,应该制定并执行不同的计划安排。

2) 编制程序

行车计划的具体编制流程如图2.1所示。

目前,我国大部分城市公交企业仍在使用传统的公交车辆行车计划,基本上依靠手工方式编制。因此,存在着工作量大、工作强度高、调度灵活性小等缺点。

2.2.2 公交车辆传统调度流程

常规公交车辆的传统调度,是指调度人员在大致掌握公交客流规律的基础上,依赖经验编制公交车辆的行车计划和现场调度方案。传统调度的特点是先编制计划后进行调度,计划和调度是独立的。

各线站的调度在上级运调部门的指导下,根据客流规律、线路的运营条件、企业运输能力和公交企业社会效益、经济效益的指标要求编制出公交车辆行车计划。通过执行行车计划,将分散作业的各个车组纳入计划运营的轨道,使公交线路运营工作有计划、有节奏地进行。通过调度系统对线路运营状态的监控

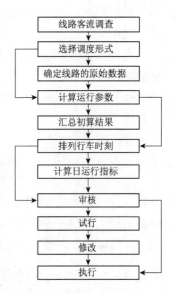

图 2.1 行车计划传统编制流程

和现场适时、合理地调度指挥,保持运营生产稳定性,保证公交企业较好地、均衡地完成客运任务和各项经济、技术、服务指标。

在公交线路调度系统运营中,首先根据线路乘客需求确定行车时刻表,由得到的行车时刻表进行每日的车辆和驾驶员的分配,完成车辆调度和驾驶员调度。公交调度计划根据不同季节、不同工作日、节假日、昼夜等时间因素一般需做多次调整。传统调度方法中公交线路车辆日常调度管理流程如图2.2所示。

目前,我国城市公交车辆的调度主要采用的方法仍是传统调度方法,它只适用于线路调度,无法满足区域调度的要求。

2.2.3 公交车辆传统调度组织形式

在采用传统调度方法的公交系统中,一般来说,中小城市的运营线路较少,调度机构通常采用二级调度形式,即在公司直接领导下,设线路(车队)一级调度组织。而大城市公交线路较多,调度机构适宜采用三级调度机构,其调度管理组织模式主要分为三级:公司总调度室、分公司(车场)调度室和线路(车队)调度组。

公司总调度室主要负责定期汇总各区域、各线路的客流动态资料,审核分公司行车时刻表,遇到重大活动时,拟定线路的行车组织方案;分公司调度室负责定期组织客流调查,

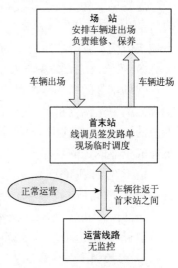

图 2.2 公交线路车辆日常调度管理流程

整理客流资料,均衡各线路运力,提出行车时刻表的编制要求和有关指标控制;线路调度组负责经常对客流目测调查,编制行车时刻表,根据生产任务编排班次并负责贯彻执行时行车计划。传统调度方法对应的行车计划编制流程如图2.3所示。

由图可知,传统行车计划编制流程对应的调度组织模式是先由公司总调度室审批行车计划并制定生产任务,再通过分公司调度室下达任务到各个线路调度组,由线路调度组具体实行公交车辆的行车计划。这样每个线路调度组之间是相互独立的,因此,组与组之间的资源无法进行合理分配,即一旦调度组确定,则车辆与司乘人员就确定,无法进行更进一步优化,无论外界客流是否发生变化。显然这种传统的组织形式比较僵化,不利于公交资源的科学合理利用。因此,需对这种编制流程及相应的调度组织模型进行改进。

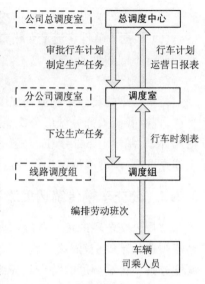

图 2.3　行车计划编制流程

2.2.4　公交车辆传统现场调度

因为公交车辆运行的环境是一个动态系统,存在许多随机和不确定因素,且传统调度方法是按照以往经验编制的行车计划,所以在实际车辆运营过程中会不可避免地出现一些问题。如在首末站,由于客流量变化、道路交通状况变化或其他因素的影响,车辆行程时间经常出现变化。为满足客流需求和车辆正常运营的需要,需要现场临时调度,而行车计划调整的滞后性大大增加了临时调度的工作量。另外,车辆在首末站之间运营过程中,传统调度设备难以实施监控和定位,这也大大增加了车辆运营调度的难度。

1) 现场调度的含义

现场调度是指在运营线路的行车现场,调度人员为了使运营车辆运行与客流变化相适应,依据行车组织实施方案,直接对运营车辆及有关人员下达调度指令等一系列的活动,它是城市公交运营管理系统中的最基层的重要管理工作。

2) 现场调度的任务与内容

现场调度的任务是在运营线路的现场,根据客流变化与行车计划方案的要求,通过对车辆和人员下达调度指令,使运营计划、行车组织方案在实施过程中发挥其组织、指挥、监督和调节的作用,充分利用车辆的运载能力,适应乘客的服务需求,保证运营活动的正常进行,保证完成企业既定的目标。

由于现场调度的工作涉及范围很广,内容很多,加上各个城市的基础设施和社会生活环境的差异性,故其具体内容不尽相同。按一般情况分析,可将现场调度的内容归纳为以下几项:①行车间隔的正常化;②行车秩序的恢复;③行驶时间的延长或缩短;④运输能力的增减;⑤行驶路线的变动;⑥常规调度;⑦异常调度。

3) 现场调度的传统方法

现场调度的传统调度方法可简单概括为"提、拉、越、调、补"[147]:

"提"——加大行车密度。在线路遇到高峰客流密集的情况下适当减小发车间隔,以减缓满载率过高压力。

"拉"——拉大行车间隔。在线路车辆没能按计划配备而出现少车的情况下,或车辆由于阻塞、抛锚等原因未能在规定时间到达首末站的情况下,适当拉大发车间隔,以弥补后备车辆不足的问题,确保行车不出现中断时采取的调整措施。

"越"——越站放车。线路上部分中途站和首末站客流需求集中时采取大站快车形式而采取的迅速集散措施,公交车辆只在大站停靠,其他站点不作停留。

"调"——从其他线路调车增援。线路上出现客流突然集中,或遇车辆故障、道路严重阻塞而车辆配备较少难以正常运转时,由线路调度组申报分公司调度室从其他线路调派增援车辆的一种方法。

"补"——区间车调度。当线路由于客观原因造成大间隔而破坏行车连续性的时候,通过缩短行车周期,让部分车辆从中途掉头补充的措施。

以上传统现场调度方法是调度人员在遇到突发情况时进行现场调度的方法总结,一定程度上属于动态调度。但这种动态调度却是以调度人员的经验为基础,对其自身素质要求较高,对硬件设施和软件技术要求低,只能用于传统公交系统,不能满足未来公交车辆智能化调度的需求。

2.2.5 车辆行车计划传统编制方法的不足

车辆行车计划传统编制方法均为手工编制,存在以下问题:

首先,传统编制公交车辆行车计划,多凭调度人员个人经验,依赖于调度人员对线路客流分布情况的熟悉程度,其具体编制难以用精确的逻辑和语言描述清楚并编制成表格,而且行车计划的编制结果会因人而异。

其次,传统编制的行车时刻表不便于修改,若某车次发车时刻或间隔需调整,则该车次前后相近车次可能也要做出一些调整,以致必须将已经填写的数据涂掉。

再次,传统手工编制车辆行车计划耗时长、更新慢、效率低。据调查,采用传统手工方法,一个行车计划的编制至少需一周时间,一个季度更新一次,无法真实反映公交系统运行的实际变化。

最后,传统手工编制车辆行车计划缺乏科学性,且只适用于线路调度,缺少协调优化思想。

2.3 改进的车辆行车计划智能编制方法

常规公交车辆行车计划智能编制,是指利用先进的技术手段,动态获取实时交通信息,实现对车辆的实时监控和调度,它是公交车辆行车计划编制的发展模式,是对传统编制方法的改进,更是公共交通实现科学化、现代化和智能化管理的重要标志。

公交车辆行车计划智能编制及优化,是根据系统获取的实时数据,不断优化车辆行车计划的每一个步骤,并通过计算机以智能调度系统自动调度为主,辅以人工监控,既能满足智能调度的实时性与智能化要求,又能减轻调度工作人员的工作强度。常规公交车辆智能调度系统对公交车辆的调度指令,需根据公交系统的实时运行状况和公交运营政策不断地进行调整,它是智能公交系统的核心子系统。

车辆行车计划智能编制及优化的特点是：将车辆行车计划编制动态化、车辆调度智能化，传统意义的计划和调度融为一体。

2.3.1 公交车辆行车计划智能编制及优化流程

公交车辆行车计划智能编制及优化方法立足于先进的硬件设备和技术支持，采用科学的方法编制公交车辆行车计划并建立实时调整方案，使得公交服务满足客流的时间变化及车辆运营不确定性的要求，为乘客提供准点、快捷、舒适的公交服务，为公交企业降低运营成本，提高运营效率和效益。

目前，我国公交车辆行车计划的编制及优化还没有实现实时化和区域化，离公交车辆行车计划智能编制及优化还有很长的路要走。借鉴国外的先进经验，有助于我国公交调度智能化进程的快速发展。以美国城市公共交通管理局（UMTA）的智能公共交通系统项目（Advanced Public Transportation Systems，APTS）为参考，本书提出了公交车辆行车计划智能编制及优化流程如图2.4所示。

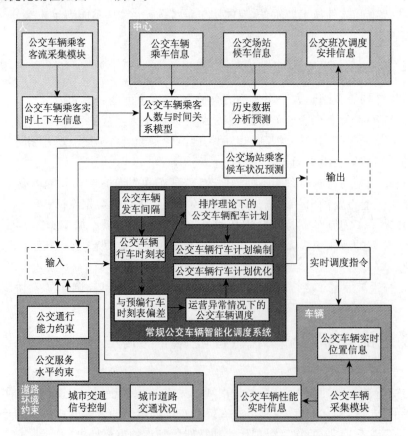

图 2.4　公交车辆行车计划智能编制及优化流程

在公交车辆行车计划智能编制及优化的过程中，公交车辆行车计划编制本身属于静态调度。而由于动态数据的不断更新和（或）静态数据的改变，系统自动更新调整公交车辆行车计划，来适应客流及运营环境或其他情况的变化，这必然驱使公交车辆的行车计划编制及优化走向动态化，且更趋科学化；在车辆智能调度中，车载自组网的新无线通信技术是对以往公交车辆与公交车辆之间、公交车辆与通信中心之间信息交流方式的革命性改进,通过车辆间自组织通信网络自适应在线调整与行车时刻表的偏差,通信中心通过道路交通设施向公交车辆发布调度指令,新通信技术增加了实时动态调度的准确性和有效性。通过车辆实时调度依据的行车计划调整方案,最终编制出科学合理的常规公交车辆行车计划。

2.3.2 公交车辆智能调度组织形式

随着智能调度系统的建立,线路调度升级成区域调度,对公交企业原有管理机制进行改革是采用先进技术、提高劳动生产率的必然选择。因此,有必要对与公交车辆行车计划智能编制及优化相对应的车辆调度组织形式进行介绍。

目前,我国公交企业大多采用以公交线路为单位的管理和调度模式,在这种管理体制下,很难进行公交车辆的区域调度。因此,首先需要从管理体制上进行改革,将公交车辆的管理、调度模式由各个车队、线路单独管理,转变为公交公司(分公司)集中管理模式。

区域调度的集中程度相对更高。它取消了线路(车队)一级的车辆调度,因此在组织形式上也有别于线路调度。一般来说,对于规模较大的公交企业,通常采用二级调度形式:即由总公司调度中心和分公司调度中心(区域)组成,分公司调度中心是区域调度的核心部分。对于规模相对较小的公交企业,可以采用集中调度形式,即由总公司调度中心直接对全市运营车辆发布调度命令。智能调度方法下的公交调度模式组织结构如图 2.5 所示。

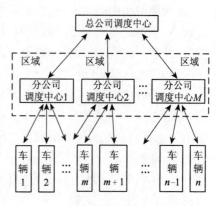

总公司调度中心负责跨区域的车辆运营调度,处理超过区域调度权限的重大异常情况及进行重大活动组织,同公安、消防等部门联系。总公司调度中心平时不负责具体线路车辆的调度,其主要任务是管理各区域调度中心,向区域调度中心发布调度命令或信息,并

图 2.5 公交调度组织模式结构

对接收到的区域调度中心的数据进行处理分析,实现运营信息查询、车辆运行数据保存和轨迹重放,以及数据库维护管理等功能。分公司调度中心(区域)调度是真正的调度实体,每个区域负责调度一定数量的公交车辆。

2.3.3 公交车辆智能现场调度

常规公交车辆智能现场调度就是对常规公交车辆的实时动态调度。动态调度方法要求公交车辆与客运现场的需求相适应,并做到均衡载客,提高服务质量。

1) 动态调度策略概述

按动态调度调整的范围,可将动态调度策略分为两类:线路动态调度和局域动态调度[93]。

(1) 线路动态调度

公交车辆线路动态调度是当运营车辆遇到交通延误(如出现堵车、意外纠纷等),不能像在原有调度中那样准时地执行运输任务或无法执行运输任务时,在给定调度系统参数、路况信息、初始调度信息和动态变化的情况下,以线路为单位,适当地调整初始调度,使得其变化对后续调度的影响达到最小,即寻找一个在动态变化条件下,对初始调度跟踪最好的调度方法。

根据动态调度调整的形式,又可将线路动态调度分为调整车辆发车间隔的线路动态调度和调整车辆调度形式的线路动态调度两种。

① 调整车辆发车间隔

调整车辆发车间隔即调整有关班次的发车时间。通常采取调频法,即调整发车频率的思想,即在不增加车辆的情况下,按实际客流量需要,调整发车间隔,增加或减少分组时间内的发车频率,做到"客多车密,客少车稀"。具体方法是有两种:一是增大发车间隔。在发车时刻表的基础上,适当增大部分车辆的发车间隔,为后面即将到来的客运高峰积蓄运能,要求最后一辆车增加的停站时间不能影响对方终点站的发车时间。二是缩短发车间隔。在发车时刻表的基础上,适当缩短部分车辆的发车间隔,弥补前面客运高峰不足的班次,要求最后一辆车减少的停站时间不能影响它在本地的停站签票时间。

在调整车辆发车间隔的方法中,动态站点调度是日常调度中比较容易实施,也是最普遍、最频繁使用的调度方法,它根据预先设定的发车时刻表、排班计划,结合对车辆到达时间的预测,来确定车辆在站点的停留时间,保持与初始调度的一致,可以有效减少总的乘客等待时间和公交车辆的串车现象。通常采取的动态站点调度方法有两种。

滞站调度(Holding)

滞站调度是指当一辆公交车辆超前于预先制定的发车时刻表时或与前车的间隔,则延缓其从站点发车时间的调度方法。图2.6显示了滞站调度的一个简单示意图,当公交车 m 超前了它在站点 k 的预定的发车时间 Δt 时间,则延长在站点 k 的停车时间 Δt 时间,直到预定的发车时间。这种调度方法可以极大地减少车辆发车间隔的变化和乘客的平均等车时间,提高运营的均匀性,但是它也同时增加了滞站车辆中乘客的乘车时间和车辆的运行时间。

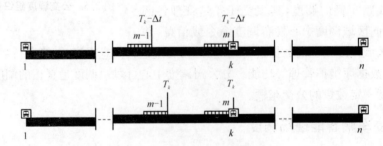

图2.6 公交调度组织模式结构

越站调度(Stop-skipping)

越站调度与滞站调度相反,它是指当一辆公交车辆落后于预先制定的行车时刻表时或与前车的间隔,为了减少其与时刻表的偏差,越过该站点继续服务的调度方法,如图2.7所示。这种调度方法可以减少下游站点的等车时间和车内乘客的出行时间,但是这可能会增加被越过的站点上乘客的等待时间和本应在被越站点下车的乘客由于越站而提前下车并等待下一公交车所带来的额外费用。

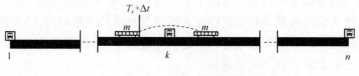

图 2.7　公交调度组织模式结构

② 调整车辆调度形式

车辆调度形式是指营运调度措施计划中所采取的运输组织形式，通常采用调程法和调站法来调整车辆调度形式。

调程法

调程法是通过在线路的某个区段开行区间车来缩短车辆在本线路行驶的路程，可指定一辆车或几辆车（不得连续发出）改全程行驶为部分区段行驶，该方法可以缩短车辆的全程行驶时间，有利于疏散客流，减少因空车不载客发生的运力浪费，弥补已损失的时间，也便于恢复下趟车的正常发车时间，此方法适用于车辆晚点过多的情况，可弥补高断面的运能不足，也可采用此法调整恢复正常行车秩序。具体方法有：一端区间、二端区间、中段区间。

调站法

调站法即用多停站（指全程车）或少停站（指大站车）来解决沿途待运乘客或做到均衡载客的方法，恢复正常行车秩序。具体方法有三种：一是空车发出，中途载客（放车，Deadheading）。在若干车辆同时到达首站（或末站）时，车辆到站时间已超出计划发车时间，此时必须将其中部分车辆在本站不载客发出。用放车调度措施，迅速疏散车辆，尽快恢复线路中途的计划发车间隔，均衡中途各站待运乘客的候车时间，避免行车间隔过大、车辆堆积现象的循环出现。二是本站载客，越站停车（载客放车）。车辆晚点且多车到站时，可采取将其中部分车辆在本站载客，临近数站不停车的方法，以疏散本站待运乘客并减少停站次数，缩短晚点时间。三是采取临时大站快车（Expressing）。行车晚点时，待运乘客量大，将班车改在中途上、下乘客较多的大站停车，可以疏散客流，缩短车辆行驶时间。

(2) 局域动态调度

局域动态调度是借助先进的通信技术、计算机技术，监控运营中公交车辆，对意外事故或突发事件，进行有效的区域内重新调度，以便及时处理紧急情况的调度方法。

一般而言，对区域公交车辆现场调度问题采用的动态调度策略是：在动态变化幅度不大的情况下，对运营车辆进行适当的线路动态调度；在动态变化幅度大到必须对调度进行彻底修改的情况下，如奥运会、世博会等重大国际赛事活动的举办，则调整输入参数，采用重调度策略，通过重调度在掌握已执行和正在执行运输任务车辆的运行情况基础上对多条线路同时实现动态调度。

2) 智能现场调度的优势

与传统现场调度相比，智能现场调度在调度的实时性和区域性两方面具有明显的独特优势。

(1) 实时性

动态调度是根据实时客流信息和交通状态，由调度系统自动给出发车间隔和调度形式等调度指令，运算速度快，稳定性强；而传统现场调度则是调度人员根据对线路客流情况和交通状况的感知，凭借自身经验对车辆进行调度，耗费事件长，人为因素重。

通常情况下,调度的实时性要求有以下三个方面:①对车辆的调度不能给调度系统带来新的干扰;②应该为调度人员最后确定调度方案预留足够的决断时间;③考虑调度人员的心理承受时间。因此,在对车辆实时动态调度的研究过程中,需要着重考虑动态调度算法的在线计算性能,保证动态调度算法的快速性。

(2) 区域性

传统现场调度只能应用于单条公交线路的调度,而智能现场调度由于借助了先进的通信技术、计算机技术,可以对区域内的公交车辆进行监控,当意外事故或突发事件发生时,可以进行有效的区域内多条公交线路公交车辆的同时调度,从而及时处理紧急情况。当公交车辆运用环境发生变化时,要求动态调度迅速对变化做出相应反应,当动态变化幅度大到单条线路动态调度无法发挥作用,就必须对区域内的多条线路公交车辆调度进行修改。

需要说明的是,对所有的变化都进行全区域范围的动态调度一般是不合适的[93]。主要原因是:首先,区域内涉及所有公交车辆的重调度要花费大量的计算时间,很可能无法满足实际运营的实时性要求;其次,重调度可能完全抛弃原有的调度,使得车辆运营的连续性受到破坏。因此,通常对区域内的公交车辆现场调度,是对区域内的某些公交线路同时进行动态调度。

2.3.4　车辆行车计划编制的智能化体现

常规公交车辆行车计划编制的智能化主要体现在以下几个方面:

1) 公交数据获取的智能化

实时、可靠的公交数据是实现车辆行车计划编制智能化的基础,也是智能调度与传统调度主要区别之一。通过先进的技术和方法获取实时公交数据,结合历史数据,快速计算分析,筛选数据,从而有效预测所需信息。

2) 公交车辆行车时刻表编制的智能化

公交车辆行车时刻表智能编制是根据车载客流量检测器采集到的乘客信息,依据公交车辆定位数据与车辆行程时间预测,以某时间周期为单位,确定各条线路的公交车辆发车间隔,进而编制相应的行车时刻表。

3) 公交车辆排班计划编制的智能化

公交车辆调排班计划的任务是:有效管理和合理分配有限的车辆资源,充分发挥运输潜能、调整供需平衡、解决供需矛盾、达到所求目标最佳。本书研究的车辆排班计划是在公交线路、车辆参数以及发车时刻表既定的情况下,在满足相关约束条件下,安排车辆执行时刻表中给定班次(中间可插入空驶班次以减少车辆需求),使每一班次均有且仅有一辆公交车执行,同时尽可能地使所用的车辆数量最少,车辆使用的效率最高,车辆的空驶里程最短的问题。

4) 新技术环境下公交车辆行车计划动态调整的智能化

方法的改进可能会引导技术的革新;同时,技术进步又会促进方法的改良或创新。因此,在无线通信技术日益发达的今天,对新技术环境下公交车辆行车计划动态调整进行研究是很有意义的。通过技术的进步,促进公交车辆行车计划调整的智能化发展。

5) 区域公交车辆行车计划编制的智能化

区域公交车辆行车计划是区域内各条线路公交车辆进行统一组织和调度的依据,目的是提高公交线路调配和服务能力，实现区域人员集中管理、车辆集中停放、计划统一编制、调度统一指挥，人力、运力资源在更大范围内的动态优化配置，降低公交运营成本，提高调度应变能力和乘客服务水平。

传统行车计划编制方法只能用于车辆的线路调度，而改进的车辆行车计划智能化编制方法既适用于线路调度，又可用于区域调度。区域调度是国外公共交通发达国家大城市普遍采用的、高效率的调度模式。随着我国智能公交系统建设和城市道路交通条件的逐步改善，国内城市公交企业传统线路调度模式必将会被区域调度模式取代，区域公交车辆行车计划的编制将成为重点。

2.4　本章小结

本章综合研究了城市公交系统中与常规公交车辆行车计划编制相关的内容，首先对常规公交车辆行车计划进行了概述，介绍了常规公交车辆行车计划和调度的概念与形式，以及常规公交车辆调度的线路与区域调度、静态与动态调度等不同类型划分。然后，系统地描述了常规公交车辆行车计划编制的传统方法，包括传统调度的流程，对应组织形式，以及现场调度方法，明确了传统编制方法的不足之处。在此基础上，提出改进的行车计划智能化编制方法，包括公交车辆行车计划编制及优化流程，智能调度对应的组织形式及现场调度，着重给出了常规公交车辆行车计划的智能化编制及优化流程图，明确了智能化的具体体现。

3 车辆行车计划编制及优化的基本信息获取与处理

　　上一章分析了常规公交车辆行车计划的编制方法,从中不难得知,整个行车计划编制及优化的基础首先是对信息的获取,即通过各种途径获取相关数据,经分析得到所需信息;然后是对信息进行处理,为车辆行车计划的编制及优化提供依据。本章将首先介绍公交车辆行车计划编制及优化的基本信息的有关概念,然后从交通工程学的角度,按人、车、线、环、管等五个方面系统介绍并分析公交车辆调度系统基本信息的获取与处理,着重描述智能化的获取技术与方法,并对后面章节用到的数据进行了重点介绍。

3.1 引言

　　城市公共交通是随客流、道路条件、气候等不断变化的随机服务系统,如果信息不灵或反馈不及时,就无法进行有效的指挥调度。城市常规公交客流的预测与分配、公交车辆到站时间的预测、城市常规公交通行能力的分析、城市常规公交线网的优化以及常规公交车辆的智能化调度,都离不开城市公交系统的信息。常规公交车辆行车计划智能化编制及优化中各项关键技术的研究,都涉及大量相关信息的采集、处理和分析、预测。车辆行车计划的编制与调整以及各种功能的应用都要以采集的信息为中心进行展开,因此,公交信息采集的完整性、数据处理的合理性是公交智能化运营调度的基础,也是智能调度与传统调度主要区别之一。

　　类似于上一章公交数据的分类,公交信息也可以分为静态信息和动态信息两类。公交静态信息是指公交系统中较为宏观的、受时间变化影响相对较小、在一定时间内不发生变化的信息,如公交车辆性能(最大加减速度、最大行驶速度、开关门时间)、车辆结构及最大载客能力,公交线路所经站点数目、站点位置、站点停车泊位数、站点周边土地利用属性、线路相邻站点间距,公交线路所经交叉口信息(交叉口的类型、有无信号控制),公交线路所经路段上的公交车道设置信息,有无公交专用道等城市公交基础设施信息,车辆行程时间历史经验数据,公交公司相关规章制度(车辆驾驶员最长工作时间、车辆清洁维护所需时间)等等。公交静态信息主要是由公交公司采集或管理部门提供,并存储在信息中心数据库系统中,可以结合公交 GIS 平台进行应用,并根据使用情况,依据实际进行更新。公交动态信息,是指公交系统中较为微观的、随时间变化而变化的信息,包括公交站点的客流量、公交车辆乘客实时上下车信息、公交车辆实时位置信息、车辆实时速度信息,公交车辆站点间运行时间,城市道路交通流量数据、交叉口信号控制方案等方面的信息。

　　公交车辆行车计划编制与调整的基本信息的处理主要是指对所获取的信息进行分析与

处理,得到更具价值的信息与数据,从而为车辆行车计划的智能化编制与调整提供依据。如公交乘客出行基本信息、公交车辆运营信息、公交客流信息、公交停靠服务信息、公交调度信息发布与传输等方面的信息与数据。

3.2 公交客流特征信息的获取与处理

对公交客流的全面、准确把握是常规公交车辆行车计划编制及优化工作的基础,它不仅为日常车辆调度提供依据,也为线网优化提供参考。公交客流调查是根据公交客流在线路、方向、时间和断面上的动态分布,所进行的定期的或经常的、全面的或抽样的调查,是对公交乘客乘车需求情况、流量分布情况等有关资料的搜集、记录、分析的全过程。

3.2.1 调查内容

根据建模数据要求,公交客流特征信息的获取主要包括以下两个方面的内容:客流数据调查,主要包括:各个公交站点上下车乘客数量及对应时间,各个站点乘客到达的时间和数量;乘客出行特征调查,主要包括:乘客出行的起终点、乘客乘行起终点等。

3.2.2 获取手段

公交客流调查的方法有很多种,主要分为人工采集方法和自动采集方法。

1) 传统调查方法

现在国内大多数城市仍采用的是传统的人工采集方法。部分城市公交系统在各条线路上设置有专职客流调查人员,分别按季或按月进行一次(一天)客流调查。通常的,公交客流调查通常每3~5年进行一次,调查内容包括:发车时间、到达各站点的时间、各站点的上下车人数、乘客起讫点、乘客的出行目的等其他相关信息。第4章实例部分使用数据的采集主要采用了以下三种调查方法:跟车调查、驻站调查和票据法[126]。

传统的人工采集方法不需要进行信息采集设备的投资,但需要耗费大量的人力和物力,即便是简单的断面客流调查。在实际的信息采集过程中,手工采集方法虽然调查资料比较全面、灵活,但获取调查数据的时间过长,调查数据严重滞后,不能为调度中心随时提供实时数据,直接影响到客流信息的时效性。此外,在调查准备阶段,需对调查人员等做大量的组织工作;调查过程中,由于公交客流存在较强的随机性,调查数据容易出现偏差,也容易发生计数错误;调查后,资料整理的工作量也很大,人工调查的数据在使用之前必须经过编辑整理、数据提炼的过程。

因此,人工调查客流的数据不仅不能反映公交客流在不同的季节、不同时段及地点的分布特点,而且投入人力大,采集的数据准确度也需要依靠修正的结果。因此,要保证公交客流调查的科学性、时效性,就需要借助现代技术,通过多种途径,提高公交客流特征信息的采集水平。

2) 智能采集技术

随着现代科技的发展,采用先进技术的自动化数据采集方法正在逐渐得到发展和应用[127]。在发达国家,应用较普遍的主要有:公交IC卡调查、基于图像处理的调查和自动乘客计数系统等三类采集技术。通过这些技术的应用,可以实时地自动统计公交线路的乘客上下车数量及其对应时间、车内人数及其对应时间等等。

(1) 公交 IC 卡调查

随着城市交通的发展以及公交 IC 卡应用的推广,公交 IC 卡在国内许多城市都已应用,不仅方便了广大乘客,也提供了一种新的客流调查统计手段。利用公交 IC 卡调查,可以在完成乘车收费的同时,记录乘客使用 IC 卡的时间、车次、站点等信息。其突出的优点是:信息量大而且全面、技术简单可靠、成本较低。

但是它也有无法回避的缺点:一是存在对不使用 IC 卡的乘客漏查;二是 IC 卡通常实行乘客上车刷卡,下车不二次刷卡,所以下车人数、起讫点分布等信息需要进行推算;三是 IC 卡数据采集不具备实时功能,只能采集相对较新的客流数据,要获得实时的客流数据,必须借助先进的无线信息传输技术。

(2) 基于图像处理的调查

该调查方法的工作原理是:在上下车门口安装摄像机获取视频图像,经过软件对连续图像进行分析处理,识别乘客及其运动,从而自动对上下车人数及方向进行计数。这种技术的计数精度很大程度上取决于图像分析软件的设计水平,系统易受振动、光线、温度的影响,图像质量的好坏影响软件分析结果的精度[127]。由于需要高质量的摄像器件和强大的图像处理能力,这就使得系统成本较高,一般可用于检验人工调查及自动乘客计数系统的计数精度。

(3) 自动乘客计数系统

自动乘客计数(Automatic Passenger Counter,APC)系统是自动收集乘客上下车时间和地点的有效方法,结合车辆自动定位、无线信息传输等技术,可以传送实时客流信息;通过数据管理系统和地理信息系统,经过数据统计和空间分析可以得到运营所需的多样、广泛的数据资料[128]。

乘客自动计数系统的基本组成是:乘客数统计的方法、定位技术和数据管理系统。根据技术实现方式的不同,自动乘客计数系统大致可以分为以下几种类型[129-130]:

① 压力板式自动乘客计数

压力板公交客流统计仪安装在车辆的前、后门踏板上,乘客上下车时触发压力传感器就会被自动记录下来,根据两阶台阶踏板的光电开关状态变化顺序判断乘客流的运动方向。除了用于乘客计数外,还可以在乘客上下车时防止车门关闭。

这种计数技术不判别上下车方向,要求乘客必须前门上车,后门下车。当乘客上下车秩序较差时或客流量大难以保证前门上、后门下时则不能适用。由于使用压力传感器件,所以在没有台阶的公交车辆上使用时,存在着计数不可靠的问题。此外,系统部件易损坏、可维护性差,由于合适的设备安装位置对于准确计数至关重要,所以安装调试费用也较高。

② 智能踏板式自动乘客计数

智能踏板是在车辆踏板上分布多个传感器阵列,通过对踏上去的脚型判断出上车还是下车。智能踏板式是压力板式的智能升级,但仍受公交车自身设计等因素的影响较大,特别是在两个和多个乘客同时踩在踏板上时,计数的准确性能难以保证,而且它不适用于目前流行的低基底的公交车。

③ 门道红外光束检测

红外光束检测装置一般安装在车门与腰齐高的位置,通过对红外线光束流的中断次数来统计乘客人数,根据光束中断顺序检测乘客的上下车。这种方式对于单个乘客一次上下车的情况检测可靠性较高,但在有多个乘客同时上下车出现遮挡或覆盖的情况下,计数的精度和准确度将受到很大影响。

④ 被动红外式自动乘客计数

被动红外式自动乘客计数技术由于采用合适的热释红外线探头,只能检测到人体发出的信号,避免了其他物体的干扰。当乘客上下公交车时,红外传感器探测人体红外光谱所造成的变化即得到乘客上下车的过程,通过信号处理可以判别上下车方向和上下车人数。

虽然人体温度相对稳定,但红外传感器的探测信号会受到乘客着装的影响。这种技术的固有缺点在于如果环境温度与人体温度相接近时,传感器就不能有效探测乘客上下车过程,它对环境温度快速变化和强烈日光照射也比较敏感。

⑤ 主动红外式自动乘客计数

主动红外式计数系统安装在公交车前后门附近特定的高度,通过发射头发射定制波长的红外线覆盖一定的区域,并通过传感器检测从乘客身上反射回来的光线,从而自动识别乘客上下车方向及人数。

由于采用自身光源,它不易受外界环境温度、光线状况的影响,能够达到较高的精度,是公交客流信息采集比较理想的计数技术。但其覆盖范围有限,容易遗漏一些上下车乘客;乘客上下车秩序较差时或客流量大时,乘客的运动方向不易判别,计数精度会受到很大影响。

⑥ 复合系统自动乘客计数

由于被动红外式自动乘客计数的固有缺点,可以同时采用主动式红外计数器构成复合系统以补偿被动红外式计数的误差。但是,即使不考虑系统成本的增加,计数误差也并不一定必然减小。因为当两种传感器同时被激发时,便需要解决它们的重复计数问题。

此外,应用于公交车辆上的APC系统的还有热量监测装置、光电监测装置、气胎重量监测装置等,因为这几种方式本身固有的缺陷,在此不再介绍其工作原理。

(4) 采集方法选取

传统人工采集方法、公交IC卡调查、基于图像处理的调查及自动乘客计数系统等采集技术都有其各自的优缺点,这些公交客流调查方法有着实时与非实时、存在性与方向性等信息采集的区别。从当今我国国情来看,公交IC卡调查由于技术简单且成熟、可采集信息量较大,在很多城市已广泛应用并具有一定的现实基础,其技术发展前景较好。但是,由于自动乘客计数系统可判别上下车方向,不易受外界环境因素影响且计数精确性较高,在公交IC卡应用较少的地区和场合亦可优先考虑采用。

目前,自动乘客计数系统的研究工作进展顺利,试验效果也很好,但在实际中应用却不理想:以APC系统的发源地美国为例,在对威斯康星州首府麦迪逊市公交公司的调研中发现,APC系统在当地公交线路客流采集过程中应用较不成功,存在成本高、易损坏、误差大等缺陷。因此,当地公交公司将APC系统布置在部分公交线路的部分公交车辆上,结合公交IC卡及自动收费箱来对公交客流数据进行采集。第7章实例部分使用数据的采集就是通过这种组合方式获取的。

另外,自动乘客计数系统的应用,需要乘客自觉遵守乘车秩序,排队按顺序上下车,但在国内许多城市的实际情况往往是乘客不按先后到达顺序排队上车以致拥挤情况经常发生,严重影响系统的使用。所以,全面、准确、及时地把握线路客流信息还有很长的路要走,首先需要每位乘客从遵守乘车秩序做起。

对乘客出行特征的调查,主要依靠人工采集方法。

本书采用乘客抽样问卷(OD)调查的方式进行:由跟车调查人员直接对乘客进行问卷调查,按照随机抽样的原则选取调查对象,并按要求如实记录乘客的出行目的、出行起讫点、换乘情况等主要信息,以及缴费方式、性别、年龄、职业等基本信息。调查表格见表3.1。

表 3.1 乘客问卷调查表

常州市公交乘客调查问卷

调查日期:2008年__月__日　线路:__路　车辆自编号:____发车地点:____　　天气:晴□ 阴□ 雨□

问题设置:

1. 请问您的出行目的是?

1	2	3	4	5	6	7	8	9	10
上班	上学	公务	生活购物	文娱体育	探亲访友	看病	接送孩子	回程	其他

2. 您从哪个地方来?您要到哪个地方去?(重要)
3. 您之前是否乘坐过其他公交车?几路?　　4. 您下车后是否还要换乘?几路?
5. 您是刷卡还是投币?　6. 您的职业是?

1	2
刷卡	投币

1	2	3	4	5	6	7	8	9	10
小学生	中学生	大中专学生	工人	服务人员	职员	个体劳动者	家务	退休	其他

7. 您手中的小票号是?
8. 记录乘客性别、年龄、及调查时间。

1	2
男	女

年龄	1	2	3	4	5	6	7
	6~14	15~19	20~29	30~39	40~49	50~59	60以上

出行目的	起点		换乘(前)		卡类		票号		年龄	
	终点		换乘(后)		职业		性别		时间	

出行目的	起点		换乘(前)		卡类		票号		年龄	
	终点		换乘(后)		职业		性别		时间	

出行目的	起点		换乘(前)		卡类		票号		年龄	
	终点		换乘(后)		职业		性别		时间	

3.2.3 信息处理

根据前面获取的公交数据,可以进一步推算得到以下车辆调度所需的客流信息。

1) 公交线路客流 OD[131]

公交线路客流 OD 是指一条公交线路上从某一站点上车而在另一站点下车的乘客 OD 量,用 T_a 表示线路 a 的 OD 矩阵。公交线路 OD 能够反映单条公交线路各站点之间的公交出行需求情况,它是确定公交车辆发车间隔的重要依据,也是对该条公交线路进行优化调整的关键数据。

通过前面公交客流调查的统计与分析,可以得到公交线路上由站点 l 上车至站点 l' 下车的客流量,从而得到公交线路 OD 矩阵 $T_a(l, l')$。

当通过公交 IC 卡信息对公交客流进行统计与分析时,可以根据刷卡乘客下车站点不同判断方法,计算得到公交线路 OD 矩阵。统计的方法有:基于单个乘客刷卡数据统计方法和基于站点吸引数据统计方法。

(1) 基于单个乘客刷卡数据统计方法

首先判断各条公交 IC 刷卡信息对应的上车站点及下车站点,然后统计得到任意站点对之间的客流量,该方法需要 GIS 技术支持。

(2) 基于站点吸引数据统计方法

首先确定公交 IC 卡信息对应的上车站点,然后统计公交线路各站点上车乘客量,利用站点吸引强度确定各站点下车乘客量,最后统计得到 OD 矩阵。该方法使用简单,条件较少,一般采用此方法。计算公式如下:

$$T_a(l, l') = O(l) \times P_{l, l'} \tag{3-1}$$

式中,$T_a(l, l')$ 为线路 a 上从站点 l 上车到站点 l' 下车的客流量;$O(l)$ 为从站点 l 上车的人数;$P_{l, l'}$ 为乘客从站点 l 上车至站点 l' 下车的概率。

这里只是简单的 OD 矩阵推算,在本章的后面部分,将给出一种同时考虑乘客出行行为特征、公交站点附近土地的用地性质及公交站点换乘功能影响下 OD 矩阵推算。

2) 公交站点客流 OD[131]

公交站点客流 OD 是指整个公交网络上由某一公交站点上车至另一公交站点下车的乘客 OD 量,其计算公式如下:

$$T(l, l') = \sum T_a(l, l') \tag{3-2}$$

式中,$T(l, l')$ 为公交网络中任一站点对之间的公交客流 OD 量。

公交站点客流 OD 与公交线路客流 OD 一样,是以公交站点作为客流的发生吸引点。公交站点 OD 反映了城市任意两个公交站点之间的客流分布情况,它是城市公交网络优化与智能化运营调度的基础。

3) 公交线路断面客流量

线路断面客流量是指单位时间内公交线路通过某两个公交站点区间的客流量。首先标记相关参数,有:

$[T^0, T^0 + \Delta T]$ 为研究时间范围;

α 为公交公司运营的线路($\alpha = 1, \cdots, A$,A 为线路总数);

j 为车辆班次标记($j = 1, \cdots, n$,n 为研究时间范围内线路 α 的发车班次总数);

l 为公交线路 α 上的站点标记($l = 1, \cdots, L$,L 为公交线路 α 的站点总数);

αj 表示第 α 条公交线路的第 j 个班次,αl 表示第 α 条公交线路的 l 站点。

第 α 条公交线路的第 j 个班次在 l 站点的上车人数表示为 $U_{\alpha j l}^{+}$,下车人数表示为 $D_{\alpha j l}^{-}$,显然有,$U_{\alpha j L}^{+} = 0$,$D_{\alpha j 1}^{-} = 0$。

那么,第 α 条公交线路的第 j 个班次在 l 站点与 $l+1$ 站点之间的断面客流量为:

$$Q_{\alpha j}(l, l+1) = \sum_{x=1}^{l}(U_{\alpha j x}^{+} - D_{\alpha j x}^{-}), \quad l \in [1, L-1] \tag{3-3}$$

且有,第 α 条公交线路在 l 站点与 $l+1$ 站点之间的断面客流量为:

$$Q_{\alpha}(l, l+1) = \sum_{j=1}^{n}\sum_{x=1}^{l}(U_{\alpha j x}^{+} - D_{\alpha j x}^{-}), \quad l \in [1, L-1] \tag{3-4}$$

上面两个公式分别可以用来区分班次高峰客流断面和时段高峰客流断面。

4)时段客流量统计

第 j 个班次的乘客上车总量可以表示为:

$$U_{\alpha j}^{+} = \sum_{l=1}^{L-1} U_{\alpha j l}^{+} \tag{3-5}$$

第 α 条公交线路的乘客上车总量可以表示为:

$$U_{\alpha}^{+} = \sum_{j=1}^{n}\sum_{l=1}^{L-1} U_{\alpha j l}^{+} \tag{3-6}$$

整个运营区域内乘客上车总量可以表示为:

$$U^{+} = \sum_{\alpha=1}^{A}\sum_{j=1}^{n}\sum_{l=1}^{L-1} U_{\alpha j l}^{+} \tag{3-7}$$

显然,在整个研究时间范围内的总客流量为:

$$\sum_{T^0}^{T^0+\Delta T} U^{+} = \sum_{T^0}^{T^0+\Delta T}\sum_{\alpha=1}^{A}\sum_{j=1}^{n}\sum_{l=1}^{L-1} U_{\alpha j l}^{+} \tag{3-8}$$

3.3 公交车辆运营信息的获取与处理

公交车辆是城市公共交通的重要组成部分之一,是整个公交系统的最终执行设备。公交车辆运营信息的获取与处理是对公交车辆进行智能化调度的基石,是科学、有效调度公交车辆的保障。

3.3.1 调查内容

公交车辆运营需要获取的信息分为以下两个部分:

1) 静态信息部分

主要包括：公交车辆类型（如单节公交车辆，铰接公交车辆），车辆标准定员数[132]，车辆最大载客能力[133]，车辆结构（车门数量），车辆对应的票价政策，车辆购置成本，运营成本，车辆性能（如最大加减速度、最大行驶速度、开关门时间），公交车辆总数，线路配车数，车辆维修保养记录，公交车辆的续航时间等。

2) 动态信息部分

主要包括：公交车辆实时位置，公交车辆行驶速度，车辆在始末站停站时间，车辆到达线路各公交站点时刻，车辆离开线路各公交站点时刻，以及车辆运行状态（是否存在故障）等。公交车辆运营动态信息非常重要，它的获取和处理，是对公交车辆成功进行"智能化"调度的关键。

3.3.2 获取手段

对公交车辆运营静态信息的获取可以通过查阅公交企业提供相关资料以及实地调查的方式获取，传统的调查方法可以实现该部分信息的采集。更有效的方法是从系统数据库中调去所需要相关信息，当然这取决于是否建立有相应数据库。

传统的手工调查方法是无法获取动态信息的，因此智能化的车辆调度必须要解决动态信息的获取问题。在动态信息中，公交车辆的位置和速度信息是最为重要的。因为公交车辆是陆行车辆，在对其进行定位时，有着车辆定位普适的原理，所以本节首先介绍几种车辆定位技术[134]，然后结合公交系统实际情况，确定适应于公交车辆智能调度的定位方案。

目前存在的单一车辆定位技术主要有：全球定位系统（GPS）、航位推算（DR）技术、基于移动通信网络的无线电定位（TRF）技术、基于周边环境特征的定位技术（视觉定位）、信号标杆技术，以及里程表分段式定位技术等。下面分别介绍各定位技术的原理及特点。

1) 全球定位系统（GPS）

(1) GPS定位的基本原理

GPS定位的基本原理是通过不间断的接收卫星发送自身的星历参数和时间信息，把高速运动的卫星瞬间位置作为已知的起算数据，采用空间距离后方交会的方法，经过计算求出接收机的三维位置、三维方向以及运动速度和时间信息。GPS定位的基本几何原理为三球交汇原理：如果用户到卫星S_1的真实距离为R_1，那么用户的位置必定在以S_1为球心，R_1为半径的球面C_1上；同样，若用户到卫星S_2的真实距离为R_2，那么，用户的位置也必定在以S_2为球心，R_2为半径的另一球C_2上，用户的位置既在球C_1上，又在球C_2上，那它必定处在C_1和C_2这两球面的交线L_1上。类似地，如果再有一个以卫星S_3为球心，R_3为半径的球C_3，那用户的位置也必定在C_2和C_3这两个球面的交线L_2上。用户的位置既在交线L_1上，又会在交线L_2上，它必定在交线L_1和L_2的交点上。

实际上，用户接收机一般不可能有十分准确的时钟，它们也不与卫星钟准确同步，因此用户接收机测量得出的卫星信号在空间的传播时间是不准确的，计算得到的距离也不是用户接收机和卫星之间的真实距离，这种距离称作伪距。利用第四颗卫星作参考卫星，假设用户接收机在接收卫星信号的瞬间，接收机的时钟与卫星导航系统所用时钟的时间差为

Δt，那么便可以给出接收器的位置方程：

$$\rho_i = \sqrt{(x-x_i)^2 + (y-y_i)^2 + (z-z_i)^2} + c\Delta t, \quad i = 1, 2, 3, 4 \qquad (3\text{-}9)$$

式中，ρ_i 为同步伪距观测值；c 为光速；x_i，y_i，z_i 分别为卫星在地球坐标系中的坐标值。本书后面部分由于应用了 GPS 数据，所以对其进行编程，相应的 GPS 数据处理程序详见附录 1。

(2) GPS 技术的特点

GPS 具有成本低、精度高、便携式、低功耗，易于和其他传感器、通讯设备以及数据库进行融合等优点。正常情况下（如周边没有高楼阻挡形成峡谷效应、卫星几何条件好等），GPS 定位的分量精度在 5~10 m，三位综合定位精度在 15~30 m。由于通常对车辆进行定位仅在二维平面上进行，因此一般误差为 10 m 左右，同时此误差可以保持在时间上的稳定性。GPS 可以提供精确的时间定位，这种时间定位是其他同步装置的应用基础。

但同时 GPS 技术也存在不少问题，如其定位信号会由于隧道、桥梁、树木、高大建筑群构成的"城市峡谷"等障碍物的遮挡而中断；由于墙体或山体的侧面造成的多路径效应，导致 GPS 定位存在相当大的偏差，极大影响了系统的可靠性。

(3) 公交车辆车载 GPS

专用的公交车辆车载 GPS 接收机属于导航型 GPS 接收机，通常采用 C/A 码伪距测量。GPS 接收机的工作都是在微处理器中通过指令统一协同进行的，天线、变频器、信号通道实现对信号的跟踪、处理和伪距测量；存储器存储有卫星星历、卫星历书、接收机采集到的伪距观测值等；显示器提供了 GPS 接收机的工作信息。

公交车辆车载 GPS 接收机通过对 GPS 卫星进行伪距测量计算出接收机所在的空间位置。车载 GPS 最高可使用 1 s 的周期进行连续定位。通过车载 GPS 接收机，可对车辆进行准确的连续定位，定位数据存储在接收机的内置存储器中，通过 GPRS 网络实现数据的采集和传输。GPS 数据可实时传输，也可存储在接收器的存储器中形成数据包定时传输。

2) 航位推算（DR）技术

航位推算（Dead Reckoning, DR），又称惯性导航法，是应用在车辆定位方面比较成熟的技术。它是依据牛顿力学原理进行定位，通过利用各种惯性传感器测量载体的速度、加速度、位移、航向等信息，解算出载体在惯性坐标系中的相对位置。该系统一般由里程计、陀螺仪、电子罗盘等传感器组成。

(1) DR 定位的基本原理

DR 定位的基本原理是已知某时刻车辆的位置，测量得到下一时刻的距离和相对转角，从而推算得到下一个时刻的位置。地面车辆的运动可视为二维平面运动，根据运动学原理，知道车辆的起始点和初始航向角，通过实时测量车辆的行驶距离和航向角的变化，就可推算出车辆的位置信息。假定在当地水平坐标系下，车辆的初始位置为 (X_0, Y_0)，初始航向角为 θ_0，每隔一定的时间 T 采集到行驶距离 S_i 和航向角 θ_i，则车辆在任意时刻的位置计算如下：

$$\begin{cases} X_k = X_0 + \sum_{i=0} S_i \cos \theta_i \\ Y_k = Y_0 + \sum_{i=0} S_i \sin \theta_i \end{cases} \quad (3\text{-}10)$$

(2) DR 定位技术的特点

航位推算系统是一个自主的定位导航系统,既不发射信号,也不接收信号,只需利用自身的测量元件的观测量,推求位置、速度等导航参数,不受外界环境及其他政策性人为因素的影响;可以通过自身的推算得到车辆的位置和速度信息。

但是,由于航迹推算系统方向传感器(陀螺仪)的误差是随时间(车行路程)积累的,导致定位误差随时间延长而加大。因此在没有定时或定点校准情况下,系统单独工作是不能长时间保持高精度的。

3) 基于移动通信网络的无线电定位技术

(1) 无线电(Tuned Radio Frequency,TRF)定位的原理

移动定位技术是利用无线移动通信网络,通过对接收到的无线电波的一些参数进行测量,根据特定的算法对某一移动终端或个人在某一时间所处的地理位置进行精确测定,以便为移动终端用户提供相关的位置信息服务,或进行实时的监测和跟踪。根据移动定位的基本原理,移动定位大致可分为两类[135-136]:基于移动终端的定位技术,基于移动网络的定位技术。

① 基于移动终端的定位技术

该定位技术的原理是:多个已知位置的基站发射信号,所发射信号携带有与基站位置有关的特征信息,当移动终端接收到这些信号后,确定其与各基站之间的几何位置关系,并根据算法对其自身位置进行定位估算,从而得到自身的位置信息。该技术具有较高的定位精度,但其致命的缺陷是需要手机参与定位参数的测量,并进行坐标位置的计算,因此必须对手机和网络的软硬件加以改造或升级。

② 基于移动网络的定位技术

基于网络的定位技术是指网络根据测量数据计算出移动终端所处的位置,又称起源蜂窝小区(Cell Of Origin,COO)定位技术。每个小区都有自己特定的小区标识号(Cell—ID),当进入某一小区时,移动终端要在当前小区进行注册,系统的数据中就会有相应的小区 ID 标识。系统根据采集到的移动终端所处小区的标识号来确定移动终端用户的位置。这种定位技术在小区密集的地区精度较高且易于实现,无需对现有网络和手机做较大的改动,得到广泛的应用。

③ 无线电定位的特点

随着移动通信行业的不断发展,移动通信网络在许多大城市已经可以做到"无缝"覆盖,因此基于移动通信网络的定位技术,可以做到大范围定位且无定位盲区。因此公交车辆无论是位于建筑物密集、高楼林立的市中心,还是通过城市隧道,都不会存在定位信号遗失的情况,从而也就不存在定位盲区,出现无法对其定位的情况。此外,基于移动通信网络的定位技术还能够保证公交信息发布系统发布信息的广度和深度。

当然该技术也存在缺点,即由于实际中的信道环境不是理想的,导致在移动通信无线定位中测量信号普遍会受到移动台和基站之间多径传播、非视距(NLOS)传播的影响;在 CD-

MA网络中,还会受到多址干扰的影响。这些因素都将影响到无线定位的精度。

4) 基于周边环境特征的车辆定位(视觉定位)技术

(1) 基于周边环境特征的车辆定位技术的原理

基于周边环境特征的车辆定位有两种基本手段,一种是利用激光扫描技术,另一种是采用计算机视觉技术:

① 激光扫描定位原理

激光扫描定位将阻挡GPS信号的障碍物作为定位的相关特征建筑。首先向路边的建筑发射脉冲波,2D激光扫描器可以在测量角度内利用旋转的镜面接收到建筑返回的信号。通过记录脉冲往返的时间,可以计算出发射器到障碍物的距离。

连续的测得障碍物到发射器的距离和角度,就可以在坐标系内绘出一系列障碍物的特征点,其中原点就是激光发射器(即车辆所在位置)。再在扫描图中进行线位的提取,通过计算线位位置和角度的变化,从而相对地可得出车辆(即坐标原点)位置和行进方向的变化。

② 计算机视觉技术定位原理

此种定位技术的设想来源于信号标杆法。信号标杆法度不足在于精度不够且灵活性不足,但其借助路旁特征物体进行定位的思路是可以借鉴的。和激光扫描定位类似,计算机视觉定位也是通过路旁的建筑进行定位,但采用了不同的实现技术。通过车载摄像机,我们可以得到城市环境中许多有用的定位信息。有两个步骤:第一步,需要一个特定区域内包含物体形状和位置的数据库;第二步,需要将所拍图像中建筑的特征信息提取出来并与数据库相匹配,从而进行定位。

(2) 基于周边环境特征的车辆定位技术的特点

和GPS相反,在高楼耸立的城市当中,许多阻挡GPS信号的楼房都可以作为特征定位的特征建筑。在楼房密集的城市街道中,特征定位可以做到连续精确的车辆定位。

但是在相对开阔的道路上,由于缺少用于定位的特征物体,定位的误差较大。建立公交沿线物体形状及位置数据库的先期投资较大,对建筑特征矢量进行分析的软件技术含量较高,设备成本较高,在国内的推广会造成一定影响。

5) 信号标杆技术

(1) 信号标杆技术的原理

该方法是在一定区域均匀地设置固定自动车辆识别标杆,适用于固定路线。当装有感应器的车辆经过信号标杆时,标杆上的发报器立刻将信号传回调度中心,此种系统的定位精确度依信号标杆设置的疏密而定,且车辆需按固定路线行驶时方能定位。

站点信标定位技术实际上就是将信标定位法运用于公交车辆,把信号标杆和电子站牌结合起来,组成站点单元,设置在每一个公交站点。

(2) 信号标杆技术的特点

信号标杆技术在早期公交定位中运用很多,它造价低廉,对信息技术、计算机技术的要求较低,充分考虑了公交车辆运行线路的独特性,并在标杆附近有较高的精度。相对GPS定位而言,它使得城市中公交车辆的监控和定位以较低廉的价格就可实现,且能满足公交的应用需要。

但在两信号标杆间误差较大,且无法进行连续定位,若要确保一定的精度,就需要有一定密度的信号标杆,从而造成工程造价的提高。另外当公交线路改变时,原有的信号标杆就被废置了,对基础设施的改建较大。

6) 里程表分段式定位技术

里程表分段式定位技术是采用车载系统中的用于测量车速和里程的传感器测量车辆的行驶距离。其定位原理是公交车辆由始发站出发,通过传感器测量里程值,推算车辆的当前位置,是一种不测量相对转角的简化的航迹推算定位方案。

这种定位方案相比于 GPS 等其他定位方案,具有成本低、安装简便和自主性强,不易受气候、地理环境等因素影响的特点。

由上面的分析可知,基于任何一种单独定位技术的系统都有本身无法克服的缺点,如果单独使用某一种定位方案,并不能足以保证公交车辆定位的精度和可靠性,以致降低公交服务的质量。将不同的定位技术加以组合,充分发挥主要定位方案在特定条件下的优势,辅以其他方案在非正常环境下(相对主要定位方案适用条件而言)的优势,从而使得定位的精度和可靠性满足日常的公交运营要求。目前常用的车辆定位导航系统组合方案有以下几种:①GPS/DR/MM 组合定位;②多手机组合定位技术[137];③GPS/无线定位技术(AGPS);④GPS/LS(激光扫描)/INS(惯性导航)技术;⑤信号标杆法/DR 技术。

研究表明[138],相比其他公交定位技术而言,GPS 定位技术具有全球地面连续覆盖、功能多、精度高、可实现实时定位等无可比拟的优势,如果不考虑成本因素,公交车辆采用 GPS 定位技术是首选。除了成本因素,安全因素也值得考虑,因为 GPS 是由美国军方研制的空间卫星导航定位系统。

值得欣喜的是,我国具有自主知识产权的北斗卫星定位系统正在逐步由研究走向应用。它是继美国的 GPS、俄罗斯的 GLONASS 之后第三个成熟的卫星导航系统。

通过 GPS 时间和位置的数据,可以近似推算出公交车辆的行驶速度。公交车辆在线路上行驶时,往往受到各种因素的影响,如道路线形、横断面组成、车行道宽度、路面状况、车辆性能、交通组成、交通流量、交通管理措施、停靠站位置、交叉口交通状况及气候条件等等。对公交车辆行驶速度的采集主要有以下几种方法:牌照号码登记法、试验车跟车测速法、五轮仪测速法、光感测速仪测速、浮动车测速法。从经济角度考虑,单独对公交车辆的车速进行调查并不必要,完全可以利用 GPS 获取,因此这里不再累述。本书后面章节所用的美国威斯康星州麦迪逊市公交公司数据,是经过 GPS 数据处理程序后从该公司数据库调取获得的。

3.3.3 信息处理

根据前面获取的公交车辆数据和上一节的公交客流数据,可以进一步推算得到以下信息。

1) 满载率[131]

满载率是衡量公交车辆是否满足需求的重要指标,包括高峰满载率和平均满载率。

高峰满载率用于评价高峰时段公交服务水平及发车频率是否合理,也可表示统计期内某线路车辆载客最大利用程度和车厢拥挤程度;平均线路满载率表示线路舒适程度和运营状况。

(1) 高峰满载率

指某条线路高峰小时内、单向高峰断面上车辆实载量与额定载客量的比值,计算公式为：

$$\lambda_{a高} = \frac{Q_{a高}}{Q_{a额}} \times 100\% \qquad (3-11)$$

式中，$\lambda_{a高}$ 为公交线路 a 的高峰满载率；$Q_{a高}$ 为高峰小时内单向高峰断面上车辆实载量（人）；$Q_{a额}$ 为车辆额定载客量（人）。

(2) 平均满载率

指某条线路在统计期内平均每次车辆实际载客量与额定载客量的比值，计算公式为：

$$\lambda_{a平} = \frac{Q_{a平}}{Q_{a额}} \times 100\% \qquad (3-12)$$

式中，$\lambda_{a平}$ 为公交线路 a 的平均满载率；$Q_{a平}$ 为平均每次车辆实际载客量（人）；$Q_{a额}$ 为车辆额定载客量（人）。

2) 运营时间[131]

运营时间定额包括公交车辆行驶的单程时间，以及车辆在始末站停站时间等，可根据调度数据计算得到，计算结果存储在数据库中。作为公交运营评价基本指标，也可用于辅助数据上下车站点判断。

3) 周转时间

周转时间是上下行总的单程时间与首末站的停站时间之和，即：

$$周转时间 = 上下行单程时间 + 首末站停站时间 \qquad (3-13)$$

一日之内，线路上的客流量以及沿路交通量的变化具有时间不均匀性，故周转时间也应分别确定。为了充分利用公交资源，尽量减少运力浪费，在满足客流需求的前提下，线路车辆数或车次数会有较为明显的变化，常允许此期间的车辆周转时间可在一定范围内变化，即为一区间值。

上式中单程时间是车辆完成一个单程的运输工作所耗费的时间，其计算公式为：

$$单程时间 = 单程行驶时间 + 中间站停站时间 \qquad (3-14)$$

式中，单程行驶时间是车辆在一个单程中沿线各站段行驶时间之和，站段行驶时间是车辆从站段一端的停靠站起步开始，经过加速离站、稳定行驶、减速进站停车到达路段另一端的停靠站完全停车为止所耗费的全部时间。

首末站停站时间是车辆在线路的起始站和终点站的停站时间，包括调动车辆、办理行车手续、清洁车辆、行车人员休息交接班、乘客上下车，以及停站调整车辆间隔等所必需的停歇时间。

中间站停站时间是车辆在中间站点完全停车后至开车门、乘客上下车以及乘客上下车完毕后关门至车辆启动前的全部停歇时间。据统计表明，停车后至开车门和关车门后至车辆启动前的准备时间平均每站（或每段路）约为 6 s。

4) 行车间隔

行车间隔表示相邻车次的行车时间间隔，根据调度数据表可以计算相邻车次的发车间隔，也可以利用公交刷卡数据统计相邻车次在任意站点的行车间隔。

公交车辆发车间隔由调度人员控制，但是由于道路交通条件影响，公交车辆在线路上运营速度不均匀,造成行车间隔变化很大,常常发生站点长时间没有车辆到达或者同时多辆车到达的情况,造成公交服务水平降低。掌握线路在各站点的行车间隔有助于发现容易造成行车间隔不均的路段,以采取有效措施解决问题。

5) 营运速度

营运速度是指公交线路车辆在首末站之间的运送时间内的平均每小时行程,表示运送乘客的快慢,是衡量乘客公交出行消耗时间多少的一个重要指标。

$$V_{a营运} = \frac{2 \times l_a}{T_{a营运}} \quad (3-15)$$

式中,$V_{a营运}$ 为线路 a 公交营运速度;l_a 为线路长度;$T_{a营运}$ 为周转时间,等于车辆在线路上来回行驶的时间、中途各站停靠时间,以及线路两端始末站停留时间的总和。

6) 发车频率

发车频率是指单位时间内,通过线路某一断面或站点的车辆数,与线路上的客流量成正比。根据车次到站时刻数据可以很简单统计得到单位时间内通过任意站点的车辆数,即行车频率。计算公式如下:

$$f_a = \frac{Q_{ah}}{\lambda_a \times Q_{a额}} \quad (3-16)$$

式中,f_a 为某时间段内线路 a 的发车频率;Q_{ah} 为线路 a 单位小时客流量(人/h);λ_a 为客流满载率;$Q_{a额}$ 为车辆额定载客量(人)。

发车频率的高低直接反映了乘客候车的时间长短,发车频率较低,发车间隔就大,相应的候车时间就会长,必然影响到乘客对公交的选择。但发车频率过高,相应的线路配车就多,运力资源浪费会导致企业运营成本的增加。

7) 站点间的行程时间

行程时间与行程速度直接相关,很容易通过 GPS 时间数据得到。

3.4 公交线路特征信息的获取与处理

3.4.1 调查内容

公交线路特征信息主要包括以下三部分:公交停靠站点的信息,公交线路路径的信息,公交场站的信息。

公交停靠站点[139]的信息主要包括:

1) 公交线路停靠站点数目
2) 公交站点类型

公交站点按分类标准不同有不同的站点类型:按设置位置划分,可分为交叉口上游停靠站、交叉口下游公交停靠站及路段公交停靠站;按设置方法划分,可分为沿机非分隔带设置的公交停靠站、沿中央分隔带设置的公交停靠站和沿人行道设置的公交停靠站;按站台形式划分,可分为直线式公交停靠站和港湾式公交停靠站;按站点性质划分,可分为一般停靠站、一般换乘站与换乘枢纽站。

3) 公交站点的位置

4) 公交站点的停车泊位数

5) 公交站点尺寸

主要是：站台的长度（直线式公交停靠站站台长度为起终点的直线距离，港湾式公交停靠站站台长度为进港渐变段的起点到出港渐变段终点的直线距离）及站台的宽度（包括候车区的宽度与站台两侧边缘边沿安全带宽）。

6) 各站点所在区域的土地利用性质

公交站点所在交通小区的主要土地利用性质，如工业、商业、居住、科教卫生等等。《城市道路交通规划设计规范》规定公交站点覆盖率按 500 m 半径计算不小于 90%，故考虑公交站点 500 m 范围内的主要用地性质。

7) 站点间的距离

站点间距离是指公交线路中站点之间的实际距离，可通过实测、电子地图测量或从相关部门直接获取。线路长度就是首末站点之间的距离。

公交线路路径的信息主要包括：①线路路径所包含的具体路段；②线路路径所经路段上的公交车道设置；③线路路径上有无公交专用道；④线路路径长度；⑤线路路径中所经交叉口信息：包括是否为信号交叉口，信号交叉口的相位、周期长度、绿信比、相位差等。

公交场站的信息主要包括：公交站场的数量、分布位置、面积、场站的周转容纳能力、服务车种、服务车辆数以及服务半径等。

3.4.2 获取手段

根据调查内容不难发现，只有公交线路所经交叉口的信息属于动态信息，其余均为静态信息。调查方法有人工实地测量调查、从相关部门获取相关信息及从公交网站直接获取等。

信号控制交叉口的信息可以通过实测获取或从城市交通控制中心获取。

3.4.3 信息处理

根据前面获取的公交线路特征数据和前面的公交数据，可以进一步推算得到以下信息。

1) 停靠站点公交车辆通行能力

国内外有不少关于公交站点通行能力研究：

(1) 国内计算模型[140]

《交通工程手册》中提到，停靠站的通行能力取决于车辆占用停靠站的时间长短，因此采用下面的计算公式：

$$C_{站} = \frac{3\,600}{T} = \frac{3\,600}{t_1 + t_2 + t_3 + t_4} \tag{3-17}$$

式中，$C_{站}$ 表示公交停靠站的通行能力(bus/h)；T 表示车辆占用停靠站的总时间(s)；t_1 表示车辆进站停车所用时间(s)；t_2 表示车辆开门和关门的时间(s)；t_3 表示乘客上下车占用的时间，$t_3 = \frac{\Omega k t_0}{n_d}$，其中，$\Omega$ 为公共汽车的容量，k 为上下车乘客占用容量的比例，一般取 0.25～0.35，t_0 为每位乘客上车或下车所用时间，n_d 为乘客上下车用的车门数；t_4 为车辆启动和离开车站的时间。

国内计算模型中公交车在停靠站的车头时距就是其停靠时间，而停靠时间由进站停靠时间、车辆开门和关门时间、乘客上下车占用时间,以及车辆启动和离开车站的时间组成。

(2) 国外计算模型[141]

这里以 TCRP 和 HCM2000 中公交站点通行能力计算方法为例。

$$B_s = N_{el}B_l = N_{el}\frac{3\,600(g/c)}{t_c + t_d(g/c) + Z_a c_v t_d} \tag{3-18}$$

式中,B_s 为公交停靠站点公交车辆通行能力(bus/h);B_l 为单停靠泊位的公交车辆通行能力(bus/h);N_{el} 为有效停车泊位个数;t_c 为清空时间(s),上一辆公交车辆加速驶出与下一辆减速驶进停靠泊位的最短时间,包括公交车辆之间必要的车头安全时距,通常情况下,清空时间范围为 9~20 s;g/c 表示绿信比,对于无信号控制的街道和公共设施,该值为 1.0;t_d 表示平均停留时间(s);c_v 表示停留时间变化系数,通常取 0.6~0.8;Z_a 表示规定失败率的标准化变量,即标准正态分布对应停靠泊位停靠失败率为 a 的上分位数。

由于美国的公共交通出行比例较低,主要是作为小汽车交通的补充,在实际运营中,美国的公共汽车线路多提供低频率服务,运行较为准点,到达车站的间隔也比较稳定。在服务水平度量方面,它不是以在车站的排队时间作为标准,而是控制发生排队的可能性。

2) 改进的公交线路客流 OD 推算

传统的针对单条公交线路的客流 OD 推算,主要是从人的角度出发分析乘客的出行行为特征来推算 OD 量,而没有考虑公交站点附近土地的用地性质和公交站点的换乘功能影响。因此,在这里给出了一种改进的公交线路客流 OD 推算[142-143],包含以下几个步骤:

(1) 考虑乘客出行行为特征

公交出行属于中长距离出行,出行距离过长或过短的居民较少采用这种交通方式。居民选择乘坐公交出行时,其出行站数主要集中在某个范围,当乘坐到一定站数时,其在该站下车的概率最大,对居民公交出行站数进行统计,如表 3.2 所示。采用数理统计中的单个样本柯尔莫哥洛夫-斯米诺夫检验(One-Sample Kolmogorov-Smirnove Test,简称 K-S 检验)对其进行分析,结果如表 3.3 所示。

表 3.2 公交出行站数和人数统计表

出行站数	1	2	3	4	5	6	7	8	9	10	11	12	13	14
人数	6	8	13	16	14	10	4	8	5	2	3	3	2	1

表 3.3 单个样本柯尔莫哥洛夫—斯米诺夫检验结果表

		数据
	样本容量	95
泊松分布参数	均值	5.484 2
显著性差异	绝对值	0.093
	正数	0.093
	负数	−0.070
	检验统计量	0.903
	P 值	0.389

从表 3.3 可以看出,样本容量为 95,均值达到 5.4842,由数理统计的知识,该样本容量满足需求。因为假设检验的 P 值为 0.389,远远大于 0.05,所以可以认为居民公交出行站数服从泊松分布,则乘客乘坐 s 站的概率 $P(s)$ 为:

$$P(s) = \frac{\lambda^s e^{-\lambda}}{s!} \tag{3-19}$$

由于乘客乘坐的站数必须在 1 到 L(L 为公交停靠站数)之间,对上式归一化处理,得到新的概率 $P'(s)$:

$$P'(s) = \frac{\dfrac{\lambda^s e^{-\lambda}}{s!}}{\displaystyle\sum_{1}^{L} \dfrac{\lambda^s e^{-\lambda}}{s!}}, \quad s = 1, 2, \cdots, L \tag{3-20}$$

令 $\overline{X_1(l, l')}$ 为第 l 站上车,第 l' 站下车的人数;$Y(l, l')$ 为第 l 站上车,第 l' 站前仍留在车上的人数,称为留车人数;$W(l')$ 为 l' 站前的车内人数。则有:

$$Y(l, l') = Y(l, l'-1) - \overline{X_1(l, l')} \tag{3-21}$$

$$W(l') = \sum_{l=1}^{l'-1} Y(l, l') \tag{3-22}$$

由前面假设可知,在 l 站上车的人数为 $O(l)$,再设在 l' 站下车人数为 $D(l')$。显然,第 $1, \cdots, (l'-1)$ 站上车的乘客都有可能在第 l' 站下车,可得到:

$$D(l') = \sum_l \overline{X_1(l, l')}, \quad l = 1, \cdots, l'-1 \tag{3-23}$$

假设第 l 站上车,第 l' 站前仍留在车上的乘客按照统计规律在第 l' 站下车,可以得到:

$$X_1(l, l') = \frac{D(l') P'(l'-l) Y(l, l')}{\displaystyle\sum_{s=1}^{l'-1} P'(l'-s) Y(s, l')} \tag{3-24}$$

其中,$X_1(l, l')$ 为考虑乘客出行行为特征的 OD 推算矩阵;$P'(l'-l)$ 为乘客乘坐 $l'-l$ 站的概率;$\displaystyle\sum_{s=1}^{l'-1} P'(l'-s) Y(s, l')$ 为按概率分布在 l' 站下车的总人数。

通过 $X_1(l, l')$ 可以计算出各公交停靠站的上、下车人数 $O'(l)$、$D'(l')$,但 $O'(l) \neq O(l)$。采用类似于交通规划中出行生成预测的增长率法:

$$\alpha_l = \frac{O'(l)}{O(l)}; \quad \beta_{l'} = \frac{D'(l')}{D(l')} \tag{3-25}$$

$$X'_1(l, l') = \alpha_l \beta_{l'} X_1(l, l') \tag{3-26}$$

其中,$X'_1(l, l')$ 为经过修正后的 OD 推算矩阵。连续迭代,当所有的 $\alpha_l, \beta_{l'}$ 满足 $0.9 \leqslant \alpha_l, \beta_{l'} \leqslant 1.1$ 时,停止计算。

(2) 考虑公交停靠站附近用地性质

公交客流 OD 与公交停靠站附近的土地利用性质息息相关,不同土地利用布局、性质和强度,对应着不同的交通出行量和吸引量。这里把用地分为居住用地、公共设施用地(包括行政办公、医疗卫生、教育科研等)、商业金融用地、工业用地、对外交通用地(火车站、汽车站等)、道路广场用地(停车场、停车库等)、其他用地等七类。对于不同性质的用地,其对公交客流的吸引系数肯定不同。在公交客流高峰期间,以上班和上学为主,假定居住用地和工业用地吸引系数为1.0,其他用地性质吸引系数参照居住和工业用地,结果如表3.4所示。

表3.4 各类用地性质对应公交客流吸引系数表

编号	用地性质	吸引系数	备注
1	居住用地	1.0	作为标准
2	工业用地	1.0	作为标准
3	公共设施用地	0.7	
4	商业金融用地	1.1	
5	对外交通用地	1.2	换乘乘客多,吸引系数较大
6	道路广场用地	0.8	
7	其他用地	0.6	

假设 S_{lu} 为公交停靠站点 l 在 500 m 范围第 u 种用地性质的土地面积,X_u 代表各种用地性质的吸引系数,$u=1,2,\cdots,7$,则各公交停靠站 l 的吸引权为:

$$Z_l = \sum_u S_{lu} X_u \tag{3-27}$$

假设公交OD矩阵与第 l 站上车人数,第 l' 站的吸引权成正比,得到

$$X_2(l,l') = \frac{O(l)Z_{l'}}{\sum_{l+1}^{L} Z_{l'}} = \frac{O(l)\sum_u S_{l'u}X_u}{\sum_{l+1}^{L}\sum_u S_{lu}X_u} \tag{3-28}$$

其中,$X_2(l,l')$ 为考虑公交停靠站附近用地性质的OD推算矩阵。

(3) 考虑公交停靠站换乘功能

一般情况下,公交停靠站点所包含的线路数越多,乘客换乘的可能性就越大,相应地吸引的乘客也越多;另外,由于首末站通常是一个集结了多条公交线路和各种运输方式(如公交、地铁、出租车、长途汽车等)的场所,它不仅具备客流转换和集结大量客流的基本功能,而且配备有各种运营调度组织管理及为乘客提供服务的多用途、多功能的综合建筑群[144],因此首末站比中间停靠站吸引的乘客也要多。

设公交停靠站 l' 所经过的线路数为 $n_{1l'}$,起始线路数为 $n_{2l'}$,终点线路数为 $n_{3l'}$。则各公交停靠站点 l' 的重要系数为:

$$T_{l'} = n_{1l'} + \lambda_1 n_{2l'} + \lambda_2 n_{3l'} \tag{3-29}$$

其中,$T_{l'}$ 为公交站点 l' 的重要系数,λ_1、λ_2 为首末站系数。假设公交OD矩阵与第 l 站上车人数,第 l' 站的重要系数成正比,得到基于公交换乘功能的OD推算矩阵 $X_3(l,l')$。

$$X_3(l,l') = \frac{O(l)T_{l'}}{\sum_{l+1}^{L}T_{l'}} = \frac{O(l)(n_{1l'}+\lambda_1 n_{2l'}+\lambda_2 n_{3l'})}{\sum_{l+1}^{L}(n_{1l'}+\lambda_1 n_{2l'}+\lambda_2 n_{3l'})} \tag{3-30}$$

(4) 公交客流组合 OD 矩阵

从上文得知,公交 OD 矩阵不但与乘客的出行特性有关,而且受公交站点附近的用地性质和公交停靠站换乘功能影响,最后的公交客流 OD 矩阵 $X(l, l')$ 可表示如下:

$$X(l, l') = \eta_1 X'_1(l, l') + \eta_2 X_2(l, l') + \eta_3 X_3(l, l') \tag{3-31}$$

通过向有关专家发放调查表格,得到这三者对公交 OD 矩阵的影响程度,有两两比较矩阵:

$$A_1 = \begin{bmatrix} 1 & 3 & 3 \\ 1/3 & 1 & 1 \\ 1/3 & 4/7 & 1 \end{bmatrix}; A_2 = \begin{bmatrix} 1 & 2 & 7/3 \\ 1/2 & 1 & 8/5 \\ 3/7 & 5/8 & 1 \end{bmatrix} \tag{3-32}$$

利用层次分析法对上述两矩阵作一致性检验,并得到组合系数见表 3.5。

表 3.5 影响因素组合系数表

基于乘客出行行为特征	基于公交站点用地性质	基于公交站点换乘功能
0.557 0	0.243 0	0.200

$$X(l, l') = 0.557\,0 X'_1(l, l') + 0.243\,0 X_2(l, l') + 0.200 X_3(l, l') \tag{3-33}$$

3.5 道路环境特征信息的获取与处理

3.5.1 调查内容

道路环境特征信息主要包括:道路交通状态和自然环境两部分的信息。其中,道路交通状态主要是指道路交通流量、行驶延误、交通事件等参数;气象环境信息包括雨雪等天气的发生时间、持续时长、覆盖区域、发生强度等信息。

交通流量是三大基本交通参数之一,是描述道路交通流特性的重要参数。因此,对道路交通流量的信息采集显得尤为重要。道路交通流量的大小能反映路段车辆拥挤程度、影响路段的运行时间,并直接反映到公交乘客完成出行所需要的总的出行时间。

天气状况等气象环境信息对城市道路交通运行秩序的影响是毋庸置疑的,例如冰雪等恶劣的天气状况易引发城市道路交通事故等异常事件的发生,进而导致公交车辆的运行秩序遭到破坏。由于经济、社会、技术等多方面因素的制约,目前我国在该方向还没有取得令人满意的系统成果。国外部分国家在道路交通安全领域和高速公路研究方面考虑了气象环境的影响,并建立有相应的数据库。本书提出该调查内容主要是以公交车辆的智能化调度为契机,建立城市交通的自然环境数据库,也为未来的研究提供预备的数据资源储备。

3.5.2 获取手段

1) 道路交通流量的采集

道路交通流量的采集技术主要分为非自动采集技术和自动采集技术。

非自动采集技术主要有:

(1) 人工采集法

即在选定地点及时间,由测量人员计测和记录通过实测断面的车辆数。该法组织工作简单,调配人员和变动地点灵活,使用的工具除必备的计时器(手表或秒表)外,一般只需手动(机械或电子)计数器和其他记录的记录板(夹)、纸和笔等。

人工采集法适用于任何地点、任何情况的交通量调查,机动灵活,易于掌握,精度较高(调查人员经过培训,比较熟练,具有良好的责任心时),资料整理也很方便。但这种方法需要大量的人力,劳动强度大,冬夏室外工作辛苦;对工作人员要事先进行业务培训,加强职业道德和组织纪律性的教育,在现场要进行预演调查和巡回指导、检查。另外,如需作长期连续的交通量调查,由于人工费用的累计数很大,因此需要较多费用。一般最适于作短期的交通量调量。

(2) 试验车移动调查

即通过在测定区间内驾车反复行驶测量球的区间内断面平均交通流量的方法。调查人员需要一个记录与测试车对向开来的车辆数;一人记录与测试车同向行驶的车辆中,被测试车超越的车辆数和超越测试车的车辆数;另一人报告和记录时间及停驶时间。

测试车一般需沿调查路线往返行驶12~16次(6~8个来回)。调查过程中,需要注意的事项有:行程时间,在记录时以分、秒计,但在公式计算中,秒应以分的百分数计,以便于直接计算;浮动车法调查延续时间较长,为了真实反映交通情况,应注意路段和行程时间不要太长,尽可能分段以较短时间完成;浮动车法观测到(经过计算获得)的交通量是个平均值,表明在整个观测时段内的平均值,而由每一次观测所得数据计算的交通量才是该时段的交通量。

(3) 摄像法

即在待测路段断面处的路面上作标记后,对其作定时摄像,然后对结果进行处理,从而得出交通流量。目前常利用录像机(摄像机、电影摄影机或照相机)作为高级便携式记录设备。可以通过一定时间的连续图像给出定时间隔的或实际上连续的交通流详细资料。在工作时要求专门设备,并升高到工作位置(或合适的建筑物)以便能观测到所需的范围。将摄制到的录像(影片或相片),重新放映或显示出来,按照一定的时间间隔以人工来统计。这种方法搜集交通量或其他资料的优点是现场人员较少,资料可长期反复应用,也比较直观。其缺点是费用比较高,整理资料花费人工多。因此,一般多用于研究工作的调查。

对于交叉口交通状况的调查,往往可采用录像法(或摄像法)。通常将摄像机(或摄影机或时距照相机)安装在交叉口附近的某制高点上,镜头对准交叉口,按一定的时间间隔(如30 s、45 s、60 s)自动拍摄一次或连续摄像。根据不同时间间隔情况下每一辆车在交叉口内其位置的变化情况,数点出不同流向的交通。这种方法的优点是能够获取一组连续时间序列的画面,只要适当选择摄影的间隔时间,就可以得到最完全的交通资料,且资料可以长期保存。其缺点是费用大,内业整理工作量大,需要做大量图(像)上的量距和计算,并且在有繁密遮挡物时,调查比较困难或引起较大误差。

显然这几种技术都只能用于短期和小范围的交通调查,满足不了实时数据采集的需要。因此,自动采集技术必不可少。

自动采集技术已经相当成熟,按照采集装置可分为固定式信息采集和移动式信息采集。固定式信息采集方法包括:感应线圈检测器、微波雷达检测器、红外线检测器、超声波检测器、磁性检测器和视频检测处理技术等。

移动式检测器主要包括：GPS 浮动车、手机浮动车、电子标签、牌照识别等技术。

(4) GPS 浮动车技术

将 GPS 技术与城市交通管理系统相结合，可实现交通状况的实时检测。利用 GPS 实时监测实验车，无法直接得到路段的交通量，我们可以根据所测得的路段平均车速来反推路段交通流量。

$$Q = Kv_s \tag{3-34}$$

式中，Q 为交通流量；v_s 为空间平均速度；K 为车流密度。

另外，根据速度与密度的界限常用的模型有：格林希尔茨线性模型，安德伍德指数模型等。

(5) 航测法

利用航拍技术来进行交通量调查，航测法的观测点是一个空间连续的移动断面，因此航摄法车流量的计算为：

$$Q_{航} = Kv_s \tag{3-35}$$

$$Q = Q_1 + Q_2 \tag{3-36}$$

式中，Q 为顺向、逆向双向车流量；Q_1、Q_2 为顺、逆向车流量；v_s 为车流空间平均速度。

该方法不受天气、地点、时间的影响，能在空中动态地监测道路运行状况，具有灵活的特点，其不足之处在于因影像较小而对车型判读较为困难。

2) 气象环境信息的采集

气象环境数据的采集包括：历史数据、实时数据和预测数据的采集三大部分。这部分的信息需要通过城市气象部门等相关单位获取。

在气象环境信息与公交车辆运行状态方面，尽管还没有取得系统的研究成果，但不少专家学者在该方向上还是取得了一定的成果[145]。

3.6 公交管理政策信息的获取与处理

3.6.1 调查内容

公交管理政策信息主要包括：公交管理信息和公交政策信息。

公交管理是指对公共交通的组织指挥管理措施、交通法规、公交公司章程以及交通控制设施。此外，还包括交通管理系统对公共交通的优先通行政策、法规以及设施。

公交政策是指政府相关主管部门对于城市公共交通建设的政策、法规等。

对于公交公司内部信息的调查，主要是一些具体指标要求和于车辆调度相关的信息。主要有：公交车辆在场站的清洁时间、公交车辆周期维护耗费时间、高峰时段最大发车间隔（或最小发车频率）、平峰时段最小发车间隔（或最大发车频率）、公交车辆满载率要求、站点停靠时间等。

3.6.2 获取手段

对公交管理政策信息的获取主要通过到公交公司实地调研,从城市主管部门获取相关资料等方式获取。

3.7 本章小结

本章从交通工程学的角度出发,分别从公交客流特征、公交车辆运营、公交线路特征、道路环境特征和公交管理政策五个方面,对几十年来国内外公交车辆行车计划编制及优化基本信息的获取与处理进行了回顾,并适当地进行了一些分析,对与基本信息和参数以及与本书后续章节联系较为密切的部分进行了比较详细的介绍,而对于其他部分内容则略为简要。此外,本章介绍了一种综合乘客出行行为特征、公交站点附近土地用地性质和公交站点换乘功能影响等多元信息的改进公交线路客流 OD 推算方法。

4 常规公交车辆行车时刻表编制研究

本章首先总结了车辆行车时刻表编制技术。由第二章可知城市常规公交车辆调度可分为静态调度和动态调度、线路调度和区域调度。车辆静态调度对应的行车时刻表是常规公交车辆运营的基本依据和主体,是车辆动态调度辅助调整、适应围绕的主线;线路调度是当前我国城市普遍采用的调度模式,也是进行区域调度的基础和前提。

因此,结合我国实际情况,借鉴"逐条布设、优化成网"[146]的思想,本章首先以线路发车间隔优化为切入点,研究线路上的常规公交车辆行车时刻表编制问题,再通过换乘站点的"衔接",对区域内常规公交车辆静态调度开展研究,分别建立模型并给出求解算法;最后,通过具体城市实际公交数据对模型和求解算法进行算例分析,编制出区域公交车辆的时刻表。

4.1 行车时刻表编制技术

公交车辆的行车时刻表是指导公交车辆进行运营的基本文件。其编制是城市公交企业管理的基础工作之一,也是公交车辆行车计划编制的重要一环。时刻表编制质量的好坏不仅与公交企业的经济利益密切相关,而且会对公众出行以及城市的秩序产生影响。因此,对时刻表编制进行研究是非常有意义的。

目前,国内公交企业普遍采用的行车时刻表编制方法仍是传统方法,受工作人员编制经验影响较大,概括地讲就是:本着平衡公众出行产生的公交需求和公交企业线路发车提供的公交供给的原则,参考公交线路客流量情况和线路配车数,确定运行时间、周转时间及间隔。下面对时刻表编制的相关内容进行介绍[147]。

4.1.1 车辆运行参数的确定

1) 线路配车数

所谓线路配车数,是指组织运营所需的车辆总数与营业时间内各时段所需车辆数。根据不同需要,线路配车数可分为:日线路运营配车总数,各时段线路运营配车总数,以及各种调度形式的线路运营配车数。

在实际运营过程中,由于公交客流数据不充分和(或)不准确,每条线路的计划配车数、实际配车数,与各公司的效益有关,以及各线路多年情况的经验总结,一般在编制计划前就已经事先确定了线路配车数。基本计算公式为:

$$配车数(车) = \frac{最高路段单向通过量(人/h)}{计划车容量(人/车) \times 周转系数} \tag{4-1}$$

4 常规公交车辆行车时刻表编制研究

其中,计划车容量是指限定的车辆载客容量,其计算公式为:

$$计划车容量(人/车) = 车厢定员人数(人/车) \times 满载率定额 \tag{4-2}$$

其中,车厢定员人数取决于不同载重量大小的车辆,对于确定载重量和车厢有效面积的车辆,则主要取决于座位数和站位数的比例,最终均取决于车辆的类型;满载率[148]定额,一般高峰期取 0.8~1.1,平峰期取 0.5~0.6。

车辆从起始站出发,运行到达终点站后再运行回到起始站,称为一个周转。周转系数是单位时间(如 1 h)内车辆完成的周转次数,与周转时间成反比关系,其计算公式为:

$$周转系数 = \frac{60}{周转时间(\min)} \tag{4-3}$$

前面已对相关周转时间做过定义,这里不再解释。这里对公交站点乘客的人均上下车用时再做进一步阐释。在同等规模的客流下,人均上下车用时是影响车辆停靠站时间的关键。而在通常情况下,人均上下车时间由车辆类型、收费形式以及拥挤程度等因素决定。根据相关研究结果[141],对于不同的车辆类型和收费形式,每位乘客的平均上下车时间如表 4.1 所示。

表 4.1 不同车型结构和付费方式下的平均每位乘客上下车服务时间一览表(单位:s)

车辆类型	可利用车门和上下客方式		每位乘客的上车时间		每位乘客的下车时间
	车门数量	车门位置	车外预先付费	上车投币	
传统的单节公交车辆	1	前门	2.0	2.6~3.0	1.7~2.0
	1	后门	2.0	—	1.7~2.0
	2	前门	1.2	1.8~2.0	1.0~1.2
	2	后门	1.2	—	1.0~1.2
	2	前门、后门	1.2	—	0.9
铰接公交车辆	2	后门	1.2	—	—
	2	前门、中门	—	—	0.6
	3	前门、中门、后门	0.9	—	0.8

数据来源:《美国公共交通通行能力和服务质量手册》(TCQSM)第二版

2) 发车间隔与发车频率

发车间隔,是指前后两辆公交车辆发出时间的间隔,即当前公交车辆发出时刻减去之前一辆公交车辆发出时刻的时间差值,以时间为单位。

发车频率是指单位时间内发出车辆的次数,以辆数/时间为单位。它与发车间隔成反比。

在某种情况下,例如在单位时间取为 1 时,发车间隔与发车频率互为倒数,故两者知其一,必得另一。很多时候对发车频率的研究与对发车间隔的研究是等价的。

发车频率与发车间隔又有明显的不同:发车频率等于单位时间除以平均发车间隔,这时,在此段时间内,所有发出车辆间的发车间隔是相同的,都等于平均发车间隔。

另外,在最终编制的车辆时刻表上,首发班次时间确定后则可以通过发车间隔直接推算出后续所有班次的发车时间;但对于发车频率而言,需要先考虑整个运营时间的时段划分,再考虑由发车频率求得的发车间隔的分配与排列。

因此,在国内外研究现状部分综合考虑了发车间隔和发车频率,在优化模型部分则是以发车间隔为研究对象。

3) 发车间隔分配与排列[147]

(1) 发车间隔分配

发车间隔的分配是指对发车间隔计算值的分配,对呈现小数的发车间隔值取整处理,并使之确定为适当数值便于行车掌握,或者,根据实际需要将一个整数发车间隔分为其他大小不同的整数发车间隔的过程。具体方法如下所示:

将原发车间隔 $\overline{H_i}$ 分解为 $\overline{H_i^a}$ 和 $\overline{H_i^b}$,即

$$\overline{H_i} \Rightarrow \begin{cases} \overline{H_i^a} = [\overline{H_i} + X_a] \\ \overline{H_i^b} = [\overline{H_i} - X_b] \end{cases} \quad (4-4)$$

式中的 X_a 和 X_b 为分解值所采用的非负数,即 $X_a \geqslant 0, X_b \geqslant 0$,显然,有 $\overline{H_i^b} \leqslant \overline{H_i} \leqslant \overline{H_i^a}$。

又设

$$\Delta H = \overline{H_i^a} - \overline{H_i^b} \quad (4-5)$$

则有,按较大行车间隔运行的车辆数 N_a 为:

$$N_a = \frac{t_0 - N \times \overline{H_i^b}}{\Delta H} \quad (4-6)$$

式中,N 为时间段内的发车总数(辆次)。

按较小行车间隔运行的车辆数 N_b 为:

$$N_b = N - N_a \quad (4-7)$$

由于 X_a 和 X_b 的取值不同,ΔH 值的大小也不相同,一般在 $\Delta H = 1$ 的情况下,N_a 与 N_b 值均为整数。但是当 $\Delta H > 1$ 时,N_a 值可能是小数。此时,将 N_a 取为整数,则令剩余时间为 t_0',剩余车辆数为 N',平均行车间隔为 $\overline{H_i'}$,这样再将新的行车间隔 $\overline{H_i'}$ 采用上述的方法进行再循环分配,直到分完为止。最后,一般将其分配结果记为

$$t_0 = \sum 行车间隔 \times 车次数 \quad (4-8)$$

以上分配过程,为了便于掌握和计算简便,通常取 $\Delta H = 1$;但是在客运高低峰过渡时间内,则通常要取 $\Delta H > 1$。

(2) 发车间隔的排列

发车间隔的排列是指根据一定的原则,将前面计算得到的大小不同的发车间隔,依据客流情况,进行次序排列,以便使运营发放车次时更加符合客流变化的动态趋势。

发车间隔排列的原则主要有三种形式:由小到大的顺序排列,在客流高峰向客流低峰过渡时适用;由大到小的顺序排列,在客流低峰向高峰过渡时适用;大小相间的排列,在客流变化不大时适用。

4.1.2 行车次序排列的确定

1) 确定发车时刻

发车时刻是指行车时刻表预先安排好的车辆从一个既定起始站发出的时刻。

发车时刻的排定方法为：按照已经设计好的各时间段内的"行车间隔分配与排列方案"，从该时间段开始的时刻依次列出各个发车时刻。

2) 确定到站时刻

到站时刻是指车辆在经过上一个运行周转后可以进行下一个周转的最早时刻，即上一个运行周转的结束时刻就是到站时刻。到站时刻计算方法为：

$$到站时刻 = 上一个运行周转的发车时刻 + 该周转的周转时间 \quad (4-9)$$

3) 排定行车次序

在列出各时段车次的发车时刻和到站时刻后，就可以开始排定行车次序了。排定行车次序主要有两种方法：

(1) 从头班车的起排方法。在表中，从头班车的时间开始，按照时间段顺序，从上而下，从左到右，依次填写每个车次的运行时刻，直到末班车为止。

(2) 从最高峰的起排方法。在表中，从最高峰配足车辆的时间段开始安排车序，然后向前套排到头班车，向后套排到末班车。

本书中采用的是从头班车开始的排定方法。

4.1.3 确定发车类型

这里的发车类型，是指线路运营中所采用的运输组织形式，即车辆调度类型。按照车辆工作时间的长短，发车类型可以分为正班车、加班车和夜班车；按照车辆运行与停站方式则可以分为全程车、区间车、大站快车、直达快车、定点定班车和跨线车。

线路基础行车时刻表的编制需要以正班车和全程车作为基本的发车形式，并根据线路客流的每日时段分布等情况辅以采用其他形式：当某一时段客流断面不均衡性评价值达到相应规模时，应考虑在该时段运用加班车或区间车等形式。

在城市公交运营管理中，根据客流需求，可以在同一线路上同时采用全程车和区间车相结合的运营调度组织形式。确定多种发车类型的基本思路如图4.1所示[147]。

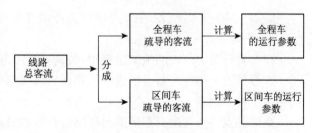

图 4.1 确定多种发车类型的基本思路

在此主要对常用的区间车调度形式的选定方法进行介绍。

1) 判断指标

(1) 站段通过量差——单位时间内线路某个站段的单向通过量与沿线该单向的平均站段通过量之差，即

$$站段通过量差 = 某路段单向通过量 - 该单向平均通过量 \qquad (4-10)$$

(2) 站段不均匀系数——单位时间内线路某站段单向通过量与该单向的平均站段通过量之比,即

$$站段不均匀系数 = \frac{某路段单向通过量}{该单向平均通过量} \qquad (4-11)$$

2) 判断准则

判断区间车的运行区间,可根据表 4.2 所示的判断准则,按照以下步骤进行:

(1) 分别计算线路上行和下行的各站段客流量差或路段不均匀系数。

(2) 依据下表判断准则,可任选一个准则来初步定出区间车运行的路段及站点。

(3) 综合考虑线路站距、掉头车站以及调度工作方便等因素,拟定可行的运行路段及站点。

(4) 确定区间车的运行定额和参数。

(5) 编制区间车的行车作业计划。

表 4.2 区间车的判断准则

判断准则	条 件	限制条件的数值(2~4 或 1.2~1.4)
站段通过量差准则	站段通过量差不小于 2~4 倍的计划车容量	当满载率定额较高时取较小值,反之,取较大值
站段不均匀系数准则	站段不均匀系数不小于 1.2~1.4	

根据工作班制,一般一个工作班的时间不超过 8 h。正班车在运营时间内连续在线运行的时间超过一个工作班;而加班车一般只在运营时间内某时段才进入线路,其在线连续运行时间应少于一个工作班。有些加班车虽然在一天内的总运行时间不止一个工作班,但是其在线运行时间不是连续的,而是间断的。

4.1.4 完成车辆行车时刻表

编制车辆行车时刻表,主要是确定关键站点和主要时刻。

1) 关键站点的确定

在车辆行车时刻表的编制过程中,关键站点考虑最多的就是入线站点和离线站点。

入线站点是指在运营车辆进入线路运行时的第一个车次的对应站点,即车辆进入线路的第一个发车站点。

离线站点是指在运营车辆退出线路运行时的最后一个站点,即车辆从该站点返回车场。

选定车辆的入线站点和离线站点时,一般需要综合考虑多个因素,如:所在时间段的上、下行的客流量大小,车辆所在停车场(库)和入线站点之间的距离,运营线路沿线乘客对服务时间的要求,线路投放运力是否方便和经济等等。

通常情况下,入线站点和离线站点都被固定在公交首末站点上,但对于非常规调度形式(指区别于基础行车时刻表上的正班全程车的其他调度形式)来说,因为存在多次进出线路运行的情况,所以根据实际需要,其入线、离线站点可能不会设置在首末站上。

2) 主要时刻的确定

车辆运行的关键时刻主要有计划的出场时刻、入线时刻、离线时刻、回场时刻以及各车

次的到站时刻与发车时刻。

(1) 出场时刻

出场时刻 t_{out} 是指车辆从停车场(保养厂)进入运营线路时在停车场(保养厂)的发车时刻,计算公式为:

$$t_{out} = t_{dl} - t_s - t_m \qquad (4-12)$$

式中,t_{dl} 为车辆入线的第一个发车时刻;t_s 为首末站停车时间定额;t_m 为停车场(保养厂)与入线站点之间的单程时间定额。

(2) 入线时刻

入线时刻 t_{up} 是指车辆进入运行线路时到达第一个发车站点的时刻,计算公式为:

$$t_{up} = t_{dl} - t_s \qquad (4-13)$$

显然,对于首发车辆来说,入线时刻就是第一次到站时刻。

(3) 离线时刻

离线时刻 t_{down} 是指车辆从线路退出运营时离开线路的时刻,计算公式为:

$$t_{down} = t_{an} + t_s \qquad (4-14)$$

式中,t_{an} 为车辆最后一个车次的到站时刻。

(4) 回场时刻

回场时刻 t_{in} 是指车辆从线路返回并到达停车场(保养厂)的时刻,计算公式为:

$$t_{in} = t_{down} + t_m \qquad (4-15)$$

(5) 发车时刻

此处发车时刻是指每个车次从起始站发车的计划时刻。对于每个周转而言,其发车时刻有两个:一个是每次周转的起始站的发车时刻,通常由发车间隔分配和排列方案给出;另一个是每次周转的终点站的返回发车时刻,等于车辆到达终点站的到站时刻与首末站停车时间定额之和。

(6) 到站时刻

到站时刻是指每个车次到达终点站的时刻,等于每车次的首末站的发车时刻与该车次的单程时间定额之和。

4.1.5 行车时刻表编制总结

常规公交车辆行车时刻表的编制,对公交车辆调度问题意义重大。它主要是指在城市公交系统路网结构和公交资源一定的情况下,根据公交客流的变化规律,从某种利益角度出发,合理确定各条公交线路的行车时刻表。

常规公交车辆线路静态调度,是根据历史调查统计的乘客需求量、车辆行程时间等等静态数据,编制车辆的行车时刻表,车辆按照编制好的时刻表发车并在线路上进行运营。此处的行车时刻表又称为静态调度时刻表,或基础行车时刻表[149]。

行车时刻表是联系公交公司与寻求可靠公交服务的乘客之间最重要的桥梁,不合适或不准确的时刻表不但会困扰乘客,还会降低公共交通对人们的整体吸引力。行车时刻表编制的关键,是确定发车间隔。

4.2 公交车辆线路发车间隔优化研究

4.2.1 引言

作为运营调度工作的重要一环[150],城市公交线路发车间隔的制定是公交系统日常运营工作的核心,它决定了时刻表的制定、车辆和人员配置等其他日常调度工作。发车间隔设置得是否合理,直接影响到公交运营者能提供的服务质量和可获得的经济效益。

发车间隔大,公交公司所需公交车辆发车次数相对就少,运营成本就低,且公交车辆的满载率可能就高,公交公司获得的经济效益就好;从乘客利益角度出发,乘客在公交站点的等待时间长,乘坐公交车辆的舒适度低,所能获得的服务质量差,损害了乘客的利益。反之,发车间隔小,乘客在公交站点的等待时间就短,乘坐公交车辆的舒适度就高,公交公司所能提供的服务质量就好;从公交公司利益角度出发,需要的公交车辆发车次数相对要多,运营成本要高,且公交车辆的满载率可能就低,公交公司所能获得的经济效益就差,损害了公交公司的利益。在某种程度上,乘客与公交公司之间是博弈关系。为了增强公交服务的可靠性,从而提升公交吸引力,有必要优化车辆发车间隔,使其与客流需求相一致,而不能假定乘客会调整自身出行时间来适应时刻表。

因此,为了编制出适应公众出行需求的行车时刻表,科学、合理地确定每条公交线路的发车间隔是非常必要的。

4.2.2 线路发车间隔优化模型建立

目前,国内外已有许多专家学者对城市公交线路发车频率的优化方法进行了研究。主要途径有两条:一是在公交线网优化的同时,确定发车频率[151-153];二是在公交线网确定后,再单独优化发车频率。考虑到不同时段、不同客流等情况下发车频率的变化,这里将主要研究后一种方法。详细文献综述在第一章已进行过阐述,不再赘述。

目前大部分研究均是以一个时间段为模型的基本研究周期,得到该时段内的发车频率,进而推算出时段内的均匀发车间隔。正如本章第一节中对发车间隔和发车频率区别的描述,如果采用发车频率作为研究对象,不仅需要考虑时段的划分,还忽略了这一时段内的数据变化。例如,某线路高峰期为 6:30~7:30,按发车频率求得 6:00~7:00 的发车频率为 12 车/h(推算出发车间隔为 5 min),7:00~8:00 的发车频率为 10 车/h(推算出发车间隔为 6 min),而实际上,在第一个时段内,6:30~7:00 比 6:00~7:00 的乘客数要多,同样的,在第二个时段内,7:00~7:30 比 7:30~8:00 的乘客数要多,一旦时段划分得不同,则所提供的服务水平也不同。

因此,这里以发车间隔为模型变量,综合考虑乘客和公交公司的利益,同时考虑发车间隔和车辆满载率等约束限制,建立发车间隔优化模型[154]。

1) 模型假设

城市公交服务易受各种不确定因素影响,如乘客到达时间、到达数量、车辆发车时间、车辆行驶速度,交通意外和事故等等。总的来说,影响因素有三个方面:客流分布状况、车辆状况以及道路状况。为建立优化模型,首先给出以下假设:①只考虑单行情况;②线路客流需求独立,不受发车间隔影响,不受相邻线路运行状况影响;③所有公交车辆车型相同,载客能力相同;④所有公交车辆严格按照行车时刻表运行,不允许越站、超车;⑤全部采用"全程全站"运行方式,全程票价统一;⑥公交车辆在站点停留时间由乘客上下车人数决定;⑦公交车辆进出站过程中的加减速时间损失忽略;⑧站台乘客自觉排队,服从"先到先服务"原则,无插队现象;⑨站台乘客不会因等待时间过长而离开,乘客候车次数不会超过2次;⑩所有车辆均能正常运行,不考虑诸如堵车、交通事故等意外情况。

2) 目标函数

(1) 从乘客角度

从本质上讲,对公交车辆进行运营调度是为了满足乘客的公交出行需求,所以必须首先考虑乘客的利益。根据对公交乘客满意度调查发现,等车时间长短、车内拥挤程度、到站准时性以及乘坐是否方便是公众公交出行主要关注的问题。由于等车时间长短可以通过时间成本系数换算成等车经济成本,方便与公交公司的经济成本统一计算,车内拥挤程度可以通过车辆满载率的限制加以管理,因此,从乘客利益出发,这里以乘客的等车时间最小为目标。

根据假设,乘客在站点等车时间存在两种情况:

① 等一次公交车,即第 j 班次车辆从 l 站发车时乘客能够上车,此时乘客等待时间为:

$$\sum_{l=1}^{L-1}\sum_{s=1}^{L-l}\sum_{j=1}^{n}\int_{T_{j-1}^{l}}^{T_{j}^{l}} D^{l,l+s}(t)(T_{j}^{l}-t)\mathrm{d}t \tag{4-16}$$

式中,j 为车辆班次标记,$j=1,\cdots,n$;n 为研究周期内的线路发车班次总数;线路发车间隔优化的研究周期为 ΔT,记优化时段的初始时刻为 T^0;l 为公交线路上的站点标记,$l=1,\cdots,L$;L 为该公交线路上站点总数;$D^{l,l+s}(t)$ 为线路上 t 时刻乘客到达 l 站的目的地为 $l+s$ 站的乘客人数,$s=1,\cdots,L-l$;T_{j}^{l} 表示线路上第 j 班次车辆在 l 站的发车时刻;T_{j-1}^{l} 表示线路上第 $j-1$ 班次车辆在 l 站的发车时刻。

需要说明的是,这里的积分为广义积分,可将连续性进行离散化处理,例如乘客在区间 $(0,\Delta t]$ 到达,当 Δt 足够小时,可认为乘客集中在 Δt 时刻到达。以往的研究习惯于假设乘客到站符合某到达概率密度函数,显然对其进行积分即可得到乘客到达分布函数。

② 等二次公交车,即因第一辆公交车剩余载客能力有限而需要等待下一辆,乘客等待时间为:

$$\sum_{l=1}^{L-1}\sum_{s=1}^{L-l}\sum_{j=1}^{n-1}(W_{j}^{l,l+s}-B_{j}^{l,l+s})(T_{j+1}^{l}-T_{j}^{l}) \tag{4-17}$$

式中,$W_{j}^{l,l+s}$ 为到线路上第 j 班次车辆从 l 站发车时为止,在站点 l 等待前往 $l+s$ 站的乘客数;$B_{j}^{l,l+s}$ 为线路上第 j 班次车辆从 l 站等待前往 $l+s$ 站的乘客可上车乘客数;T_{j+1}^{l} 为线路上第 $j+1$ 班次车辆在 l 站的发车时刻。

需要补充说明的是,当乘客等车次数为零时,即无需等车;公交车辆在站点停靠的这段时间内有乘客抵达公交站点并上车,这部分乘客没有等车时间成本。考虑到上面的两个公式均能体现该含义,从计算方便性的角度出发,这里不再额外单独建模。

根据上面两个公式,易得整体乘客等车时间为:

$$C_{\mathrm{p}} = \sum_{l=1}^{L-1}\sum_{s=1}^{L-l}\sum_{j=1}^{n}\int_{T_{j-1}^{l}}^{T_{j}^{l}} D^{l,\,l+s}(t)(T_{j}^{l}-t)\mathrm{d}t + \sum_{l=1}^{L-1}\sum_{s=1}^{L-l}\sum_{j=1}^{n-1}(W_{j}^{l,\,l+s}-B_{j}^{l,\,l+s})(T_{j+1}^{l}-T_{j}^{l})$$

(4-18)

其中，C_{p} 为乘客等车时间。通过系数换算可将乘客的时间成本转化成为经济成本[155]，从而保证与公交公司经济成本一并计算时量纲的一致性，该系数记为 $w_{\mathrm{t2c}} = GNP/(365\times 8\times 60\times 5/7)$。

（2）从公交公司角度

公交公司的收益等于运营收入减去运营成本，其中，运营收入通过对乘客进行收费获取，其计算公式为：

$$\sum_{l=1}^{L-1}\sum_{s=1}^{L-l}\sum_{j=1}^{n} B_{j}^{l,\,l+s} \times C_{1}$$

(4-19)

式中，C_1 为票价（单位：元/人）。

这里要补充说明的是，公交公司还有广告收入、政策财政补贴等收入，但这些收入与车辆发车间隔无直接影响关系，所以此处不作考虑。

运营成本可分为固定成本和可变成本，其中，固定成本包括公交场站和线路的建设费等等，由于不受发车间隔的影响，故在模型中不作考虑；可变成本包括车辆使用和司乘人员的费用，以及其他费用，受发车间隔的直接影响，因此这里只考虑车辆运营的可变成本部分，其计算公式为：

$$n \times C_{2}$$

(4-20)

式中，C_2 为每发一班次车辆的费用（单位：元/班次）。

根据上面两个公式，易得公交公司经济成本为：

$$C_{\mathrm{c}} = n\times C_{2} - \sum_{l=1}^{L-1}\sum_{s=1}^{L-l}\sum_{j=1}^{n} B_{j}^{l,\,l+s} \times C_{1}$$

(4-21)

式中，C_{c} 为公交公司经济成本。

因此，同时考虑乘客利益和公交公司利益，将乘客等车经济成本和公交公司经济成本分别乘以权重系数，以二者总成本最小化为目标，最终，得到目标函数为：

$$\min \quad w_{\mathrm{p}} \times w_{\mathrm{t2c}} C_{\mathrm{p}} + w_{\mathrm{c}} \times C_{\mathrm{c}}$$

(4-22)

式中，w_{p} 为乘客等车经济成本的非负权重系数；w_{t2c} 为乘客时间成本与经济成本的非负换算系数；w_{c} 为公交公司经济成本的非负权重系数。

3）参数说明与约束条件

（1）参数说明

由假设可知第 j 班次车辆在首站的发车时刻为

$$T_{j}^{1} = T^{0} + \sum_{k=1}^{j} t_{k}$$

(4-23)

式中，t_k 为第 $k-1$ 班次车辆与第 k 班次车辆间的发车间隔，$k=1,\cdots,j$。易知，第 j 班次车辆在 l 站离站时刻等于该车在首站发车时刻、前各站点停留时间及各站间行驶时间三者总

和,即

$$T_j^l = T_j^1 + \sum_{x=1}^{l} S_l^j + \sum_{x=1}^{l} R^x \tag{4-24}$$

其中,S_l^j 表示第 j 班次车辆在 l 站的停留时间,其计算公式为:

$$S_l^j = \max\left\{u \cdot B_j^{l,l+s}, d \cdot \sum_{x=1}^{l-1} W_j^{x,l}\right\} \tag{4-25}$$

R^x 为线路上车辆从 $x-1$ 站到 x 站的站间行驶时间,且 $R^1 = 0$;u 为平均每人上车时间;d 为平均每人下车时间;通常情况下,人均上车时间要大于人均下车时间。

到第 j 班次车辆从 l 站发车时为止,在站点 l 等待前往 $l+s$ 站的乘客人数 $W_j^{l,l+s}$ 由两部分组成:一部分是第 $j-1$ 班次车辆由于载客能力限制造成的滞留人数,一部分是在第 $j-1$ 班次车辆离开到第 j 班次车辆离开时间间隔内到达 l 站的乘客人数,即

$$W_j^{l,l+s} = W_{j-1}^{l,l+s} - B_{j-1}^{l,l+s} + \sum_{s=1}^{L-l} \int_{T_{j-1}^l}^{T_j^l} D^{l,l+s}(t)\,\mathrm{d}t \tag{4-26}$$

第 j 班次车辆从 l 站发车前,目的地为 l 站的所有乘客全部下车,当车辆的剩余载客能力大于该站等待乘客数时,所有等待的乘客都能上车;否则,车辆只能以实际运载能力运载乘客,有计算公式如下:

$$B_j^{l,l+s} = \min\left\{W_j^{l,l+s}, \frac{W_j^{l,l+s}(P - \sum_{s=1}^{L-l}\sum_{x=1}^{l-1} B_j^{x,l+s})}{\sum_{s=1}^{L-l} W_j^{l,l+s}}\right\} \tag{4-27}$$

其中,P 为公交车辆额定载客人数。

(2) 约束条件

因为模型的目标函数所求的最优解必须是在可行解中进行搜索,所以从公交车辆的实际运营角度出发,必须考虑公交公司所追求的经济效益和能提供的服务水平。

首先对模型的变量、发车间隔进行约束。为了确保乘客所能获得的公交服务水平,一般公交行业会规定公交车辆的最大发车间隔,即

$$t_j \leqslant t_{\max} \tag{4-28}$$

式中,$t_{\max}$ 为公交车辆最大发车间隔。

其次公交公司为了能够维持线路的政策运营开支,车辆的满载率不能低于最低满载率,即

$$P_{\min} \leqslant \sum_{j=1}^{n} \sum_{l=1}^{L-1} \sum_{s=1}^{L-l} \sum_{x=1}^{l} \frac{B_j^{x,l+s}}{n \times P \times (L-1)} \tag{4-29}$$

式中,$P_{\min}$ 为最小满载率。这里模型的满载率约束,用线路各断面的客流量总和与总的断面运输能力之比来表示。

值得说明的是,公交车辆到达和离开公交站点的过程是:减速进站—停车—开门—乘客

上下车—关门—加速出站。乘客上下车时间是公交车辆停靠站点时间的决定性部分。

影响公交车辆进站时间的因素主要是：车辆的减速性能与停靠站类型（直线式停靠站与港湾式停靠站）。

开关门时间在整个公交停靠过程中所占的比例最小，相对也比较简单。主要的影响因素有：车门开闭的机械装置种类、车辆的使用年限等。《美国公共交通通行能力和服务质量手册》(TCQSM)推荐值为 2~5 s。

影响公交车辆出站时间的因素是：有无启动时间，车辆的加速性能与停靠站类型（不同类型的停靠站由于车辆出站的运行轨迹不同，出站时间会有所差别，对于直线式停靠站车辆从启动到行驶自身长度的距离所需时间即为出站行驶的时间；对于港湾式停靠站，由于车辆加速出站的运行轨迹的不同，行驶的距离就不同，出站行驶的时间也就不同）。

4.2.3 模型求解算法

1）引言

不难发现，前面的公交车辆线路发车间隔优化问题属于 NP-hard 问题，由计算复杂性理论可知其不存在多项式时间的求解算法，所以需要采用启发式算法（Heuristic Algorithm）对该模型进行求解。公交车辆的区域调度优化问题虽然看似复杂，但是仔细分析不难发现：传统的逐次迭代穷举法在理论上是可以求解该模型的。但是，无法回避的现实是：如果区域范围很大，那么采用传统数学方法计算量必然会过大、求解时间过长，则现实应用意义不大。因此，本章将采用启发式算法对两个模型进行求解。

一个问题的最优算法可以求得该问题每个实例的最优解。启发式算法是相对于最优算法提出的，其定义为：一个基于直观或经验构造的算法，在可接受的花费（指计算时间、占用空间等）下给出待解决组合最优化问题每一个实例的一个可行解，该可行解与最优解的偏离程度不一定事先可以预计。目前常用的全局优化启发式算法有不少，如禁忌搜索（Tabu Search）算法、模拟退火（Simulated Annealing）算法、遗传（Genetic）算法、蚁群优化（Ant Colony Optimization）算法和人工神经网络（Artificial Neural Networks）算法等等。

在众多的优化搜索方法之中，遗传算法虽然是后起之秀，但是得到了迅猛发展，在各个学科领域中得到了广泛应用。GA 充分结合了启发式和搜索方法的特性。GA 中从父代向子代的进化就是一种搜索，这种搜索方法与传统方法的差异在于它不是基于搜索树的每一个点进行扩展，而是从某一个状态集中进行后续状态的优化，从而提高了搜索效率。另一方面，启发信息对 GA 的构造框架也是至关重要的。GA 理论上是基于随机生成下一代与进化机制的结合，而实际应用上的子代生成过程并非是完全随机的。由于应用问题本身存在许多启发信息对进化过程加以约束，这就避免搜索过程中可能出现的大量冗余状态。

和其他搜索方法相比，它具有鲁棒性、适应性强，易于与其他方法相结合，适于大规模并行分布处理的特点。而且遗传算法还有一个特别优秀的性质就是该算法主要通过自身遗传过程进行优化，对目标函数的具体形式要求很低，几乎不受目标函数的影响，正适合用于求解本章的两个模型，可以大大降低编程的工作量。因此，本章采用遗传算法来求解模型。

2) 遗传算法概述

(1) 遗传算法简介[156]

美国 Michigan 大学的 J. Holland 教授于 1975 年提出了著名的遗传算法(Genetic Algorithms,简称 GA)理论。遗传算法是人工智能的重要新分支,是模拟达尔文的遗传选择和优胜劣汰、适者生存的生物进化过程的计算模型,是搜索最优解的一种随机化的方法。它根据"适者生存"等大自然进化过程中的规律来进行搜索计算和问题求解。对许多用传统数学难以解决或明显失效的复杂问题,特别是优化问题,GA 提供了一种行之有效的新途径。经过 20 年的研究和应用,遗传算法已发展成为解决优化问题的有效工具。它是一种全局优化的数值计算方法,能通过染色体的基因突变跳出局部寻优范围,最终收敛到全局最优解。

传统的基于微分的方法,包括直接法(如爬山法)和间接法(如求导数法),对问题性质有较高的要求,或者是针对特定问题形式而设计的,一般统称为强方法(Strong Methods)。启发式随机搜索方法(Random Heuristic Search,RHS)是目前求解相关复杂优化问题的一类有效方法,不需要或需要很少的关于问题的先验信息。其次,该类算法能适用不同领域的优化问题求解,并在大多数情况下都能得到比较满意的解。RHS 一般统称为弱方法(Weak Methods)。GA 就是一种典型的弱方法,与模拟退火算法、爬山算法、禁忌搜索算法等相比,具有独特的算法形式和运行机理,在复杂优化问题求解中有着比较显著的优势。GA 具有如下优点:

① 对可行解表示的广泛性。遗传算法的处理对象不是参数本身,而是针对那些通过参数集进行编码而得到的基因个体。

② 群体搜索特性。许多传统的搜索方法都是单点搜索,而 GA 采用的是同时处理群体中多个个体的方法。GA 在其搜索过程中不仅探索解空间上的全局性最优解,而且充分利用已获得的解空间信息逼近当前局部最优解。

③ 不需要辅助信息。GA 仅用适应度函数的数值来评估基因个体,而更重要的是适应度函数不仅不受连续可微的约束,甚至其定义域可以任意设定。

④ 内在启发式随机搜索特性。GA 通过群体和遗传算子(选择、交叉、变异)可以实现扬弃性的探索,看似盲目搜索,实际上它有明确的搜索方法,具有内在的并行搜索机制。

⑤ 遗传算法在搜索过程中不易陷入局部极值陷阱和模式欺骗,更容易实现整个解空间范围内的搜索,提高全局寻优能力。

⑥ 遗传算法具有可扩展性,通过继承性的开发,同其他技术混合使用,容易克服早熟问题,实现邻域搜索,提高逼近搜索能力。

⑦ 遗传算法采用自然进化机制来表现复杂的现象,能够快速可靠地解决求解非常困难的问题。

⑧ 遗传算法具有固有的并行性和并行计算的能力。

表 4.3 列出了自然遗传学和人工遗传算法中所使用的基本用语的对照。

(2) 遗传算法基本原理

遗传算法实际上是模拟由个体组成的整体学习过程,它从任一初始化的群体出发,通过随机选择(使种群中优秀的个体有更多的机会传到下一代)、交叉(体现了自然界中种群个体间的信息交换)和变异(在种群中引入新的变种确保种群中信息的多样性)等遗传操作,使群体一代一代地进化到搜索空间中越来越好的区域,直至抵达最优点。

表 4.3　遗传学和遗传算法中基本用语对照表

生物遗传概念	遗传算法中的作用
适者生存	在算法停止时,最优目标值的解有最大的可能性被留住
个体(Individual)	解
染色体(Chromosome)	解的编码(字符串,向量等)
基因(Gene)	解中每一分量的特征
基因座(Locus)	串中位置
适应性(Fitness)	适应度函数值
群体(Population)/种群	选定的一组解(其中解的个数为群体的规模)
复制(Reproduction)/选择(Selection)	根据适应函数值选取的一组解
交叉(Crossover)	通过交配原则产生一组新解的过程
变异(Mutation)	编码的某一个分量发生变化的过程

遗传算法的基本原理是:遗传算法首先将待解决问题的参数编成二进制编码或者十进制编码(也可以编成其他进制码),即基因,若干个基因组成一个染色体(个体)。在执行遗传算法之前,给出一群"染色体",也就是"假设解"。然后,把这些"假设解"置于问题的"环境"中,并按"适者生存"的原则,从中选择出适应环境的"染色体"进行复制,再通过交叉,变异进程产生更适应环境的新一代"染色体"群。这样,一代一代地进化,最后就会收敛到"最"适应环境的一个"染色体"上,它就是问题的最优解。

(3) 遗传算法基本步骤

一般认为,遗传算法的基本求解步骤如下:

Step 1:染色体编码与解码

遗传算法的基础工作之一是解的编码,只有在编码之后才可能有其他的计算。用二进制(或其他进制码)对多维空间的每个自变量进行编码,称为一个染色体或者一个个体,它对应于多维空间的一个点。编码和解码是相对应的,算法的最后一个工作是通过解码得到问题的一个解。

Step 2:初始化群体随机产生 N 个染色体组成初始群体,通过计算每一个染色体的适应度函数,淘汰不符合约束条件的染色体,并按照适应度来排序。由于约束条件的限制,随机产生的染色体将会有一部分不符合条件,所以一般将初始群体规模取为 $3N$。

Step 3:选择操作

也称为复制操作,是在当前群体中按一定规则选择一些染色体作为繁殖后代的父代,规则是:适应度越大的个体,被选中的概率越大,有着更多的繁殖后代的机会,使优良特性得以遗传和保留,产生新的群体。

Step 4:交叉操作

按照交叉概率将父代群体中随机选中的父代染色体进行交叉得到新的染色体,以此改善群体。交叉操作是产生新个体的主要方法,它决定了遗传算法的全局搜索能力。

Step 5:变异操作

变异操作能使旧的基因得以继承下来,同时产生新的基因,从而可以避免选择、交叉引起的过早收敛,变异概率决定某一染色体是否发生变异,它是针对某一染色体中某个基因在繁殖过程中是否发生转变,产生新的群体。变异操作是产生新个体的辅助方法,但必不可少,它决定了遗传算法的局部搜索能力。

Step 6:终止准则

当满足终止准则时,算法流程结束。这样,在整体进化过程中,由于保持了群体总数固定,于是,交叉和变异以后的新个体成长为新的群体而替代旧的群体,因此群体整体的性能经过若干代繁衍进化就可使群体性能趋于最佳。

3) 模型的标准遗传算法

解决公交线路发车间隔优化问题的遗传算法包括以下几个部分的工作:

① 将求解问题模型转化为符合遗传算法的结构框架,即如何对染色体进行编码,来表示要解决的问题。

② 定义适应度函数。

③ 定义遗传算法操作算子,如交叉算子和变异算子等。

④ 确定算法的结束条件以及算法运行的初始参数,如进化的最大代数和群体规模,复制、交叉、变异的概率等。

(1) 初始化和参数选择

① 编码与解码

首先,将决策变量编码为二进制串。

在上文构建的模型中,变量就是线路的发车间隔。用遗传算法求解首先应对求解问题进行编码,组成一个串,即一条染色体 x_i。假设变量的取值范围为 $[x_{\min}, x_{\max}]$,用长度为 β 的二进制编码符号来表示该变量,则它共产生 2^β 种不同的编码。精度(小数点后 α 位)与编码长度(二进制串维数 β)之间关系,如下式所示:

$$2^{\beta-1} < (x_{\max} - x_{\min}) 10^\alpha \leqslant 2^\beta - 1 \tag{4-30}$$

解码与编码是相对应的,对于染色体数值的解码,如下式所示:

$$x = x_{\min} + \left(\sum_{i=1}^{\beta} b_i \cdot 2^{i-1}\right) \frac{x_{\max} - x_{\min}}{2^n - 1} \tag{4-31}$$

其中,个体编码为 $b_\beta b_{\beta-1} b_{\beta-2} \cdots b_2 b_1$,$b_i$ 为二进制串第 i 位的数值,$b_i = 0$ 或 1。另外,染色体的长度取决于整个研究周期内时间段的数目。

② 初始化

确定初始种群时,先要确定种群规模(N 条染色体)。这一过程相当于在优化解空间中随机选择 N 个点作为初始解,选择一个群体,即选择一个串或个体的集合 x_i,$i = 1, \cdots, N$。

③ 参数选择

确定交叉概率 P_c(即种群中平均有 $N \cdot P_c$ 条染色体进行交叉操作)和变异概率 P_m(即种群中平均有 $N \cdot P_m$ 条染色体发生变异)。

(2) 种群的适应度计算

遗传算法对一个个体(解)的好坏用适应度函数值(即适应度)来评价,适应度越大,解的质量越好。适应度函数是遗传算法进化过程的驱动力,也是进行自然选择的唯一标准,因此它的设计应结合求解问题本身的要求而定。对于目标函数是求极小化的,通常取

$$F(X) = \begin{cases} C_{\max} - f(X), & \text{当 } C_{\max} - f(X) > 0 \text{ 时} \\ 0, & \text{当 } C_{\max} - f(X) \leqslant 0 \text{ 时} \end{cases} \quad (4\text{-}32)$$

其中，$C_{\max}$ 是一个适当的相对比较大的数，是 $f(X)$ 的最大值估计，可以是一个合适的输入值。而 $f(X)$ 显然可以用模型的目标函数来代替。

(3) 遗传操作产生后代

① 选择

选择操作又称为复制或再生，其目的是把优化的个体直接遗传到下一代或者通过配对交换产生新个体再遗传到下一代。通常采用适应度比例方法，也称为轮盘赌法。选择过程分为两步：

第一步是计算选择概率，选择概率计算方法的基本思路是把种群中的个体按照适应度排序，假设某个个体适应度的序位为 i，则被选取的概率表示为 P_i。第二步是选择方法，选择方法采用轮盘赌法，随机确定被选个体。具体步骤如下：

Step 1.1：对每个染色体 i，计算其适应概率 fit；

Step 1.2：对每个染色体 i 计算，计算其累计适应概率 P_{fit}；

Step 1.3：从区间 $[0, 1]$ 中产生随机数 r；

Step 1.4：若 $i.P_{\text{fit}} < r < (i+1).P_{\text{fit}}$，则选择第 i 个染色体；

Step 1.5：重复 Step 1.3 和 Step 1.4 共 n 次，这样就可以得到群体规模的染色体。

② 交叉

在自然界生物进化过程中起核心作用的是生物遗传基因的重组（加上变异）。同样，遗传算法中起核心作用的是遗传操作的交叉算子。所谓交叉是指把两个父代个体的部分结构加以替代重组而组成新个体的操作。通过交叉，遗传算法的搜索能力得以飞跃提高。

交叉后产生的新个体同样要进行检验，看是否满足约束条件，满足进入下一代种群，不满足则重新进行交叉操作，在一定次数要求内达到了约束条件的要求，进入下一代种群，否则原来的两个染色体进入下一代种群。

交叉操作还有个交叉率的选取问题，交叉率的选取决定了交叉操作的频率，频率越高，可以越快地收敛得到最优希望的最优解区域，因此一般选取较大的交叉率，但是太高的交叉率可能导致过早的收敛，一般取值 0.4～0.9。这里取 0.8。

具体的实现步骤：

Step 2.1：从选择操作得到的临时种群中随机选取两个染色体。

Step 2.2：以交叉概率判断是否进行交叉操作，是，则进行 Step 2.3；否则，转到 Step 2.6。

Step 2.3：按照交叉规则，随机选取交叉位，进行交叉操作，记录该对染色体的交叉操作次数。

Step 2.4：计算约束条件是否满足，是，则转到 Step 2.6；否则，执行 Step 2.5。

Step 2.5：判断该对染色体是否满足交叉终止条件，是，则取交叉前的染色体，执行 Step 2.6；否则，转到 Step 2.3。

Step 2.6：染色体进入下一代临时种群，判断是否达到种群规模，是，则终止交叉操作；

否则,转到 Step 2.1 循环执行。

③ 变异

变异算子的基本内容是对群体中的个体串的某些基因座上的基因值作变动。就字符集 $(0,1)$ 而言,变异操作就是把某些基因座上的基因值取反,即 $1\rightarrow0$ 或 $0\rightarrow1$。

遗传算法导入变异的目的有两个:一是使遗传算法具有局部的随机搜索能力。当遗传算法通过交叉算子已接近最优解邻域时,利用变异算子的这种局部随机搜索能力可以加速向最优解收敛。显然,此种情况下的变异概率应取较小值,否则接近最优解的积木块会因变异而遭到破坏。二是使遗传算法可维持群体多样性,以防止出现未成熟收敛现象。此时变异概率应取较大值。

遗传算法中,交叉算子因其全局搜索能力而作为主要算子,变异算子因其局部搜索能力而作为辅助算子。遗传算法通过交叉和变异这两对相互配合又相互竞争的操作而使其具备兼顾全局和局部的均衡搜索能力。所谓相互配合,是指当群体在进化中陷于搜索空间中某个超平面而仅靠交叉不能摆脱时,通过变异操作可有助于这种摆脱。所谓相互竞争,是指当通过交叉已形成所期望的积木块时,变异操作有可能破坏这些积木块。如何有效地配合使用交叉和变异操作,是目前遗传算法的一个重要研究内容。

变异算子是以一定的变异率从群体中选取个体,对于选中的个体,进行翻转变异和交换变异,以增加染色体的多样性。同样变异后产生的新个体也要接受约束条件的检验。这里变异算子选为翻转变异。

同样,变异操作也存在一个变异率的选取问题。变异率的选取一般受种群大小、染色体长度等因素的影响,通常选取很小的值,一般取 0.001~0.1。这里选取 0.01。

具体实现步骤:

Step 3.1:从交叉后形成的临时种群中取染色体。

Step 3.2:以变异概率判断该染色体是否进行变异操作,是,则执行 Step 3.3;否则,跳到 Step 3.6。

Step 3.3:按照变异规则,随机选取变异位,进行变异,记录该对染色体的变异操作次数。

Step 3.4:计算约束条件是否满足,是,则转到 Step 3.6;否则,执行 Step 3.5。

Step 3.5:判断该对染色体的变异次数是否满足变异终止条件,是,则取变异前的染色体,执行 Step 3.6。否则,转到 Step 3.3。

Step 3.6:染色体进入下一代临时种群,判断是否到达种群规模,是,则终止变异操作,否则转到 Step 3.1 循环执行。

(4) 终止条件的判断

在达到最大代数前判断连续几代个体平均适应度是否已不变,或变化值小于某个极小的阈值,如是则算法的迭代过程收敛,算法结束;否则,用经过选择、交叉、变异所得到的新一代群体取代上一代群体,返回到选择操作处继续循环执行。具体流程如图 4.2 所示。

4) 模型的改进遗传算法[154][157]

遗传算法作为一种优化方法,尽管有许多优点,但它也存在自身的局限性:

① 编码不规范及编码存在表示的不准确性。

② 单一的遗传算法编码不能全面地将优化问题的约束条件表示出来。考虑约束的一个方法就是对不可行解采用阈值,而这样做,计算的时间必然增加。

③ 遗传算法通常的效率比其他传统的优化方法低。

④ 遗传算法的早熟现象(即很快收敛到局部最优解而非全局最优解)是迄今为止最难处理的关键问题。

⑤ 遗传算法对算法的精度、可信度、计算复杂性等方面,还没有有效的定量分析方法。

(1) 选择算子的改进

在标准遗传算法中,常根据个体的适应度大小采用"轮盘赌"策略。该策略虽然简单,但是容易引起"早熟收敛"和"搜索迟钝"问题。有效的解决方法是采用有条件的最佳保留策略,即有条件地将最佳个体直接传递到下一代或至少等同于前一代,这样能有效防止"早熟收敛"。

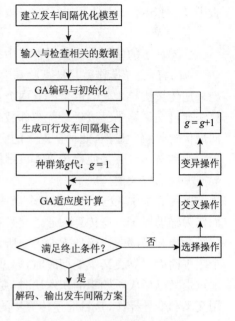

图 4.2　遗传算法具体流程图

选择操作建立在对个体的适应度进行评价的基础之上。主要目的是为了避免有用遗传信息的丢失,提高全局收敛性和计算效率。选择算子确定的好坏,直接影响到遗传算法的计算结果。

目前有很多选择的方法,在这里采用最佳个体保存(Elitist)法和联赛选择(Tournament Selection)法相结合的方法。

最佳个体保存法:将种群中适应度最高的个体不进行配对交换,而是直接复制到下一代中。其主要优点是能保证遗传算法终止时得到的最后结果是历代出现过的最高适应度的个体。

联赛选择法:从群体中按照一定的数目(称为联赛规模)随机选择个体,把其中适应度高的个体保存到下一代。一般情况下,联赛规模的取值为 2,这里也取该值。联赛选择法的基本思想是每次选取几个个体中适应度最高的一个个体遗传到下一代群体中。在联赛选择操作中,只有个体适应度之间的大小比较运算,而无个体适应度之间的算术运算,因此它对个体适应度是否取正值还是取负值无特别要求。具体操作过程是:

① 从群体中随机选取 N 个个体进行适应度大小的比较,将其中适应度高的个体遗传到下一代群体中。

② 将上述过程重复 M 次,就可以得到下一代群体中的 M 个个体。

(2) 交叉算子的改进

交配重组是生物遗传和进化过程中的一个主要环节,模仿这个环节,遗传算法中使用交叉算子来产生新的个体。交叉算子的设计包括如何确定交叉点位置和如何进行部分基因交换两个方面的内容。遗传算法中所谓的交叉运算,是指对两个相互配对的染色体按某种方式相互交换其部分基因,从而形成两个新的个体。交叉运输是遗传算法区别于其他进化运算的重要特征,它在遗传算法中起着关键作用,是产生新个体的主要方法。

遗传算法中,在交叉运算之前还必须先对群体中个体进行配对。目前常用的配对算法策略是随机配对,即将群体中的 M 个个体以随机的方式组成 $\lfloor M/2 \rfloor$ 对配对个体组,其中 $\lfloor X \rfloor$ 表示不大于 X 的最大整数。交叉操作是在这些配对个体组的两个个体之间进行的。

标准遗传算法中交叉操作采用的是单点交叉,又称为简单交叉,是指在个体编码串中只随机设置一个交叉点,然后在该点相互交换两个配对个体的部分染色体。具体执行过程如下:

① 对个体进行两两随机配对,若群体的大小为 M,则共有 $\lfloor M/2 \rfloor$ 对相互配对的个体组。

② 对每一对相互配对的个体,随机设置某一基因座之后的位置为交叉点,若染色体的长度为 N,则共有 $N-1$ 个可能的交叉点位置。

若用简单的一点或者多点交换,就无法避免非法染色体的出现,这会对模型求解的效率和算法运行的时间造成坏的影响。既要进行交换操作,又要保证染色体的合法性,本书采用了适用于旅行售货员问题(TSP)的部分匹配交换算子(Partially Matched Crossover, PMX)。

PMX 操作是由 Goldberg 和 Lingle 于 1985 年提出的,在 PMX 操作中,首先随机地产生两个交换点,定义两交换点之间的区域为一匹配区,进行两个父代染色体的匹配区的交换操作。

(3) 控制参数选择的改进

遗传算法中的控制参数选择非常关键,控制参数的不同选取会对遗传算法的性能产生较大的影响,影响到整个算法的收敛。这些参数包括群体规模 N、二进制(十进制)编码长度、交叉概率 P_c、变异概率 P_m 等。特别是标准遗传算法对其中的参数选择更加敏感。

群体规模的大小直接影响到遗传算法的收敛性或计算效率。规模过小,容易收敛到局部最优解;规模过大,会造成计算速度降低。群体规模可以根据实际情况在 10～200 之间选定。

优化过程中,交叉概率始终控制着遗传算法中起主导地位的交叉算子。较大的交叉概率可使各代充分交叉,但群体中的优良模式遭到破坏的可能性增大,以致产生较大的代沟,从而使搜索走向随机化;反之,交叉概率过低,进化的速度就很慢,甚至停滞。一般建议取值范围是 0.4～0.9。

变异运算是对遗传算法的改进,对交叉过程中可能丢失的某种遗传基因进行修复和补充,也可以防止遗传算法进口收敛到局部最优解。变异概率控制着变异操作被使用的频率。变异概率取值较大时,虽然能够产生较多的个体,增加了群体的多样性,但也有可能破坏掉很多好的模式,使遗传算法的性能近似于随机搜索算法的性能;反之,概率太小,则操作产生新个体和抑制早熟现象的能力就会较差。较好的方法是:在早期取值较大,扩大搜索空间;后期取值较小,加快收敛速度。一般建议的取值范围是 0.001～0.1。

(4) 终止条件的改进

在标准遗传算法中,人为地设定代数是比较死板的方法,因为在多数情况下是无法较好预测所需代数的。所以,可以先预测一个最大代数,在达到最大代数前,判断连续几代个体平均适应度值是否已不变,或变化值小于某个极小的阈值,如是则算法的迭代过程收敛,算法结束;否则,用经过选择、交叉、变异所得到的新一代群体取代上一代群体,返回到选择操作处继续循环执行。

5) MATLAB 遗传算法工具箱的使用[158]

MATLAB 是一套高性能的数值计算和可视化软件,它集数值分析、矩阵运算、信号处理和图形显示于一体,构成了一个方便的、界面友好的用户环境。其强大的扩展功能和影响力吸引各个领域的专家相继推出了许多基于 MATLAB 的专用工具箱。

由于 GA 在大量问题求解过程中独特的优点和广泛的应用,许多基于 MATLAB 的遗传算法工具箱相继出现,其中出现较早、影响较大、较为完备的当属由英国谢菲尔德大学(Sheffield University)Peter Fleming 教授等人开发的遗传算法工具箱。另外,还有美国北卡罗来纳州立大学(North Carolina State University)Christopher Houck 等人开发的可与 MATLAB 一起使用的遗传算法优化工具箱 GAOT(Genetic Algorithm Optimization Toolbox)。遗传算法工具箱使用 MATLAB 矩阵函数为实现广泛领域的遗传算法建立了一套通用工具,它是用 M 文件写成的命令行形式的函数。用户可以通过这些命令行函数的调用或编写,编制相应的 MATLAB 程序,从而解决问题。

这里采用了 MATLAB 7.0.4 版本,使用的是英国 Sheffield 大学开发的遗传算法工具箱函数(GATBX)。

6) 求解算法的分析

遗传算法的实现涉及它的五个要素:参数编码、初始群体设定、适应度函数的设计、遗传操作设计和控制参数设定,而每个要素又对应不同的环境,存在各种相应的设计策略和方法。

不同的策略和方法决定了各自的遗传算法具有不同的性能或特征。因此,评估遗传算法的性能对于研究和应用算法是十分重要的。

为了测试算法的有效性,本书对以下三个经常被国内外学者用来测试优化算法有效性的测试函数进行优化计算。试验使用的计算机为 Pentium(R)4 CPU 3.20 GHz, 512 MB 的内存物理地址扩展,处理环境是 MATLAB 7.0.4。

$$F_1 = 100\,(x_1^2 - x_2)^2 + (1 - x_1)^2, \quad -2\,048 \leqslant x_i \leqslant 2\,048 \tag{4-33}$$

$$F_2 = 4 + 45x_1 - 4x_2 + x_1^2 + 2x_2^2 - 2x_1x_2 + x_1^4 - 2x_1^2 x_2, \quad -8 \leqslant x_i \leqslant 8 \tag{4-34}$$

$$F_3 = 0.5 - \frac{\sin^2\sqrt{x_1^2 + x_2^2} - 0.5}{[1 + 0.001(x_1^2 + x_2^2)]^2}, \quad -100 \leqslant x_i \leqslant 100 \tag{4-35}$$

其中,$x_i \in R$,F_1、F_2 求全局极小值,F_3 求全局极大值。

为了考察算法的性能,本书把标准遗传算法(记为 GA^0)的计算结果和改进遗传算法(记为 GA^1)的计算结果进行了比较。

以 F_1 为例,假设求解精确到 6 位小数,由于区间长度为 $2\,048 - (-2\,048) = 4\,096$,须将闭区间 $[-2\,048, 2\,048]$ 分为 $4\,096 \times 10^6$ 等份。因为 $2^{31} = 4\,096 \times 2^{19} < 4\,096 \times 10^6 < 4\,096 \times 2^{20} = 2^{32}$,所以编码的二进制串长至少需要 32 位,这里取 50 位。交叉概率取 0.80,变异概率取 0.01。

图 4.3 分别显示了当种群规模为 100,交叉概率为 0.80,变异概率为 0.01,进化代数为 100 时 F_1 的 GA^0 和 GA^1 运行的结果。图 4.4 和图 4.5 分别显示了 F_2 和 F_3 的遗传算法运行结果。

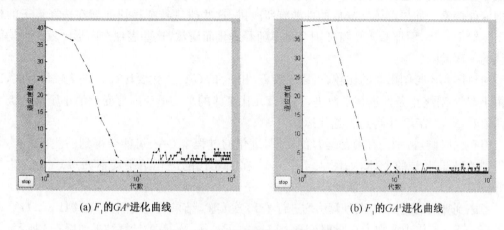

(a) F_1 的 GA^0 进化曲线　　　　　　　　(b) F_1 的 GA^1 进化曲线

图 4.3　F_1 的遗传算法进化曲线图

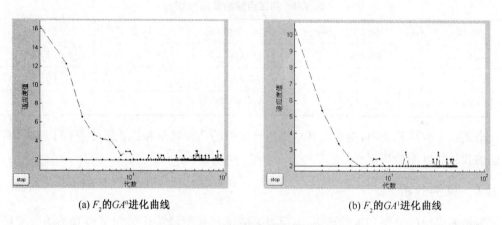

(a) F_2 的 GA^0 进化曲线　　　　　　　　(b) F_2 的 GA^1 进化曲线

图 4.4　F_2 的遗传算法进化曲线图

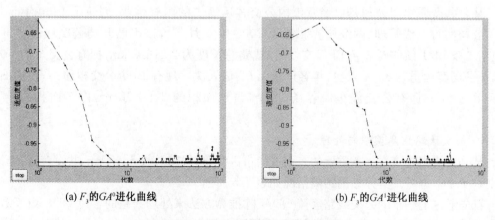

(a) F_3 的 GA^0 进化曲线　　　　　　　　(b) F_3 的 GA^1 进化曲线

图 4.5　F_3 的遗传算法进化曲线图

图中实线反映的是每一代中群体的最佳函数值,虚线反映的是进化到当前代为止的平均适应度值。从这些曲线的变化趋势也可以了解遗传算法的运行过程。平均值的每一次跳跃表明在该点之前已经收敛到一个局部极值,然后在变异算子的作用下算法跳出该区域,继续向深处探索。如果群体变异后的性能有所改进,这些改进特征很快就会在选择算子的作用下传给下一代,而那些不良特征则会迅速随着进化而淘汰,这些表现在图形上就是平均值曲线的一次陡降。

通过图 4.4 与图 4.5 的比较,可以发现 F_2 和 F_3 的 GA^1 进化要比 GA^0 进化较早完成,这是由于 GA^1 对终止条件进行了改进,当连续几代个体的平均适应度值变化值小于某个极小的阈值时,算法结束,不再进行迭代运算。

但有些时候,特别是在算法运行的初期,进化的过程中 GA^1 可能会得到一些比 GA^0 运行得到的结果更差的个体,如图 4.5 中 GA^1 在前几代的进化结果均不如 GA^0 中进化结果好。

考虑到算法的随机性,两种算法均进行了 15 次实验,结果 GA^0 时间为 186 941 ms,GA^1 时间为 98 058 ms,最小值均为 0,此时变量为(1, 1)。F_1、F_2 及 F_3 的计算结果如表 4.4 所示。

表 4.4 测试函数的算法比较

函数	GA^0 时间(单位:ms)	GA^1 时间(单位:ms)	极值	极值点
F_1	186 941	98 058	0	(1, 1)
F_2	180 671	136 725	2	(0, 1)
F_3	179 560	100 056	1	(0, 0)

由表 4.4 的结果表明,由于对基本遗传算法中的几种算子和终止条件进行了改进,GA^1 算法的收敛速度明显高于 GA^0。

4.2.4 算例分析

为检验提出的模型和求解算法,本节以某城市公共交通集团公司下属管理的公交路线为背景,分析研究常规公交车辆发车间隔优化模型,并编制线路车辆行车时刻表。

某公共交通集团公司是以经营市内公交客运为主的国有企业,创建于 1960 年 5 月。集团公司实行三级管理、两级核算。截至 2008 年 6 月[126],该市已开通公交线路 120 条(包括 1 条 BRT 线路及 3 条 BRT 支线)。线路总长度为 2 216.3 km,拥有公交车辆 1 990 辆,日平均客运量达 89 万人次,年客运量 2.62 亿人次。现有 10 个公交枢纽站,占地面积约 7.8 万 m^2。拥有公交停车保养场 12 个,占地面积约 22.6 万 m^2,停车面积约 17.1 万 m^2。

1) 公交线路信息获取与处理

某公交线路是该市一条重要的东西方向市区线路,线路总长 8.60 km,共设有 17 个站,分别以 1~17 编号。具体站间距离情况如表 4.5 所示。

首先通过上一章的公交线路客流 OD 矩阵推算方法来处理线路的客流 OD。由于数据采集的限制,此处以早高峰为研究时段。采用了小票调查法,直接获得了早高峰时段该条公交线路上行的客流 OD 矩阵,如表 4.6 所示。因此,无需再考虑乘客出行行为特征从站点上下车人数推算客流 OD 矩阵。

表 4.5 公交线路站距分布表

站点编号	站间距(m)	站点编号	站间距(m)
1	—	10	650
2	300	11	400
3	600	12	500
4	380	13	750
5	600	14	1 500
6	550	15	270
7	400	16	400
8	600	17	350
9	350		

表 4.6 公交线路上行客流 O-D 统计数据表(早高峰时段)

站点编号	1	2	3	4	5	6	7	8	9	10	11	12	13	14	15	16	17	上车人数
1	0	0	0	4	3	14	6	7	5	5	9	3	1	0	0	0	3	60
2	0	0	0	2	0	5	8	12	4	5	8	6	2	1	0	1	3	57
3	0	0	0	0	1	2	12	7	5	1	8	2	0	1	0	1	1	41
4	0	0	0	0	0	1	3	2	4	4	3	4	1	0	1	5	5	33
5	0	0	0	0	0	0	6	2	0	0	2	0	0	0	0	0	0	10
6	0	0	0	0	0	0	0	2	4	0	1	1	0	0	0	1	1	10
7	0	0	0	0	0	0	0	2	4	3	5	3	2	0	0	5	5	29
8	0	0	0	0	0	0	0	0	1	8	3	2	2	1	1	16		35
9	0	0	0	0	0	0	0	0	0	5	0	0	1	1	2	3	0	12
10	0	0	0	0	0	0	0	0	0	0	4	0	0	0	5	8	0	17
11	0	0	0	0	0	0	0	0	0	0	1	0	2	0	4	9	0	16
12	0	0	0	0	0	0	0	0	0	0	0	1	2	0	7	9	0	19
13	0	0	0	0	0	0	0	0	0	0	0	0	0	0	3	6	0	9
14	0	0	0	0	0	0	0	0	0	0	0	0	0	0	3	7	0	10
15	0	0	0	0	0	0	0	0	0	0	0	0	0	0	0	3	0	3
16	0	0	0	0	0	0	0	0	0	0	0	0	0	0	0	0	1	1
17	0	0	0	0	0	0	0	0	0	0	0	0	0	0	0	0	0	0
下车人数	0	0	0	6	4	22	35	34	27	19	49	27	9	9	3	38	80	362

由于未能获取该线路公交车停靠站附近的准确的用地性质和用地面积数据,为了说明基

于公交停靠站附近用地性质 OD 推算方法的具体过程，本书参考网上公布的公交路线所经过区域，粗略地给出各停靠站的吸引权，如表 4.7 所示。在实际调查过程中，可参阅当地城市的总体规划、控制性详细规划、修建性详细规划等来获取详细的用地性质和用地面积数据。

表 4.7　公交线路上行各停靠站的吸引权

OD 编号	吸引权	OD 编号	吸引权
1	1.05	2	0.87
3	1.00	4	0.76
5	0.85	6	1.15
7	0.73	8	0.74
9	1.18	10	1.21
11	1.16	12	0.89
13	0.84	14	0.95
15	0.94	16	0.76
17	0.99		

采用上章提出的考虑公交停靠站附近用地性质的 OD 推算方法，得到如表 4.8 所示的公交 OD 矩阵。

表 4.8　基于公交停靠站附近用地性质的 OD 推算矩阵

站点编号	1	2	3	4	5	6	7	8	9	10	11	12	13	14	15	16	17	上车人数
1	0	0	0	4	3	13	6	7	6	5	9	3	1	0	0	0	3	60
2	0	0	0	2	0	4	8	12	4	7	8	6	2	1	0	1	3	58
3	0	0	0	0	1	2	12	7	5	1	6	2	1	0	1	1		39
4	0	0	0	0	0	1	3	2	4	4	3	4	1	0	1	5	5	33
5	0	0	0	0	0	6	2	0	0	3	0	0	0	0	0	0		11
6	0	0	0	0	0	0	0	2	4	0	2	1	0	0	0	1	1	11
7	0	0	0	0	0	0	0	2	4	3	5	3	2	0	0	4	5	28
8	0	0	0	0	0	0	0	0	2	1	8	3	2	2	1	1	15	35
9	0	0	0	0	0	0	0	0	0	6	0	0	1	1	2	3		13
10	0	0	0	0	0	0	0	0	0	0	4	0	0	0	5	8		17
11	0	0	0	0	0	0	0	0	0	0	0	1	0	0	2	4	9	16
12	0	0	0	0	0	0	0	0	0	0	0	1	2	0	6	9		18
13	0	0	0	0	0	0	0	0	0	0	0	0	0	0	0	3	6	9
14	0	0	0	0	0	0	0	0	0	0	0	0	0	0	0	3	7	10
15	0	0	0	0	0	0	0	0	0	0	0	0	0	0	0	0	3	3
16	0	0	0	0	0	0	0	0	0	0	0	0	0	0	0	0	1	1
17	0	0	0	0	0	0	0	0	0	0	0	0	0	0	0	0	0	0
下车人数	0	0	0	6	4	20	35	34	29	21	50	27	9	9	3	36	79	362

注：由于推算出来的 OD 矩阵是以小数形式表示，但实际上公交车乘客数只能是整数，故这里对推算 OD 矩阵元素进行四舍五入，因而最后的上、下车推算人数与真实上、下车人数稍有误差。

公交线路各停靠站对应的起始线路数、终点线路数、中途停靠线路数如表 4.9 所示。

表 4.9　各停靠站的经过线路数

站点编号	起始线路数	终点线路数	中途停靠线路数
1	4	4	0
2	0	0	5
3	0	0	5
4	0	0	6
5	0	0	6
6	0	0	4
7	0	0	8
8	0	0	8
9	0	0	7
10	0	0	4
11	0	0	10
12	0	0	7
13	0	0	2
14	0	0	6
15	0	0	12
16	0	0	7
17	11	11	0

采用上章提出的考虑公交换乘的公交 OD 推算方法,得到公交 OD 矩阵如表 4.10 所示。

表 4.10　考虑公交停靠站点换乘功能的 OD 推算矩阵

站点编号	1	2	3	4	5	6	7	8	9	10	11	12	13	14	15	16	17	上车人数
1	0	2	2	3	3	2	4	4	3	2	5	3	1	3	6	3	15	60
2	0	0	2	3	3	2	4	4	3	2	5	3	1	3	5	3	15	57
3	0	0	0	2	2	1	3	3	2	1	3	2	1	2	4	2	11	41
4	0	0	0	0	2	1	2	2	2	1	3	2	1	2	3	2	10	33
5	0	0	0	0	0	0	1	1	1	0	1	1	0	1	1	1	3	10
6	0	0	0	0	0	0	1	1	1	0	1	1	0	1	1	1	3	10
7	0	0	0	0	0	0	0	2	2	1	3	2	1	2	4	2	10	29
8	0	0	0	0	0	0	0	0	3	2	4	3	1	2	5	2	13	35
9	0	0	0	0	0	0	0	0	0	1	2	1	0	1	2	1	5	13

续表 4.10

站点编号	1	2	3	4	5	6	7	8	9	10	11	12	13	14	15	16	17	上车人数
10	0	0	0	0	0	0	0	0	0	0	2	2	0	0	3	2	7	16
11	0	0	0	0	0	0	0	0	0	0	0	2	0	1	3	2	8	16
12	0	0	0	0	0	0	0	0	0	0	0	0	1	2	4	2	10	19
13	0	0	0	0	0	0	0	0	0	0	0	0	0	1	2	1	5	9
14	0	0	0	0	0	0	0	0	0	0	0	0	0	0	2	1	6	10
15	0	0	0	0	0	0	0	0	0	0	0	0	0	0	0	1	2	3
16	0	0	0	0	0	0	0	0	0	0	0	0	0	0	0	0	1	1
17	0	0	0	0	0	0	0	0	0	0	0	0	0	0	0	0	0	0
下车人数	0	2	5	8	9	7	14	16	17	11	29	21	7	20	45	26	126	362

在采用层次分析法组合 OD 矩阵时，由上节 $X(l, l') = 0.557\,0X'_1(l, l') + 0.243\,0X_2(l, l') + 0.200X_3(l, l')$，最终的公交 OD 推算矩阵如表 4.11 所示。

表 4.11 利用层次分析法组合公交 OD 推算矩阵

站点编号	1	2	3	4	5	6	7	8	9	10	11	12	13	14	15	16	17	上车人数
1	0	0	0	4	3	11	6	6	5	4	8	3	1	1	1	1	5	60
2	0	0	0	2	1	4	7	10	4	5	7	5	2	1	1	1	5	57
3	0	0	0	0	1	2	10	6	4	1	7	2	0	1	1	1	3	40
4	0	0	0	0	0	1	3	2	4	3	3	4	1	0	1	4	6	33
5	0	0	0	0	0	0	5	2	0	0	0	1	0	0	0	1	1	10
6	0	0	0	0	0	0	0	2	3	0	1	1	0	0	0	1	1	10
7	0	0	0	0	0	0	0	2	4	3	5	3	2	0	1	4	6	29
8	0	0	0	0	0	0	0	0	2	1	7	3	2	2	2	1	15	35
9	0	0	0	0	0	0	0	0	0	0	5	0	0	1	1	2	3	12
10	0	0	0	0	0	0	0	0	0	0	4	0	0	1	4	0	8	17
11	0	0	0	0	0	0	0	0	0	0	0	1	0	2	1	4	9	16
12	0	0	0	0	0	0	0	0	0	0	0	0	1	2	1	6	9	19
13	0	0	0	0	0	0	0	0	0	0	0	0	0	0	0	3	6	9
14	0	0	0	0	0	0	0	0	0	0	0	0	0	0	0	3	7	10
15	0	0	0	0	0	0	0	0	0	0	0	0	0	0	0	0	3	3
16	0	0	0	0	0	0	0	0	0	0	0	0	0	0	0	0	1	1
17	0	0	0	0	0	0	0	0	0	0	0	0	0	0	0	0	0	0
下车人数	0	0	1	6	5	18	31	31	25	18	45	26	8	11	11	35	89	362

由调查统计得到该条公交线路的上行方向断面客流量，具体数据如表 4.12 所示，对应的线路客流流量图如图 4.6 所示。

4 常规公交车辆行车时刻表编制研究

表 4.12　公交线路上行断面客流统计数据表（早高峰时段）

站点编号	上客人数	下客人数	断面流量	站点编号	上客人数	下客人数	断面流量
1	58	0	58	10	18	22	197
2	71	0	129	11	23	62	158
3	45	0	174	12	28	34	152
4	38	7	205	13	13	11	154
5	10	4	211	14	12	13	153
6	15	27	199	15	4	5	152
7	37	38	198	16	1	52	101
8	75	53	220	17	0	113	0
9	15	34	201				

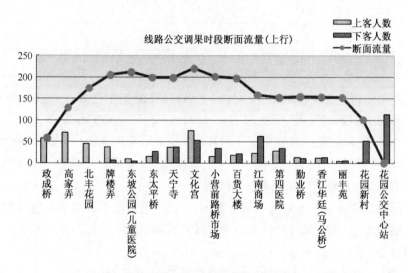

图 4.6　公交线路早高峰时段断面流量（上行）

按照公式(4-11)计算得到线路上行的站点不均匀系数，计算结果如表 4.13 所示。由表可知，该路线无须设置区间车。

表 4.13　公交线路上下行站点不均匀系数表

站点编号	断面流量	不均匀系数
1	0	0.00
2	58	0.02
3	129	0.05
4	174	0.07
5	205	0.08
6	211	0.08

续表 4.13

站点编号	断面流量	不均匀系数
7	199	0.07
8	198	0.07
9	220	0.08
10	201	0.08
11	197	0.07
12	158	0.06
13	152	0.06
14	154	0.06
15	153	0.06
16	152	0.06
17	101	0.04

调查线路上运营的公交车辆是车型代码为 KLQ6120 的中型普通公交车辆,其车型定员为 85 人,运行成本为 2.73 元/km,即 $P=85$,$C_2 = 2.73 \times 8.6 \approx 23.5$ 元。

票价为 1 元(实际情况是对公交卡使用者和学生卡等采用 8 折和 6 折的票价政策,因未能获取 IC 卡身份数据,此处统一定价为 1 元),即 $C_1 = 1.0$ 元。公交公司规定车辆允许的最低满载率为 0.50,高峰时段最大发车间隔为 8 min,即 $P_{min} = 0.5$,$t_{max} = 8$ min。

在响应国家政策情况下先对发车班次数不作要求,假定发车班频率不超过 30 次/h。以乘客利益为优先考虑,政府部门对公交企业进行补贴,取 $w_p = 1.0$,$w_c = 0.1$。

由前面可知:$\Delta T = 60$ min,$T^0 = 6:30$ AM,$L = 17$。

据调查[159],该市 2008 年人均国民生产总值为 50 283 元,有 $w_{t2c} = 0.4$ 元/min。

由表 4.1 直接得知,平均每个乘客上车时间约为 2 s,下车时间约为 1 s,即 $u = 2$ s,$d = 1$ s。

表 4.14 则给出了公交线路上行方向相邻站点间路段上运行时间的统计数据。

表 4.14 公交线路上行相邻站点间路段运行时间统计表

路段	1~2	2~3	3~4	4~5	5~6	6~7	7~8	8~9	9~10	10~11	11~12	12~13	13~14	14~15	15~16	16~17
运行时间(min)	1	3	2	3	3	2	3	1	3	2	2	3	5	1	2	1

2)线路高峰时段行车时刻表

种群规模取为 100,交叉概率取为 0.80,变异概率取为 0.01,进化代数最大值为 100,阈值取为 1,联赛规模取值为 2 时,多次运算最终得到公交线路上行的发车时刻信息表如表 4.15 所示。

表 4.15 公交线路上行行车时刻表

车辆班次编号	政成桥(发车时刻)	花园公交中心站(到站时刻)
1	6:30 AM	7:15 AM
2	6:35 AM	7:20 AM
3	6:40 AM	7:25 AM
4	6:43 AM	7:28 AM
5	6:46 AM	7:31 AM
6	6:49 AM	7:34 AM
7	6:52 AM	7:37 AM
8	6:54 AM	7:39 AM
9	6:56 AM	7:41 AM
10	6:58 AM	7:43 AM
11	7:00 AM	7:45 AM
12	7:02 AM	7:47 AM
13	7:05 AM	7:50 AM
14	7:08 AM	7:53 AM
15	7:11 AM	7:56 AM
16	7:14 AM	7:59 AM
17	7:17 AM	8:02 AM
18	7:20 AM	8:05 AM
19	7:23 AM	8:08 AM
20	7:25 AM	8:10 AM
21	7:27 AM	8:12 AM
22	7:30 AM	8:15 AM

原线路[126]高峰时段发车频率为 20 班次/h,即发车间隔为 3 min,发车班次为 20 班次;调整后的发车间隔为 2~5 min,发车班次为 22 班次。结合线路实际情况可知,在早高峰时段,职员的上班公交出行和学生的上学公交出行所占比例最大,由于公交车辆的额定载客人数有限和假设的优先考虑乘客利益,引发了发车班次的增加。可以考虑通过更新公交车辆的形式,提高该条线路上运营的公交车辆额定载客人数从而在不影响乘客利益的前提下减少发车班次,降低运营成本。

4.3 公交车辆区域行车时刻表优化研究

4.3.1 引言

在我国,传统的公交车辆运营调度是以线路调度为核心的,所以通常制定的车辆行车时刻表只是针对单条线路而言的。这就产生了两个问题:一是乘客的换乘;二是资源的利用率。后者依据的是通常情况下网络对资源的使用效率要高于单条线路资源使用效率的原理[160]。这里先考虑乘客换乘问题。由于公交线网布设的局限性,乘客为到达目的地在不同线路之间的换乘不可避免:当乘客乘坐公交车辆从出发点到目的地之间没有直达车辆时,就需要在不同的公交线路间进行换乘。

从车辆调度的角度考虑,区域调度在进行线路运营前,需编制区域车辆行车计划,即根据区域所辖线路不同时段的客流情况,编制车辆行车计划,这就要求首先编制出区域车辆行车时刻表。在公交车辆运营的过程中,根据车辆运营实时位置、载客情况,结合预测的乘客客流情况、公交车辆行程时间预测情况,对区域内公交车辆的安排进一步进行调整。

区域内公交车辆行车时刻表的编制与单条线路公交车辆时刻表的编制相比,一个重要的不同之处,就是公交车辆的区域调度在确定各条线路的发车间隔或频率之后,还要尽可能地考虑乘客在区域内不同线路间换乘的方便性,从而编制出能够最大限度减少乘客在不同线路交汇处换乘等待时间的公交车辆区域行车时刻表。

4.3.2 车辆区域行车时刻表优化模型建立

对于区域范围内不同线路间乘客换乘的问题,国内外的研究还不多,但相关研究不少[111][155]。对换乘的研究大都是从公交线路上车辆到达换乘站点的时刻入手,若乘客换乘前后两路车不是同时到达换乘站点,则必然产生乘客在换乘点的等待时间,乘客利益受到损失。但实际上,同时到达作为判断标准并不合适。需要换乘的乘客在乘坐前一路公交车到达换乘站点后需下车,步行一段距离到后一路公交车停靠位置处再上车。至于是否需要步行、步行距离长度则受公交站点空间几何设计影响。需要换乘的乘客抵达换乘站点时,通常有四种情况[161]:刚好赶上,刚好错过,等待换乘,换乘竞争。同步换乘不能简单理解为车辆同时到达,因为还有乘客完成换乘的过程,这部分时间是不能计入乘客等待时间的。

因此,不可否认的是,有换乘需求的乘客,完成换乘本身需要在前一路公交车到站时刻与后一路公交车到站时刻之间耗费一定时间,本书称之为"换乘时间"。这里不妨假设该换乘时间是固定的,这样既能保证模型的完备性,又不至于在模型求解过程中增加难度,因为在求解最优化模型的过程中,常数部分是可以忽略的。但是在最终的区域时刻表编制过程中,需要将换乘时间编排进时刻表中。

本节将以区域内乘客在不同公交线路间换乘等待总时间最小为目标,以线路车辆调整时间为模型变量,建立公交车辆的区域行车时刻表优化模型。

1) 模型假设

(1) 只考虑单行情况。

(2) 以分钟为最小时间单位。

(3) 各换乘站点的换乘乘客流量已知。

(4) 研究周期内各条公交线路的发车间隔和初始发车时刻已知。

(5) 所有公交车辆严格按照行车时刻表运行,不允许越站、超车。

(6) 所有车辆均能正常运行,不考虑诸如堵车、交通事故等意外情况。

(7) 线路客流需求独立,不受换乘引起的时刻表调整影响,不受换乘客流影响。

(8) 线路上运营的公交车辆均为全程车,且线路上各站之间行驶的行程时间已知。

(9) 换乘乘客均能换乘到所要换乘线路上到达的第一辆公交车,不存在二次等待现象。

(10) 换乘站点的公交车辆容纳能力由停车泊位个数决定，且假设大于换乘公交线路数。

2) 参数与变量定义

(1) 参数定义

研究周期为 ΔT，优化时段的初始时刻为 T^0，即研究时段为 $[T^0, T^0 + \Delta T]$；

区域范围内共有 A 条公交线路，L_α 代表公交线路 α，$\alpha = 1, \cdots, A$；

区域范围内共有 S 个公交站点，S' 为换乘站点个数；

Bus 表示公交车辆，Bus_α^j 表示线路 L_α 从始发站开出的第 j 班次车辆；

$T_{\alpha j}^l$ 表示线路 L_α 第 j 班次车辆在公交站点 s_l 的发车时刻，则有：$T_{\alpha j}^l$ 表示线路 L_α 从始发站开出的第 j 班次车辆的发车时刻，显然始发时刻为 $T_{\alpha 1}^1$；

$t_{\alpha k}$ 表示线路 L_α 上第 $k-1$ 班次车辆与第 k 班次车辆间的发车间隔，$k = 1, \cdots, j$；

$t_{\alpha \min}$ 表示线路 L_α 上相邻两个班次车辆间的最小间隔；

$t_{\alpha j}^l$ 表示线路 L_α 上第 j 班次公交车辆从始发站到换乘站点公交站点 s_l 所需的行驶时间；

$C_{\alpha \beta}^l$ 表示在站点 s_l 从线路 L_α 换乘到线路 L_β 的乘客数；

$\mathrm{Cons}T$ 表示换乘乘客的平均换乘时间，假设等于 1 min。

(2) 变量定义

A_α 表示公交线路 L_α 上公交车辆的时刻表时间调整值。

3) 模型建立

假设有两条公交线路 L_α 和 L_β 的公交车辆 $Bus_\alpha^{j_1}$ 和 $Bus_\beta^{j_2}$ 在公交站点 s_l 停靠，到达站点 s_l 的时刻如下公式所示：

$$T_\alpha^{j_1, l} = T_{\alpha j_1}^1 + t_{\alpha j_1}^l + A_\alpha = T_{\alpha 1}^1 + \sum_{k=1}^{j_1-1} t_{\alpha k} + t_{\alpha j_1}^l + A_\alpha \tag{4-36}$$

$$T_\beta^{j_2, l} = T_{\beta j_2}^l + t_{\beta j_2}^l + A_\beta = T_{\beta 1}^1 + \sum_{k=1}^{j_2-1} t_{\beta k} + t_{\beta j_2}^l + A_\beta \tag{4-37}$$

则在站点 s_l 从线路 L_α 换乘到线路 L_β 的乘客等待总时间为：

$$\Delta T_{\alpha \beta}^l = C_{\alpha \beta}^l [T_\beta^{j_2, l} - T_\alpha^{j_1, l} - \mathrm{Cons}T] \tag{4-38}$$

则在两条公交线路的情况下，构建模型如下：

$$\min \sum_{l=1}^{S'} \sum_{\alpha=1}^{A} \sum_{\beta=1}^{A} C_{\alpha \beta}^l \left[\left(T_{\beta 1}^1 + \sum_{k=1}^{j_2-1} t_{\beta k} + t_{\beta j_2}^l + A_\beta \right) - \left(T_{\alpha 1}^1 + \sum_{k=1}^{j_1-1} t_{\alpha k} + t_{\alpha j_1}^l + A_\alpha \right) - \mathrm{Cons}T \right] \tag{4-39}$$

$$\mathrm{s.\,t.} \quad \left(T_{\beta 1}^1 + \sum_{k=1}^{j_2-1} t_{\beta k} + t_{\beta j_2}^l + A_\beta \right) - \left(T_{\alpha 1}^1 + \sum_{k=1}^{j_1-1} t_{\alpha k} + t_{\alpha j_1}^l + A_\alpha \right) \geqslant \mathrm{Cons}T \tag{4-40}$$

$$|A_\alpha| \leqslant \left| \frac{t_{\alpha \min}}{2} \right| \tag{4-41}$$

$$|A_\beta| \leqslant \left|\frac{t_{\beta\min}}{2}\right| \qquad (4\text{-}42)$$

$$A_\alpha \text{、} A_\beta \text{ 均为整数} \qquad (4\text{-}43)$$

公式(4-39)是目标函数,其目标为区域范围内两条公交线路之间乘客的换乘等待总时间最小。约束条件式(4-40)保证前一辆公交车辆到达换乘站点的时间与乘客换乘时间之和要比后一辆公交车辆到达换乘站点的时间早。约束条件式(4-41)、式(4-42)确保时间改变发生在可能的时间改变区间内。约束条件公式(4-43)保证各条公交线路发车时间的改变值为整数。

当多条公交线路的公交车辆 $Bus_1^{j_1}$,$Bus_2^{j_2}$,…,$Bus_k^{j_k}$ 停靠站点 s_l 时,对任意两条属于可换乘的线路 L_β,换乘乘客的等待总时间为:

$$\Delta T_{\text{换}}^l = \sum_{\alpha=1}^{A}\sum_{\beta=1}^{A} \Delta T_{\alpha\beta}^l \qquad (4\text{-}44)$$

整个区域所有换乘站点的乘客换乘等待总时间是:

$$\Delta T_{\text{换}} = \sum_{l=1}^{S'} \Delta T_{\text{换}}^l = \sum_{l=1}^{S'}\sum_{\alpha=1}^{A}\sum_{\beta=1}^{A} \Delta T_{\alpha\beta}^l \qquad (4\text{-}45)$$

当有多条公交线路的车辆在换乘点停靠时,需要考虑所有公交线路的时刻表改变值。由假设条件可知,换乘站点的车辆容纳能力是满足参与换乘线路总数的,故这里无需考虑站点限制。又因为乘客换乘最终结果是从一条线路至另一条线路,即使在有多条可换乘线路选择的情况下,故约束条件式(4-40)、(式4-41)和式(4-42)仍然符合模型要求,约束条件式(4-43)则需要更新为所有参与换乘线路的时刻表改变值均需为整数。

4) 模型分析

(1) 研究范围

由于本书的研究目的是常规公交车辆行车计划编制及优化,所以不考虑公交线网的布设,即这里是在已有公交线网的基础上,对常规公交车辆的调度方法进行研究。因此,模型中的研究范围是固定的:区域范围内共有 A 条公交线路,S 个公交站点,S' 为换乘站点个数,$1 \leqslant S' \leqslant S$。

(2) 特别注意

由上可知,两条线路时,乘客只有一条线路可供换乘,无需考虑换乘的选择;当有多条线路可供乘客选择换乘时,就牵涉乘客对换乘线路的选择问题。目标函数可能是,站点等待时间成本最小,也可能是站点等待经济成本最小(乘坐票价最低的公交车辆),还可能是两者的某种组合等待。因为多线路换乘时的情况比较复杂,换乘客流的OD分配很难获取,所以以乘客在站点等待时间成本最小作为乘客选择线路时的判断准则。

4.3.3 模型求解

(1) 模型本质

由上可知,任一范围内的多条公交线路中每条公交线路的参数值均不尽相同,因此这些参数需要输入。以两条公交线路情况下换乘为例,由假设可知,$t_{\alpha\min}$、$t_{\beta\min}$、$ConsT$、$t_{\alpha k}$、$t_{\beta k}$、T_{a1}^l、$T_{\beta 1}^l$、$t_{aj_1}^l$、$t_{\beta j_2}^l$ 和 $C_{\alpha\beta}^l$ 均为输入变量,此时原问题本质上就是数学规划中的双决策变量整数规划问题。不难发现,上述建立的模型是线性的,所以该模型属于整数线性规划模型。

同样道理,当有多条线路可供乘客换乘时,问题演变为多变量的整数线性规划问题。

显然,应用上一节的 MATLAB 软件工具和遗传算法求解该模型是可行的。但这里,由数学规划的常识知道,LINGO 软件也可以求解该模型。

(2) LINGO 简介

LINGO 全称为 Linear Interactive and General Optimizer,即"交互式的线性和通用优化求解器"。它是由美国 LINDO 系统公司(Lindo System Inc.)推出的,可以用于求解线性、非线性、及整数最优化模型工具,功能十分强大。

LINGO 软件的最大特色在于可以允许优化模型中的决策变量是整数(即整数规划),而且执行速度很快。LINGO 实际上还是最优化问题的一种建模语言,提供十几个内部函数,包括许多常用的函数可供使用者建立优化模型时调用,并提供与其他数据文件(如文本文件、EXCEL 电子表格文件、数据库文件等)的接口,易于方便地输入、求解和分析大规模最优化问题。由于这些特点,LINGO 软件在教学、科研和工业、商业、服务等领域得到广泛应用。

虽然在求解线性规划问题时,LINGO 软件不如同公司产品的 LINDO 软件,但是由于 LINGO 还可以求解非线性规划问题,所以目前使用较多的也是 LINGO 软件,这也是这里采用它的原因之一。

4.3.4 算例分析

为了检验提出的模型和求解算法,本节仍以某城市公共交通集团公司下属管理的多条公交路线为背景,分析研究车辆区域行车时刻表优化模型,并编制常规公交车辆区域行车时刻表。

1) 区域行车时刻表编制信息获取与处理

图 4.7 为某区域内几条公交线路组成的网络,该网络中有 4 条公交线路、3 个换乘点。假定同一路段上行车时间相同,路段上的阿拉伯数字代表该路段行车时间,而罗马数字代表线路编号,圆圈内的数字是换乘节点编号。

研究周期内,总计从线路Ⅰ上公交车换乘到线路Ⅲ上公交车的乘客数为 12 人,反向换乘 18 人;从线路Ⅰ上公交车换乘到线路Ⅳ上公交车的乘客数为 20 人,反向换乘 26 人;从线路Ⅱ上公交车换乘到线路Ⅲ上公交车的乘客数为 19 人,反向换乘 23 人;从线路Ⅱ上公交车换乘到线路Ⅳ上公交车的乘客数为 25 人,反向换乘 32 人;从线路Ⅲ上公交车换乘到线路Ⅳ上公交车的乘客数为 27 人,反向换乘 28 人。线路特性、换乘站点特性及初始发车时刻分别如表 4.16、表 4.17 和表 4.18 所示。

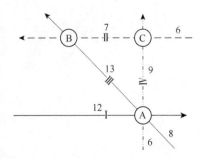

图 4.7 公交网络示意图

表4.16 公交线路特性

线路编号 α	$t_{\alpha k}$ (min)	$t_{\alpha min}$ (min)	周期内发车班次	节点数目	节点编号
Ⅰ	5、10	4	9	1	A
Ⅱ	8	6	7	2	B、C
Ⅲ	10	8	6	2	A、B
Ⅳ	15	10	4	2	A、C

表4.17 公交换乘站点特性

节点编号	线路数目	线路编号	$t^l_{\alpha j_1}$	$t^l_{\beta j_2}$	$C^l_{\alpha\beta}$	$C^l_{\beta\alpha}$
A	3	Ⅰ、Ⅲ	12	8	12	18
		Ⅰ、Ⅳ	12	6	20	26
		Ⅲ、Ⅳ	8	6	27	28
B	2	Ⅱ、Ⅲ	13	21	19	23
C	2	Ⅱ、Ⅳ	6	15	25	32

表4.18 公交线路初始发车时刻信息表

	班次1	班次2	班次3	班次4	班次5	班次6	班次7	班次8	班次9
Ⅰ	9:00 AM	9:05 AM	9:10 AM	9:15 AM	9:20 AM	9:25 AM	9:30 AM	9:40 AM	9:50 AM
Ⅱ	9:00 AM	9:08 AM	9:16 AM	9:24 AM	9:32 AM	9:40 AM	9:48 AM	—	—
Ⅲ	9:00 AM	9:10 AM	9:20 AM	9:30 AM	9:40 AM	9:50 AM	—	—	—
Ⅳ	9:00 AM	9:15 AM	9:30 AM	9:45 AM	—	—	—	—	—

2) 调整后的公交车辆区域行车时刻表

通过 LINGO 软件编程实现对该区域范围内公交车辆行车时刻表优化模型的求解(程序代码见附录2)。求解结果如所示。

```
Global optimal solution found.
Objective value:                     5558.000
Extended solver steps:                      0
Total solver iterations:                    0

         Variable           Value        Reduced Cost
               T1        4.000000            0.000000
               T2        6.000000            0.000000
               T3        8.000000            0.000000
               T4        10.00000            0.000000
               X4        0.000000            111.0000
               X2        3.000000           -120.0000
               X3        0.000000            27.00000
               X1        2.000000           -18.00000

              Row    Slack or Surplus      Dual Price
                1        5558.000           -1.000000
                2        0.000000            0.000000
                3        4.000000            0.000000
                4        0.000000            0.000000
                5        6.000000            0.000000
                6        4.000000            0.000000
                7        4.000000            0.000000
                8        5.000000            0.000000
                9        5.000000            0.000000
```

图4.8 程序运算结果

故,经过调整后的时刻表如表 4.19 所示。

表 4.19　公交线路初始发车时刻信息表

	班次 1	班次 2	班次 3	班次 4	班次 5	班次 6	班次 7	班次 8	班次 9
Ⅰ	9:02 AM	9:07 AM	9:12 AM	9:17 AM	9:22 AM	9:27 AM	9:32 AM	9:42 AM	9:52 AM
Ⅱ	9:03 AM	9:11 AM	9:19 AM	9:27 AM	9:35 AM	9:43 AM	9:51 AM	—	—
Ⅲ	9:00 AM	9:10 AM	9:20 AM	9:30 AM	9:40 AM	9:50 AM	—	—	—
Ⅳ	9:00 AM	9:15 AM	9:30 AM	9:45 AM	—	—	—	—	—

4.4　本章小结

　　本章首先从车辆运行参数、行车次序排列、发车类型等几个方面总结了车辆行车时刻表编制技术,指出车辆发车间隔的优化是编制行车时刻表的关键。接着综合考虑乘客和公交公司的利益,对发车间隔和车辆满载率进行约束限制,建立发车间隔优化模型并详细介绍模型的求解方法,从选择算子、交叉算子、控制参数和终止条件四个方面对标准遗传算法进行改进,得到进化效果更好的改进遗传算法。其次,通过具体公交线路的实际数据对模型及其求解算法进行算例分析。然后,着重考虑"换乘时间",以区域内乘客在不同公交线路间换乘等待总时间最小为目标,以车辆线路调整时间为变量,建立公交车辆区域行车时刻表优化模型,并简单介绍了求解模型的软件。最后,通过区域范围内几条具体公交线路的实际数据对模型进行了算例分析,通过软件求解模型,得到区域内各条公交线路调整后的发车时刻信息。

5 常规公交车辆行车计划编制研究

在给定行车时刻表的情况下,为所有车次分配最佳执行车辆,并为每辆车安排需执行的车次链以达到最优,这是车辆行车计划编制问题的核心环节。本章将首先介绍线路调度下的常规公交车辆行车计划编制方法。然后,将区域调度下的常规公交车辆行车计划编制问题转化为固定工件排序问题,从而搭建起一座连接交通运输工程学和排序理论的桥梁,利用已经成熟应用于工业工程及计算科学领域的排序问题求解方法来解决交通运输工程中的某些难题,这是本章的核心。接着,通过理论证明,提出了解决常规公交车辆行车计划编制模型的一种算法。最后,通过具体算例对模型和算法进行了分析。

5.1 引言

在客流需求和行车时刻表给定之后,下一阶段的任务就是对公交车辆进行排班,即构建车次链,编制排班计划,最终编制出常规公交车辆行车计划。每个车次链包含车辆一天的行车计划任务,在满足公交公司相关要求(如维护、补充燃料等)的前提下如何使车次链的数量最少,对于大中型公交公司而言,是一个非常复杂的问题。

此时公交车辆调度问题可以理解为:给定时刻表和客流需求等信息,在满足相关约束条件下,调配车辆执行时刻表给定班次(中间可插入空驶班次以减少车辆需求),使每一班次均有唯一车辆执行,车辆调配的结果是构建车辆执行的班次序列,即公交车辆排班计划,最终编制出车辆行车计划。其最主要的优化目标是在现有车辆条件下安排调度方案,或安排调度方案使所需车辆数或费用最小。

如果仅仅是传统的单条线路调度,那么车次链的构建比较简单;但是在大型公交系统中,为了优化时刻表所用的最小车辆数,常常通过车辆空驶车次形式使用跨线调度方案,这时车辆的运营轨迹由"线"变成了"面",车辆的调度已经超出了人工能够应付的范围,需采用智能化的方法来解决问题。下面先介绍线路的车辆配车方法,再研究区域公交车辆排班计划的编制方法。

5.2 公交车辆线路行车计划编制

本节介绍 Ceder 等人通过扩展 Salzborn 模型来确定单线路的车队规模方法[162]。

假设线路 r 有两个终点:a 和 b,如图 5.1 所示。T_{ria} 和 T_{rjb} 分别表示从点 a 和 b 在 t_{ia} 和 t_{jb} 时刻发出的车辆在线路 r 上的平均运营时间,包括在各自终点站的停站时间。设 n_{ia} 表示

在 $[t_{ia}, t_{i'a})$ 时段(此时段包括时刻 t_{ia},但不包括时刻 $t_{i'a}$)内在 a 站发车车次数。因此,车次 ia 到达场站 b,再执行车次 jb,车次 jb 是从 b 站到 a 站的第一个可行车次的发车车次,其发车时间大于或等于时刻 $t_{ia} + T_{ria}$; $t_{i'a}$ 为自 a 站发向 b 站的第一个可行车次的发车时间,$t_{i'a}$ 大于或等于时刻 $t_{jb} + T_{rjb}$。n_{jb} 为从 b 站发出针对车次 j 的发车车次数。

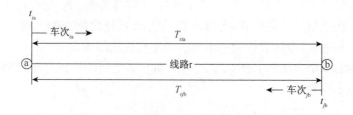

图 5.1 单条公交线路的公交运营示意图

在不允许跨线调度和插入空驶车次的情况下,线路 r 需用的最小车辆数可用下式表示:

$$N_{\min}^r = \max(\max_i n_{ia}, \max_j n_{jb}) \tag{5-1}$$

式中,$\max_i n_{ia}$ 和 $\max_j n_{jb}$ 分别是执行 a 和 b 站行车时刻表所需的最大车辆数。

单一公交线路 r 需用公交车辆数的求解示例如图 5.2 所示。

图 5.2 中,单向平均运营时间为 $T_{ria} = T_{rjb} = 15\min$,时刻表包含场站 a 的 10 个发车车次和场站 b 的 12 个发车车次。n_{ia} 和 n_{jb} 的计算过程如箭头所示;自场站 a 发出的车辆数用 n_{ia} 表示,自场站 b 发出的车辆数用 n_{jb} 表示。实线表示自发车时刻起的第一个可行链接,反方向虚线表示自 b 到 a 的第一个可行链接(可行指距离发车时刻 15 min 后)。根据上面公式,可以最终确定所需最小车辆数,即为 5。需要说明的是,实例从简化角度出发,上下行方向使用了相同的平均运营时间,当 T_{ria} 与 T_{rjb} 不同时,也可以采用同样的方法来处理。

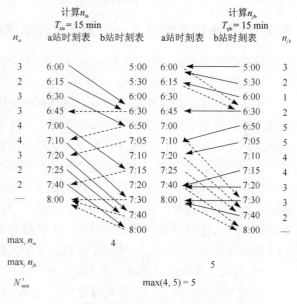

图 5.2 单条线路车辆配置数求解过程示例图

利用先到先发(FIFO)规则构造车次链。一个车次链自一个场站出发执行第一个指定的计划车次,然后基于该线路的时刻表在线路的另一终点执行第一个可行的链接;车次链通常以返回场站的车次结束。仍以上图示例来演示车次链的构造:

在 b 站以首发(5:00)为起始车次,依照 FIFO 规则可以构造 5 个车次链,删除选定的发出车次,继续构建其他车次链,直到所有车次都被执行为止。在每一步骤的开始阶段(b 站)进行之前,都要检查下一个发出车次能否与先前自 a 站发出的车次相连接,若可以,则该链接是可行的,易得这 5 个车次链如下:

5:00(b)—6:00(a)—6:30(b)—6:45(a)—7:05(b)—7:20(a)—7:40(b)—8:00(a);
5:30(b)—6:15(a)—6:50(b)—7:10(a)—7:30(b);
6:00(b)—6:30(a)—7:10(b)—7:25(a)—8:00(b);
7:00(a)—7:15(b)—7:40(a);
7:20(b)。

上面5个车次链只是一种形式，可以改变，包括车次链之间交换车次。每个车次链可以自同一场站发出和返回，也可以作为一个更大的车次链的组成部分。

由上面得到的5个车次链和图5.2，易得a和b站之间的车辆行车计划，这里就不再给出具体的车辆行车计划。

5.3 公交车辆区域行车计划编制

由第2章可知，车辆区域调度问题可分为单车场车辆调度问题（Single-Depot Vehicle Scheduling Problem，SDVSP）和多车场车辆调度问题（Multi-Depot Vehicle Scheduling Problem，MDVSP）两类，本章只研究SDVSP。

5.3.1 排序理论的引入——固定工件排序模型

排序理论的相关知识详见附录3。这里以排序理论中的固定工件排序模型为研究重点。

1）固定工件排序问题的应用背景

固定工件排序问题在很多领域都有强烈的应用背景，例如在生产调度领域中，很多资源有限的生产计划安排问题都可以归纳为固定工件排序问题，如航空运输中飞机调度问题、机组调度问题、机场停机位分配问题、铁路运输中的调机分配，以及发线占用问题等。Fischetti[163-165]研究了公交司机的排班问题，考虑了不同约束条件下的调度模型及求解算法。1994年，Jansen[166]研究了航空公司飞机维护人员的排班问题。1995年，Gabrel[167]研究了地球观测卫星的轨道选择问题。1997年，李文权[168]利用固定工件排序的理论研究了铁路区段站的到发线占用及调机问题。2004年，孙宏和杜文[169]研究了基于适航限制要求的航空公司飞机调度问题；文军等[170]建立了停机位分配问题的排序模型。

2）固定工件排序问题的一般形式

固定工件排序问题属于现代排序问题，最早是由Gupta等[171]于1979年在研究电路设计中的线路安排问题时提出来的。国际上的研究文献对其有不同的表述方式，包括：(fixed) interval scheduling, interval selection, scheduling with discrete starting time, fixed job scheduling, channel assignment (reservation), bandwidth allocation, k-track assignment, k-coloring of interval, finding K-independent sets on interval graphs, on-line interval scheduling, seat reservation 和 maximizing the number of on-time jobs 等。

固定工件排序问题可以描述[172]如下：

考虑n个不允许加工中断的独立工件，在m台不相关平行机器上加工。每台机器在任一给定时间内至多只能加工一个工件，且每个工件在任一给定时间内也只能被一台机器加工。特别地，对任一机器i，在工件集N_i中不存在工件$j \notin N_i$却可以在该机器上进行加工的工件,其中,$i=1,\cdots,m$。由于机器需要日常维护,所以像在机器维护的这段时间内是无法对工件进行加工的,这样的时段称为不可加工时段。对任一机器 i,其第 v 个不可加工时段记为 $U_{vi}=(a_{vi},b_{vi}]$,a_{vi} 和 b_{vi} 分别为不可加工时段的开始时刻和结束时刻。$v=1,\cdots,u_i$,其中,u_i 是机器 i 的不可加工时段总数。同时,机器 i 的不可加工时段的并集记为 $\overline{U_i}=U_{1i}\bigcup\cdots\bigcup U_{u_i i}$,那么在其补集 $\bar{U_i}$ 时段内机器就可以用来加工工件。在机器 i 上,工件 j 可以在固定时段 $I_{jil}:=(s_{jil},d_{jil}]$ 内的任一时段里进行加工,其中,s_{jil} 和 d_{jil} 分别是第 l 个可加工时段的开始和结束时刻,且 $s_{jil}<d_{jil}$,$l=1,\cdots,n_{ji}$,n_{ji} 是工件 j 在机器 i 上可加工时段总数。w_{jil} 是可加工时段 I_{jil} 的权重系数,其值与工件 j 在加工时段内的价值相关。每个工件只能在其中一个可加工时段内进行加工,且假设这里所有的数据都是非负的。不失一般性地,可以假设每个工件集 N_i 都是由 $N_i=\{j\mid n_{ji}\geqslant 1\}$ 决定的。

由前面的知识易知,排序的特征就是将待加工的工件在合适的可加工时段内安排在合适的机器上进行加工。如果满足以下条件,则称该排序是可行的:

(1) 如果工件 j 被安排在时段 I_{jil} 内加工,则 $j\in N_i$ 且 $I_{jil}\bigcap N_i=\varnothing$。

(2) 被安排来加工工件的可加工时段在同一台机器上不互相冲突。

固定工件排序问题就是寻找一个可行的排序,使赋权的加工工件的总值最大化或成本最小化,这样的问题记为问题 P。

3) 几类特殊的固定工件排序问题

(1) 固定工件排序问题 P1

在此类问题中,每个工件对应一个单一的加工时段,且在该时段内,工件可以在任意机器上进行加工,所有加工时段的权重系数相同。即,在固定工件排序问题 P1 中,$\overline{U_i}=\varnothing$,$n_{ji}=1$,$N_i=\{1,\cdots,n\}$,$w_{ji1}=1$,$s_{jil}=s_j$,$d_{jil}=d_j$,$I_j=(s_j,d_j]$,$j=1,\cdots,n$ 且 $i=1,\cdots,m$。

(2) 固定工件排序问题 P2

问题 P2 是对问题 P1 的一般化处理:允许不可加工时段的存在,即 $\overline{U_i}\neq\varnothing$,$i=1,\cdots,m$。

(3) 固定工件排序问题 P3

问题 P3 也是对问题 P1 的"松弛":允许工件 j 在不同加工时段内有不同的权重系数 w_j,$j=1,\cdots,n$。

(4) 固定工件排序问题 P4

问题 P4 是对问题 P1 在加工时段上的"松弛":工件的加工时段与工件和机器相关,且每个工件在机器上加工至多只有一个加工时段。此时,$n_{ji}\leqslant 1$,$s_{ji1}=s_{ji}$,$d_{ji1}=d_{ji}$,$I_{ji1}=I_{ji}=(s_{ji},d_{ji}]$ 且 $w_{ji1}=w_j$,$j=1,\cdots,n$,$i=1,\cdots,m$。

值得注意的是,纵观以上四类特殊的固定工件排序问题,不难发现问题 P1 和 P3 又可以视为:考虑开始加工时间及截止期限且加工时间确定的不可中断平行机排序问题。

5.3.2 排序理论下的区域车辆排班模型

1) 单车场车辆排班的固定工件排序问题

结合第 4 章内容,可将单车场公交车辆区域调度运营过程简单描述如下:

(1) 公交车辆 i($i=1,\cdots,m$，m 为公交车辆总数)于 S_i 时刻从车场 d 发出，并开往指定班次 j 的起始站 b_j($j=1,\cdots,n$，n 为总班次数)(出场)。

(2) 公交车辆 i 需在 bt_j 时刻到达班次 j 的起始站 b_j(入线)。

(3) 公交车辆 i 按照行车时刻表从起始站 b_j 发车，沿线路运行时间 p_{ij}，在 et_j 时刻抵达终点站 e_j 完成行驶里程为 m_j 的班次 j；公交车辆 i 完成班次 j 后从终点站行驶到班次 k 的起始站点开始执行下一班次任务，行驶时间为 p_{jk}，行驶里程为 m_{jk}(若班次为终点站与班次起始站为同一站点，则行驶时间为 0)，特殊的有：

跨线公交车辆 i 完成班次 j 后，根据调度安排，通过执行空驶班次跨线进入另一条运营线路运营班次 k，需在 bt_k 时刻到达班次 k 的起始站 b_k(跨线)；

离线公交车辆 i 在 et_k 时刻抵达终点站 e_k 并完成班次 k，从线路退出运营(离线)。

(4) 公交车辆 i 由班次 k 的终点站 e_k 发出，在 D_i 时刻返回到车场 d(入场)，经维护保养后，再出场运营。

显然，车辆从车场出发，完成预定任务(若干个班次)后又回到车场的整个过程(可以包含若干次跨线)就是一个车次链，而且车辆执行交替班次 j，k 间的空闲时间为 $e_{jk}=bt_k-et_j$，班次 j，k 可交替的条件是：$e_{jk}\geqslant p_{jk}$。单车场公交车辆区域调度运营过程示意图如图 5.3 所示。

通常情况下，车次链可以链接的班次次数是由车辆、驾驶员和公交公司政策三方面决定的：车辆可以携带的燃料决定公交车辆所能运行的最大距离，驾驶员工作时间决定实际操作车辆所能提供的最大时间，公交公司政策决定公交车辆运行多长时间或距离需要进行维护、清洁等日常活动。

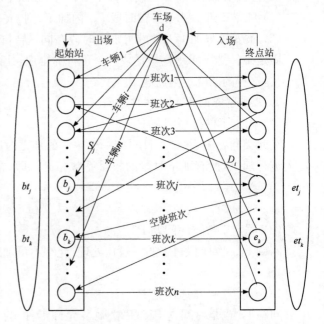

图 5.3 单车场公交车辆区域调度运营过程示意图

通过对单车场公交车辆运营过程和前面固定工件排序问题的分析，不难发现两者过程极为相似，实际上，二者在本质上是一样的。表 5.1 列出了公交车辆调度与固定工件排序中基本元素的对应关系。

表 5.1 中，有两点需要说明：一是原始的车辆调度问题是将班次与车辆进行分配，这里借鉴 Haghni 和 Banihashemi[29] 的"车场内衔接和车场外衔接"思想，更进一步地将问题转换成为将车次链与车辆进行安排。二是表中公交车辆调度问题的目标函数在这里只是一般表述形式，与固定工件排序问题的目标函数有些微差别，它可以替换为其他目标函数，例如，在完成所有车次链任务的前提下，使车辆总体数量即车队规模最小化等等。

为了建立模型，有如下假设：

(1) 假设节约公交车辆数所带来的效益远远大于插入空驶班次增加的运营成本(司机

表 5.1 公交车辆调度与固定工件排序基本元素对照表

问题	公交车辆调度	固定工件排序
参数	公交车辆	机器
	所有车辆车型相同	同型机
	普通车、空调车等	同类机
	班次	工序
	车次链	工件
	车次链旅行时间	可加工时段
目标函数	车辆运营成本最小	赋权的工件加工成本最小
约束条件	产生车次链	加工所有工件

和车辆的运营成本),目标函数为最小化车队规模。

(2) 假设公交车辆每次充填燃料之间,在道路上可运行的时间大于全部班次运营时间与所有空驶班次运行时间总和。

(3) 假设公交车辆一抵达班次的起始站就开始其运营服务,这里不考虑时间窗。

(4) 假设所有公交车辆均能正常运营,不存在诸如交通拥堵、交通事故等意外情况。

考虑以上模型假设和约束条件,可将基本公交车辆调度问题定义为如下所示的背包问题:

$$\min Z = \sum_{k=1}^{n} \sum_{j=1}^{n} \sum_{i=1}^{m} x_{ijk} \tag{5-2}$$

$$\text{s. t.} \sum_{i=1}^{m} \sum_{j=1}^{n} x_{ijk} \leqslant m \leqslant n \tag{5-3}$$

$$\sum_{k=1}^{n} x_{ijk} = y_{ij} \quad i=1,\cdots,m; j=1,\cdots,n; j \neq k \tag{5-4}$$

$$\sum_{i=1}^{m} y_{ij} = 1 \quad \forall j = 1,\cdots,n \tag{5-5}$$

$$\sum_{j=1}^{n} y_{ij} = 1 \quad \forall i = 1,\cdots,m \tag{5-6}$$

$$\sum_{i=1}^{m} \sum_{k=1}^{n} x_{ijk} = \sum_{i=1}^{m} \sum_{j=1}^{n} x_{ijk} \tag{5-7}$$

$$e_{jk} \geqslant p_{jk} \tag{5-8}$$

$$e_{jk} = bt_k - et_j \tag{5-9}$$

模型中,式(5-2)为目标函数,其中 $x_{ijk} = \begin{cases} 1 & 公交车辆 i 从班次 j 到班次 k \\ 0 & 其他 \end{cases}$;约束条件式(5-3)保证使用的公交车辆数不超过车场最大车辆数,显然,总班次数 n 是公交车辆数量的上界;式(5-4)保证了两个班次间的衔接是由一辆公交车完成的,其中 $y_{ij} = \begin{cases} 1 & \text{班次 } j \text{ 的任务由公交车辆 } i \text{ 完成} \\ 0 & \text{否则} \end{cases}$;式(5-5)和式(5-6)保证一个班次只能由一辆公交车完成,一辆公交车一次也只能完成一个班次;式(5-7)则保证车次链是以车场为起点和终点;式(5-8)是两个班次可以衔接的条件;式(5-9)是 e_{jk} 的定义。

根据排序论的知识,可以用如下语言来描述上述问题:

设有 n 个工件(车次链)构成工件集合 J,m 台机器(公交车辆)构成机器集合 M。每台机器 M_i($i = 1, 2, \cdots, m$)在同一时间内至多只能加工一个工件,一个工件 J_j($j = 1, 2, \cdots, n$)只能被一台机器加工,且工件一旦开始加工便不能中断直到加工完毕。每个工件 J_j 有一个固定的开始加工时刻 s_j 和加工结束时刻 d_j,工件 J_j 的加工时间 $p_j = d_j - s_j$。每个工件 J_j 有若干个工序(班次),第 k 道工序的加工开始时刻和结束时刻分别为 bt_j 和 et_j。机器—工件存在一个映射函数 $\varphi: M \rightarrow J$,即对任一机器 M_i,存在子集 $N_i \subseteq J$,使得 M_i 可以加工 N_i 种工件。相应的,工件—机器之间也有一个映射函数 $\phi: J \rightarrow M$,即任一工件 $J_j \in J$,存在子集 $S_M \subseteq M$,使得工件 J_j 可以在 S_M 内任一台机器上加工。

问题是对于给定工件集合 J 和机器集合 M,及机器—工件映射函数 $\varphi: M \rightarrow J$(或工件—机器映射函数 $\phi: J \rightarrow M$),能否寻求一个排序使得所有工件都能按要求(映射关系)安排得下。

按照排序理论的表示法,该问题可记为:

$$p_m \mid Fixed\ Interval \mid Feasibility \tag{5-10}$$

上面的基本公交车辆排班问题可以进一步扩展为下面几个更加现实的模型。

2) 续航时间约束下的公交车辆排班问题 P1

为建立续航时间约束下的公交车辆调度模型,有如下假设:

(1) 假设所有公交车辆在车场内的维护等日常工作均不占用车辆运营时间;

(2) 假设所有公交车辆安排到公交班次的权重系数相同,即不同车辆的费用系数相同;

(3) 假设不同公交车辆安排给不同公交班次的时候,完成班次任务的(时间)费用是一定的。

因为在两次填充燃料之间,公交车辆携带燃料可提供的车辆行驶里程一定,所以在基本公交车辆排班问题基础上,增加燃料里程约束条件[99]:

$$\sum_{i=1}^{m} \sum_{j=1}^{n} x_{ijk}(m_j + m_{jk}) \leqslant f_i \tag{5-11}$$

其中,f_i 为车辆 i 的燃料续航里程,由车辆本身类型决定,可假设为定值。

但是该约束条件本身并不严密,主要原因是:公交车辆在运营过程中,燃料除须向车辆提供动力能源,还可能要用于车厢空调的制冷或制热,该部分的燃料消耗如何换算成公交车辆的行驶里程计算较为困难;若车场本身提供公交车辆的燃料添加,则上式是成立的,但若需要车辆出场填充燃料,则需要有车场到燃料填充处的线路距离才能计算。

因此,本书以受燃料限制的续航时间为约束条件,主要有两点理由:一,上文提到车次链也受驾驶员的影响,而驾驶员的工作时间是以时间为计量单位的,这样可以将两者统一起来。虽然驾驶员与公交车辆并不要求"人—车"配对,但该方法在实际运营操作中切实可行;

二,以续航时间为约束条件,方便公交公司编制时刻表。故有:

$$\sum_{i=1}^{m}\sum_{j=1}^{n}x_{ijk}(p_{ij}+p_{jk}) \leqslant FT_i \tag{5-12}$$

其中,FT_i 为车辆 i 的燃料续航时间,由车辆本身类型决定,可假设其为定值,类似于排序中的 $\bar{p}$。这里车次链的构建属于"车场外衔接"。

结合排序理论来描述上述问题,有:

设有个 n 工件构成工件集合 J,每个工件 J_j($j=1,2,\cdots,n$)对应一个单一的加工时段,$\overline{U_i} = \varnothing$,且在该时段内,$m$ 台机器中任何一台机器 M_i($i=1,2,\cdots,m$)都可以被安排给该工件。每台机器在同一时间内至多只能加工一个工件,一个工件只能被一台机器加工,且工件一旦开始加工便不能中断直到加工完毕。$n_{ji}=1$, $N_i = \{1,\cdots,n\}$。所有加工时段的权重系数相同,$w_{ji1}=1$。每个工件 J_j 有一个固定的开始加工时刻 s_j 和加工结束时刻 d_j,工件 J_j 的加工时间 $p_j = d_j - s_j$,$s_{jil} = s_j$,$d_{jil} = d_j$,$I_j = (s_j, d_j]$,每个工件 J_j 有若干个工序(班次),第 k 道工序的加工开始时刻和结束时刻分别为 bt_j 和 et_j。工件的加工时间不能超过机器可提供的最大服务时间,$p_j \leqslant FT_i$。

问题是对于给定工件集合 J 和机器集合 M,及机器—工件映射函数 $\varphi: M \to J$,能否找到一个排序使得所有工件都能在机器可提供的最大服务时间限制下得到最佳安排。

按照排序理论的表示法,该问题可记为:

$$p_m \mid FI, p_j < FT_i \mid \sum 1 \times f_j \tag{5-13}$$

其中,$\sum 1 \times f_j$ 为目标函数,即总费用最小(此时权重系数为 1)。

不难发现,该问题与前面固定工件排序的一类特殊问题 P1 在本质上是相同的,故为了统一起见,此处将该问题也记为问题 P1,方便与后面模型求解算法的对应。

3) 维护时间约束下的公交车辆排班问题 P2

(1) 考虑维护时间约束下的公交车辆排班问题,实际上是对模型 P1 在假设条件 1 的"松弛"。

(2) 众所周知,公交车辆在日常运营过程中是需要进行维护保养的。这既是国家政策法规的外在约束,也是公交车辆自身的内在要求。

针对道路运输车辆的管理,国家交通运输部颁布施行了专门的法规,例如,《机动车维修管理规定》、《汽车维修质量纠纷调解办法》、《道路运输车辆维护管理规定(修正)》和《汽车运输业车辆技术管理规定》等等。2001 年 8 月 20 日公布施行的《道路运输车辆维护管理规定(修正)》规定道路运输车辆的维护分为:日常维护、一级维护和二级维护。其中,日常维护是指由驾驶员每日出车前、行车中和收车后负责执行的车辆维护作业,作业中心内容是清洁、补给和安全检视。2005 年颁布实施的《城市公共汽电车客运管理办法》中,明确要求"城市公共汽电车经营者应当定期对其管理的城市公共汽电车客运服务设施进行维修、保养","按照国家有关规定加强对客运车辆的维护和检测,保持车辆技术、安全性能符合有关标准"。因此,公交车辆在运行一段里程(或时间)后需要进行维护,否则难免出现不可预见的故障问题,以致影响公交运营的正常秩序。

按照复杂问题简单化的逻辑思路,这里假定维护时间约束下的公交车辆排班问题是在考虑了续航时间约束基础上进行研究的,即在得到满足续航时间约束下的车次链之后,以其为基础,再考虑维护时间的制约问题。

将车次链按起始时间升序的规则进行排列,得到 n 个车次链集合 $\bar{B}=\{B_1,\cdots,B_n\}$。对于任意两个车次链 B_a 和 B_b,即 $\forall B_a,B_b\subseteq \bar{B}a,b=1,\cdots,n;a\neq b$,每个车次链均有由固定的起始时刻和结束时刻确定的时间区间 $(t_a^s,t_a^e]$,$(t_b^s,t_b^e]$。若某公交车辆执行完车次链 B_a 的结束时间 t_a^e 加上其维护时间 t^{maintain} 不大于另一车次链的起始时刻 t_b^s,即 $t_a^e+t^{\text{maintain}}\leqslant t_b^s$,则该车辆完成车次链 B_a 之后,经过车辆维护程序可以进一步执行车次链 B_b,称车次链 B_a 和 B_b 具有衔接关系。那么可将车次链 B_a 的结束时刻 t_a^e 延长至其完成车辆维护的时刻 $t_a^e+t^{\text{maintain}}$,即车次链的执行时段由原来的 $(t_a^s,t_a^e]$ 更新为 $(t_a^s,t_a^e+t^{\text{maintain}}]$,更新得到车次链集合 $\tilde{B}=\{B_1',\cdots,B_n'\}$,称为对应的新车次链集合。$\forall B_a',B_b'\subseteq\tilde{B}$,如果 $t_b^{s\prime}\geqslant t_a^{e\prime}$,则车次链 B_a' 和 B_b' 可被安排给同一辆公交车。这里新车次链的构建属于"车场内衔接"。

对任一车次链 $B_j\in\bar{B}$($j=1,2,\cdots,n$),若 $k>j$,与其不能衔接的车次链集合 B_k 可表示为

$$U_j=\{k\mid t_k^s-t_j^e<t^{\text{maintain}}\} \tag{5-14}$$

其中,U_j 称为 B_j 的无关链,即车次链 B_j 不可能与车次链 B_k($k\in U_j$)共同被同一公交车辆执行,同样的,车次链 B_k 也不可能与车次链 B_j($j\in U_k$)共同被同一公交车辆执行。

给定公交车辆 m 辆,车次链总数 n 个,可构造如下模型描述此问题:

$$\min z=\sum_{i=1}^{m}y_i \tag{5-15}$$

$$s.t.\ x_i^j\leqslant y_i\quad i=1,\cdots,m;j=1,\cdots,n \tag{5-16}$$

$$\sum_{i=1}^{m}x_i^j=1\quad j=1,\cdots,n \tag{5-17}$$

$$x_i^j+x_i^k\leqslant 1\quad i=1,\cdots,m;j=1,\cdots,n-1;k\in U_j \tag{5-18}$$

模型中,式(5-15)为目标函数,其中 $y_i=\begin{cases}1 & \text{车辆}i\text{被选中执行车次链任务;}\\0 & \text{否则}\end{cases}$ $i=1,\cdots,m$;约束条件式(5-16)中 $x_i^j=\begin{cases}1 & \text{车次链}B_j\text{分配给车辆}i;\\0 & \text{否则}\end{cases}$ $i=1,\cdots,m;j=1,\cdots,n$,保证车次链分配到的公交车辆数不超过被选中执行车次链任务的车辆数;约束条件式(5-17)保证了每个车次链只能由某一车辆单独执行一次,;约束条件式(5-18)保证不衔接的车次链是不能被同一公交车辆执行的。

在工业生产领域,存在类似于上述的问题[173]:

在实际生产过程中,由于需要确定的机器维护,往往使得机器可以连续运转这种假设不成立。在实践中,有工件等待加工而机器却停止运转进行维护的现象也并非罕见。不确定的死机(损坏)现象将会打乱工件加工计划,并大大降低生产系统的效率。而机器维护可以通过较小的损失降低死机的概率,因此决策者越来越注意到制订机器维护计划的重要性。

如果一台机器在加工过程中可以安排一次或者若干次的机器维护,这些维护可能需要

花费一些时间,但可以使加工某些工件的速度变快,那么作为一个精明的决策者,是否安排这些维护,何时安排它们以及对某个具体的工件是否有必要等到维护之后再加工等等这些问题就应当排入考虑之列。这类问题可以称之为"带周期维护时间的平行机排序问题"。用排序理论来描述上述问题,有:

设有个 n 工件构成工件集合 J,每个工件 J_j ($j=1,2,\cdots,n$) 对应一个单一的加工时段,且在该时段内,m 台机器中任何一台机器 M_i ($i=1,2,\cdots,m$) 都可以被安排给该工件。每台机器在同一时间内至多只能加工一个工件,一个工件只能被一台机器加工,且工件一旦开始加工便不能中断直到加工完毕。$n_{ji}=1$,$N_i=\{1,\cdots,n\}$。所有加工时段的权重系数相同,$w_{ji1}=1$。$\overline{U_i}\neq\varnothing$:加工过程中,需要对机器进行维护,在维护时段内机器不能对工件进行加工,维护时间为 t^{maintain}。若某机器在 t_j^e 时刻完成工件 J_j 的加工后,经过 t^{maintain} 机器维护时间,仍不晚于工件 J_k 的加工时间 t_k^s,则该机器可继续被用来加工工件 J_k。

问题是对于给定工件集合 J 和机器集合 M,及机器—工件映射函数 $\varphi:M\to J$,能否寻求到一个排序使得所有工件都能在机器维护时间限制下得到最佳安排。

按照排序理论的表示法,该问题可记为:

$$p_m\mid FI,\ p_j<FT_i,\ \overline{U_i}\neq\varnothing\mid\sum 1\times f_j \tag{5-19}$$

其中,$\sum 1\times f_j$ 为目标函数,即总费用最小(此时权重系数为1)。

4) 不同权重系数下的公交车辆排班问题 P3

本模型是对模型 P1 的扩展:车辆调度的权重系数显然是可以不同的,它会受到发车频率、公司规定、乘客流量等等因素的影响。不妨以乘客流量为例,假设一天的高峰时段或上下班时段,乘坐公交车辆的乘客流量较大,此时公交车辆执行公交班次的费用相对较低;反之,其他时段的权重系数较高。

结合排序理论来描述上述问题,有:

设有个 n 工件构成工件集合 J,每个工件 J_j ($j=1,2,\cdots,n$) 对应一个单一的加工时段,$\overline{U_i}=\varnothing$,且在该时段内,$m$ 台机器中任何一台机器 M_i ($i=1,2,\cdots,m$) 都可以被安排给该工件。每台机器在同一时间内至多只能加工一个工件,一个工件只能被一台机器加工,且工件一旦开始加工便不能中断直到加工完毕。$n_{ji}=1$,$N_i=\{1,\cdots,n\}$。不同工件加工的权重系数不同:工件 J_j 对应的系数为 w_j。每个工件 J_j 有一个固定的开始加工时刻 s_j 和加工结束时刻 d_j,工件 J_j 的加工时间 $p_j=d_j-s_j$,$s_{jil}=s_j$,$d_{jil}=d_j$,$I_j=(s_j,d_j]$,每个工件 J_j 有若干个工序(班次),第 k 道工序的加工开始时刻和结束时刻分别为 bt_j 和 et_j。工件的加工时间不能超过机器可提供的最大服务时间,$p_j\leqslant FT_i$。

问题是对于给定工件集合 J 和机器集合 M,以及机器—工件映射函数 $\varphi:M\to J$,能否找到一个排序使得所有工件都能在机器可提供的最大服务时间限制下得到最佳安排。

按照排序理论的表示法,该问题可记为:

$$p_m\mid FI,\ p_j<FT_i\mid\sum w_j\times f_j \tag{5-20}$$

其中,$\sum w_j\times f_j$ 为目标函数,即总费用最小。

不难发现,针对问题 P2 也可以得到权重系数松弛的模型。

5) 不同匹配约束下的公交车辆排班问题 P4

本模型也是对问题 P1 的扩展。由问题 P1 的假设 3 有,不同公交车辆安排给不同公交班次的时候,完成班次任务的(时间)费用是一定的。这里的匹配约束就是指对公交车辆与公交班次匹配的约束。

而实际上,同一公交车辆完成不同公交班次(或车次链)任务的(经济、时间)费用可能是不同的,不同公交车辆完成同一公交班次(或车次链)任务的费用也可能不同。以"相同车辆—不同班次"举例来说,不同公交班次上停靠站点数不同,路况复杂程度不同,乘客流量不同,同一车辆的运营时间耗费也会不同;再以"不同车辆—同一班次"举例来说,同一公交线路上的停靠站点数、路况复杂程度、乘客流量均一定时,公交车辆的载客容量、加减速性能可能不同,执行该班次任务的完成时间很可能也不同。

因此,这里考虑不同匹配约束下的公交车辆调度模型就是对问题 P1 在车辆完成任务时间上的"松弛",即班次(或车次链)任务的完成时间与任务和车辆均有关:车辆 i 执行车次链任务 j 时有不确定的起始时刻 t_{ij}^s 和结束时刻 t_{ij}^e。

结合排序理论来描述上述问题,有:

设有个 n 工件在 m 台机器上进行加工。每台机器在同一时间内至多只能加工一个工件,工件一旦开始加工便不能中断直到加工完毕。工件的加工时段与工件和机器相关,且每个工件在机器上加工至多只有一个加工时段。此时,$n_{ji} \leqslant 1$,$s_{ji1} = s_{ji}$,$d_{ji1} = d_{ji}$,$I_{ji1} = I_{ji} = (s_{ji}, d_{ji}]$ 且 $w_{ji1} = w_{ji}$,$j = 1, \cdots, n$,$i = 1, \cdots, m$。

问题是对于给定工件集合 J 和机器集合 M,以及机器—工件映射函数 $\varphi: M \rightarrow J$,能否寻求到一个排序使得所有工件都能按模型要求安排得下。

按照排序理论的表示法,该问题可记为:

$$p_m \mid FI, p_{ij} < FT_i \mid \sum w_{ij} \times f_{ij} \tag{5-21}$$

其中,$\sum w_{ij} \times f_{ij}$ 为目标函数,即总费用最小。

5.3.3 模型求解

由排序理论可知,问题 P1 和 P3 可以视为这样一类平行机排序问题:工件开始加工时刻为 s_j,加工结束时刻为 d_j,加工过程不能中断,且加工时间为 $p_j = d_j - s_j$($j = 1, \cdots, n$)。以加权误工工件完工费用最小化为目标函数的平行机排序问题已经取得了相关研究成果,如 Heady 和 Zhu[174] 提出的启发式算法,Balakrishnan 等[175] 提出的混合整数规划模型,Sivrikaya-Serifoglu 和 Ulusoy[176] 提出的两种遗传算法,但是它们都没有考虑工件的加工时间限制。问题 P1 和 P3 还可以视为截至完工时刻恰好加工完毕的工件个数最大化问题。但在这类问题中,没有工件开始加工时刻限制[177-178]。

已有专家学者分别应用图论方法解决了铁路调车机车作业安排问题[179] 及航空公司飞机排班问题[180],考虑到问题的相关性,结合国内外固定工件排序问题的研究,本书尝试应用图论方法来求解上述模型。

1) 固定工件排序问题 P1 的求解

(1) 在线算法

设图 $G(V, E)$ 是对应问题 P1 的图,其顶点集 $V = \{I_1, \cdots, I_n\}$,边 $(I_i, I_j) \in E$ 当且仅当 I_i 和 I_j 是相互邻接的。求解模型 P1 等价于在图 $G(V, E)$ 中寻找到一个最大的 m-顶点染色子图。所谓 m 顶点染色是指 m 种颜色对于图 $G(V, E)$ 的各顶点的一个分配,使得任意两个相邻的顶点分配以不同颜色。相同颜色的顶点集合则等价于在同一台机器上加工的工件集合,也等价于分配到同一辆公交车上的任务集合。图论中,通常较多的使用 k 染色问题,这里为了与公交车辆的调度问题描述统一,统称为 m 染色问题。

Yannakakis 和 Gavril[181] 假设 m 是常数,给出了一个时间复杂性为 $O(n + |E|)$ 的算法,图中边的个数通常为 $O(n^2)$。而且,使用该算法必须重新构造图 $G(V, E)$,这又需要耗费 $O(n + |E|)$ 的时间。

Faigle 和 Nawjin[182]、Bouzina 和 Emmons[183] 提出了求解问题 P1 的算法 A1P1,如下所示:

Step 1.1 将工件按照各自加工时段开始时刻的非递减顺序进行排序,使得 $s_1 \leqslant \cdots \leqslant s_n$。初始化工件集合 $S = \varnothing$。

Step 1.2 对任意 $j = 1, \cdots, n$,添加工件 j 到集合 S。如果存在某机器可以在 s_j 时刻开始加工工件 j,则将工件 j 分配到该机器;反之,如果在 s_j 时刻没有机器空闲,则从工件集合 S 中除去加工结束时刻 d_j 最大的工件。

算法 A1P1 的时间复杂性为 $O(n\max\{\ln n, m\})$。Faigle 和 Nawjin 认为该算法是一种最优的在线算法,因为它只需获取已到达工件的信息就可以分配新到的工件。该在线模型假设工件开始加工但尚未完成时仍可以取消。

(2) 离线算法

目前,问题 P1 的最佳离线算法[184]是:

构造对应工件的图 $G(V, E)$,其顶点集 $V = \{I_j \mid j = 1, \cdots, n\}$,$(I_j, I_k) \in E$ 当且仅当 I_j 和 I_k 不是相互邻接的。将工件按照各自加工时段结束时刻的非递减顺序进行排序,使得 $d_1 \leqslant \cdots \leqslant d_n$。考虑一个无环图 $G(V, D)$,其中 $I_j \to I_k \in D$ 当且仅当 $(I_j, I_k) \in E$ 且 $j < k$。问题 P1 可视为这样的问题:在图 $G(V, D)$ 中寻找一些不相交的路径 $p_1, \cdots, p_m$ 使得 $|p_1 \cup \cdots \cup p_m|$ 最大化。若存在这类路径,则相同路径 p_i 的顶点对应的工件全指派给相同机器 p_i 进行加工。针对该问题,Faigle 和 Nawjin 提出了离线算法 A2P1:

Step 2.1 将工件按照各自加工时段结束时刻的非递减顺序进行排序,使得 $d_1 \leqslant \cdots \leqslant d_n$。初始化工件集合 $p_i = \varnothing$,$i = 0, 1, \cdots, m$。设不满足条件的工件将被输入进 p_0,集合 p_i 中包含的工件将被指派给机器 i,$1 \leqslant i \leqslant m$。

Step 2.2 对任意 $k = 1, \cdots, n$,寻求最大 $j(<k)$ 的 I_j,使得

(a) $I_j \in p_1 \cup \cdots \cup p_m$,

(b) I_j 是其所属集合 p_i 中加工时间最长工件对应的加工时间,

(c) $I_j \to I_k$。

若存在这样的 I_j 且 $I_j \in p_i$,则将 I_j 指派给 p_i;若这样的 I_j 不存在,集合 $p_i = \varnothing$,$1 \leqslant i \leqslant m$,则令 $p_i = \{I_j\}$;若这样的 I_j 不存在,集合 $p_i \neq \varnothing$,$i = 1, \cdots, m$,则将 I_j 指派给 p_0。

算法 A2P1 步骤 2 的时间复杂性为 $O(m + n)$,因此,求解问题 P1 的总时间复杂性为 $O(n \ln n)$。

2) 固定工件排序问题 P2 的求解

问题 P2 是对问题 P1 在可加工时间上的松弛,该问题又被称为 m 迹分配问题。Brucker 和 Nordmann[185]证明该问题等价于在一个圆弧图中寻找 m 个不相交且总的基数最大的独立集合。问题转化为判断是否存在 m 个能覆盖圆弧图中所有顶点的不相交的独立集合,换而言之,如果一个圆弧图的顶点可以用 m 或更少的颜色进行染色,那么它一定是一个强 NP-完全问题。因此,问题 P2,即 m 迹分配问题是强 NP-hard 的[186]。

圆弧图是一种特殊图,这里做简单介绍。所谓圆弧图,是指由圆中的一组圆弧相交产生的图,它的每条圆弧有一个顶点,每对顶点间的边对应于圆弧的相交。即,令 $I_1, I_2, \cdots, I_n \subset C_1$ 是一组圆弧,对应的圆弧图为 $G=(V,E)$,其中,$V=\{I_1, I_2, \cdots, I_n\}$,且 $\{I_\alpha, I_\beta\} \in E \Leftrightarrow I_\alpha \cap I_\beta \neq \varnothing$。对应图 G 的一族圆弧通常记之为弧模型,如图 5.4 所示。

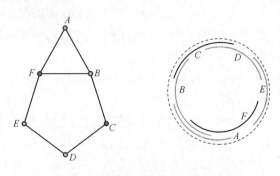

图 5.4　圆弧图(左)与对应的弧模型(右)

Brucker 和 Nordmann[185]针对 2-迹分配问题给出了时间复杂性为 $O(n)$ 的算法,针对一般的 m 迹分配问题提出了时间复杂性为 $O(n^{m-1} m! m^{m+1})$ 的算法,并给出了问题 P2 的时间复杂性为 $O(n^m m! m^m)$ 的算法。Faigle 等[187]提出了该问题的一种贪婪在线算法,但该在线模型假定了已开始加工而尚未完工的工件是可以取消的。由该算法得到的时刻表与离线情况下最优值间的绝对偏差至多为 $m-1$。宣竞[173]研究了带有维护时间(单个或周期性)的平行机排序问题,证明了 LS 算法是单台机器的最优在线算法,其竞争比为 2;对于两台机器的情况,则不存在多项式时间算法。

3) 固定工件排序问题 P3 的求解

(1) 离线算法

问题 P3 是问题 P1 在权重系数上的松弛。Arkin 和 Silverberg[188]通过将问题 P3 改写成极小费用流问题给出了一个非常有效的算法,其时间复杂性为 $O(n^2 \ln n)$。Bouzina 和 Emmons[183]给出了问题 P3 对应的极小费用流问题的改进算法,该算法比前者显得更为有效,其时间复杂性为 $O(mn \ln n)$。算法记为 AP3,如下所示:

Step 3.1　将工件按照各自加工时段开始时刻的非递减顺序进行排序,使得 $s_1 \leqslant \cdots \leqslant s_n$。

Step 3.2　构造有向图 $G(F, D)$,顶点集 $F=\{I_1, \cdots, I_n, I_{n+1}\}$,其中 I_{n+1} 为一虚构顶点,有向边集 $D = D_1 \cup D_2$,其中 $D_1 = \{I_j \to I_{j+1} \mid j=1, \cdots, n\}$。按如下方法构造 D_2:对任一 $I_j, j=1, \cdots, n$,构造有向边 $I_j \to I_l \in D_2$,其中 I_l 是与 I_j 不相交的顶点中最小的,$l=j+1, \cdots, n$。如果不存在这样的 I_l,则构造有向边 $I_j \to I_{n+1} \in D_2$。初始化集合 D_1 中的有向边使得费用为 0,容量为 m。每个有向边 $I_j \to I_l \in D_2$ 有费用 $-w_j$ 和容量 1。

Step 3.3　在图 $G(F, D)$ 中,寻找从顶点 I_1 到顶点 I_{n+1} 的费用最小值 m。确定有向边集合 $A^* \subseteq D_2$,使得其上的最理想流的流量等于 1。若 $I_j \to I_l \in A^*$,则工件 j 在该问题的最优解中就不会被拒绝。令 $X^* = \{j \mid I_j \to I_l \in A^*\}$。

Step 3.4　求解工件集为 X^* 的 P1 问题就是寻找一种可行的方法,将这些已挑选的工件分配到机器上。前面的算法 A2P1 可以应用到这里。

（2）在线算法

目前，针对单台机器且允许已开始加工但尚未完工工件可以取消情况下的 P3 问题，有少数学者进行过研究，这类问题可记为 P3-1-在线问题。其中不少研究将算法分为确定型在线算法和随机性在线算法两类，并采用竞争比分析来衡量算法好坏，在前面的章节已做过介绍。Woeginer[189]证明对于一般的 P3-1-在线问题，不存在常数竞争比的确定型在线算法。

对于 m 台机器且工件一旦分配给机器便不能中止的在线 P3 问题，通常称为"订票问题"。设一列座位数为 m 的火车由站点 1 开往站点 k，如果 $1 \leqslant s < d \leqslant k$，那么从站点 s 到站点 d 间的任意出行都可预订座位，并且只要在整个出行需求中有座位就不能拒绝预订，且总订票申请数为 n。因为火车时刻表固定，所以无论乘客购买何段车票，其上车和下车时间必然固定，即开始加工和结束加工时间是固定的。由于订票是实时到达，排序时并不知道后来订票的有关信息，因此该问题属于在线问题。车票费是工件的价值，目标函数即为总收益最大化。Boyar 和 Larsen[190]证明了对于票价统一的订票问题，任何确定型或随机性在线算法的竞争比至少是 1/2。Bach 等[191]指出：订票问题中任意确定型在线算法的渐进可达竞争比上界为 1/2，任意随机型在线算法的渐进可达上界为 7/9。

4) 固定工件排序问题 P4 的求解

问题 P4 中，工件的加工时段是由工件和机器决定的，并且每台机器加工一个工件至多只有一个加工时段。所以，此时不用再考虑 l。不难发现，如果 $I_{ji} \cap \overline{U_i} \neq \varnothing$，则工件 j 不能在机器 i 上加工。因此，问题 P4 中所有这类工件的集合 N_i 可以不考虑。通过修正，对于任意 $j \in N_i$，$i = 1, \cdots, m$，都有 $I_{ji} \cap \overline{U_i} = \varnothing$。不失一般性地，此时可以假设问题 P4 中不存在不可加工时段，即 $\overline{U_i} = \varnothing$，$i = 1, \cdots, m$。

Arkin 和 Silverberg[188]研究了一类特殊的 P4 问题：工件的加工时间不受对其加工的机器影响，即 $I_{ji} = I_j = (s_j, d_j]$，并且 $w_{ji} = w_j$，$i = 1, \cdots, m$，$j = 1, \cdots, n$。此类特殊的 P4 问题记为 P4-1。Arkin 和 Silverberg 证明了当机器数量 m 是一个变量时，该问题是 NP-hard 的；但通过简化可以将问题转变成在特别构造的一个有 $O(mn^{m+1})$ 条有向边的无环图中寻找一条最长路径，此时在 $O(mn^{m+1})$ 时间下是可解的。

简化过程描述如下：

Step 4.1　将上面描述的图记为 $G(F, D)$。

Step 4.2　将加工时段按照各自开始时刻和结束时刻的非递减顺序进行排序，其中，当两个时刻相同时，t_j 要优先于 s_j。这样得到一个非递减顺序的排序 $u_1 \leqslant \cdots \leqslant u_{2n}$。

Step 4.3　在顶点集 F 中虚构顶点 S 和 T，剩下的顶点划分成 $2n$ 层，并编号 $1, \cdots, 2n$。考虑 r 层，令 $u_r \in \{s_j, t_j\}$。层 r 的顶点对应工件 j 在机器上的开始事件(若 $u_r = s_j$)或结束事件(若 $u_r = t_j$)，与在 u_r 时刻代表的可能排序 m-元组 $(x_1, \cdots, x_m)$ 有关。m-元组 $(x_1, \cdots, x_m)$ 中，$x_i \in \{1, \cdots, n, \phi\}$，其中 $x_i = j$ 表示工件 j 由机器 i 加工，$x_i = \phi$ 则表示此时机器 i 处于闲置状态。

对任意 $i \in \{1, \cdots, m\}$，若 $u_r = s_j$，有 $x_i = j$，若 $u_r = t_j$，有 $x_i = \phi$，则层 r 的每个 m-元组均有 $j \in N_i$。假设顶点 S 和 T 分别对应 m-元组 $(\phi, \cdots, \phi)$ 中的 0 层和 $2n+1$ 层。

Step 4.4 构造有向边集合 D 如下：

在 m-元组$(z_1,\cdots,z_m)$的 v 层和$(x_1,\cdots,x_m)$的 r 层之间存在一条有向边$(v<r)$。若 $\forall i\in\{1,\cdots,m\}$，$u_r=s_j$，$x_i=j$，$z_i=\varphi$，且 $z_l=x_l$，$l\neq i$，$l=1,\cdots,m$，此时该条边的长度等于 w_j。若 $\forall i\in\{1,\cdots,m\}$，$u_r=t_j$，$x_i=\varphi$，$z_i=j$，且 $z_l=x_l$，$l\neq i$，$l=1$，$\cdots,m$，此时该条边的长度等于 0。

显然,有向图 $G(F,D)$ 中顶点 S 和 T 之间的最长路径就是问题 P4-I 的最优解。

Dijkstra 等[192]基于拉格朗日松弛和分解的思想提出了问题 P4-I 的整数规划表达式及近似求解算法。Gabrel[193]则提出了该问题的启发式算法。

Ng 等[194]研究了问题 P4。他们将问题简化为求解赋权极大团（Maximal Weight Clique，MWC)问题。对于给定图 $G=(V,E)$，V 是图 G 的顶点集，E 是图 G 的边集,图 G 的团就是一个两两之间有边的顶点集合。如果一个团不被其他任一团所包含，即它不是其他任一团的真子集，则称该团为图 G 的极大团（Maximal Clique）；顶点最多的极大团，称之为图 G 的最大团。极大团问题的目标就是找到给定图的最大团。具体简化过程如下：

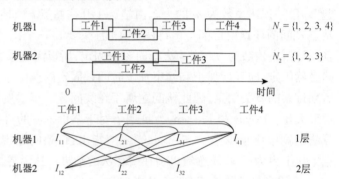

图 5.5 两台机器上的工件加工时段及对应 P4-图

以 m 层图 $G(V,E)$ 为例，如图 5.5 所示给出了 2 层示例图。

$V=N_1\cup\cdots\cup N_m$ 为顶点集，其中集合 N_i 决定了 i 层所能包含的加工时段 I_{ji}，即在机器 i 上加工的所有工件 $j\in N_i$，$i=1,\cdots,m$。权重系数 w_{ji} 对应每个顶点 I_{ji}。$E=E_1\cup\cdots\cup E_{m+1}$，其中 $E_i=\{(I_{ji},I_{ki})|I_{ji}\cap I_{ki}=\phi\}$，$i=1,\cdots,m$ 且 $E_{m+1}=\{(I_{ji},I_{kq})|i\neq q,j\neq k,i,q=1,\cdots,m,j,k=1,\cdots,n\}$。若任意两个顶点属于同一层但不相交，或属于不同层且不对应同一加工工件，则该两点之间存在一条边。像这样的图称之为 P4-图。显然，P4-图可以写成一组 $G(N_i,E_i)$ 图的形式，其边由任意不同层的两个顶点决定。给定 P4-图 $G=(V,E)$，有如下关系：

假设 $Z\subseteq V$，若 $I_{ji}\in Z$，则工件 j 被安排给机器 i 加工。

P4-图 $G=(V,E)$ 的顶点集 $Z(Z\subseteq V)$是团，当且仅当对应的工件由机器加工的安排是可行的。P4-图 $G=(V,E)$ 的赋权极大团决定对应 P4 问题的最优解。问题 P4 可按如下步骤处理：

（1）将问题 P4 改写成求解图的赋权极大团(MWC)问题。

（2）假设构造的问题对应 P4-图是任意的，应用已有的方法求解 MWC 问题；否则，转下一步。

（3）将 P4-图进行分类，若某一类问题可以求解，则采用该求解方法。

这类对应 P4-图的极大团问题，通常记为 MWC(P4)问题。Ng 等[194]提出了一种求解 MWC(P4)问题的算法，记为 AP4。该算法列举了图 $G(N_i,E_i)$ 极大团的不同组合算法，其

时间复杂性等于 $O(n^2+mn\prod_{i=1}^{m}|X_i|)$，其中 X_i 是图 $G(N_i,E_i)$ 中的极大团集合。AP4 算法呈 m 指数级增长，对于固定的 m，如果每个图 $G(N_i,E_i)$ 的极大团个数受 n 多项式时间的约束，那么它在 n 多项式时间内可解。此外，Ng 等还提出了两种贪婪启发式方法来构造问题 MWC(P4) 的近似求解方法。

5) FIFO 贪婪思想求解算法

前面针对不同的单车场公交车辆排班问题分别讨论了几类特殊的固定工件排序问题的求解方法，先将公交车辆排班问题转化成固定工件排序问题，再应用已经研究较为成熟的工件排序理论求解方法求解模型，并最终解决公交车辆的调度问题，这是本章的模型分析、求解思路。

Ceder[162] 在研究车辆行车计划编制时曾利用插入空驶车次的逆差函数模型来构建车次链，并指出构建车次链可以遵循两个规则：先到先发(First In First Out，FIFO)规则和车次链抽取过程规则[195]。这里利用 FIFO 规则，借鉴铁路调车机车作业安排模型求解的标号算法[168]，提出了一种基于 FIFO 规则、贪婪思想的模型求解算法。

(1) FIFO 规则的优越性

下面以区域内公交车辆的调度为例，阐述选取该规则的理由。首先给出对应关系，如下所示。

(1) 机器：设区域内共有 m 辆提供服务的公交车辆，视为 m 台机器。若所有车辆车型相同，则为同型机问题；若车辆分普通车、空调车，或者分小型车、中型车、大型车，可视为同类机问题。

(2) 工件：即需要完成的车次链任务，总任务为 n。

(3) 多处理器任务[196]：某些车次链拥有不同类型班次，可能需要指定不同车型公交车辆进行运营，记为 fix_j 问题。

(4) 固定起止时间：每条车次链包含其固定开始执行时间和运营时间，即开始加工时间 s_j 和总加工时间 p_j。

(5) 在线排序：由于车辆在线路上运营是实时的，其到达车场的时间也是实时的，排序时不知道后面抵达公交车辆的有关信息，且车辆一旦发出执行任务便不能取消(不考虑意外情况)。

(6) 优化目标：公交车辆发出执行任务，要产生一定的生产成本，同时通过出售车票给乘客收取一定的费用，收入减去支出等于收益。这与车辆总数(加工的机器)、车辆种类(fix_j 问题)、运营时间(加工时间)等等都有关系。此处优化目标是使总收益最大化。

为方便分析问题，不妨有如下假设：①假设工件到达时间等于开始加工时间，即 $r_j=s_j$；②假设多处理器任务需要加工的机器数量都是既定的，只是是否固定加工机器有 fix_j 差别；③研究的是不知道未来任何信息下的在线排序；④不考虑特殊情况，如工件加工突然中断或机器拒绝加工工件。

应用排序理论的表示方法，上面的问题可记为：

$$p_m\mid Online,\ fix_j,\ FI,\ r_j=s_j\mid \sum w_j\times U_j \qquad (5\text{-}22)$$

下面我们应用竞争比分析方法来分析、讨论多处理器任务的固定工件排序问题的性质。

【引理】 可中断问题的任何确定型算法为了达到竞争比最优，在工件到达时，如果机器空闲可加工,则总会选择加工。

证明:

当机器空闲时,如果选择加工,若此后遇到有冲突的工件时,加工可中断;若此后没有遇到有冲突的工件,则显然选择加工是有收益的。所以,选择加工后即使遇到有冲突的工件,由于加工可中断,所以不会使竞争比变差。

【定理5.1】 对于 $w_j=1$ 时的 $p_m \mid Online, fix_j, FI, r_j=s_j \mid \sum U_j$ 问题,不存在有限竞争比的确定性算法。

证明:

不妨构造 fix_j 型问题的一个简单实例 E,假设在 0 时刻有一个特殊工件 J_1 指定由机器集 $fix_{J_1} = \{p_1, \cdots, p_m\}$ 加工,且 $p_{J_1} = M(M \gg 1)$。根据引理,工件 J_1 将被安排加工。紧接着有一批工件 J_{ik}, $1 \leqslant k \leqslant M$, $i=1,\cdots,m$, $s_{ij}=i-1$, $fix_{ik}=\{p_i\}$,且 $p_{ik}=1$。由于无法中断,而最优的方案是加工后面的所有工件,则竞争比 $c_H = \sup\{V_{OPT}/V_H\} \geqslant mM$。当 $nM \to \infty$, $c_H \to \infty$ 时,即不存在有限竞争比的确定性算法。

由于问题的下界趋于无穷,无法找到有效算法,所以需要考虑一些特殊条件或者情况。有如下:

【推论】 设工件的最大加工时间和最小加工时间比值为 Δ,则由定理 5.1 证明过程,易知问题 $p_m \mid Online, fix_j, FI, r_j=s_j \mid \sum U_j$ 的任何确定性算法的竞争比至少为 $m\Delta$。

【定理5.2】 FIFO 的贪婪算法是最优算法,其竞争比为 $m\Delta$。

证明:

假设 FIFO 的贪婪算法正在加工某工件 J_c,因为机器无法中断,所以最坏的情况就是因加工 J_c 以致拒绝后面的所有不相互冲突工件,即拒绝工件数量最大。最小可能的工件 T_j 满足 $p_{T_j} = \dfrac{p_{J_c}}{\Delta}$, $fix_{J_c} = \{p_1, \cdots, p_m\}$, $fix_{T_j} = \{p_i\}$。则因加工 J_c 而拒绝的这样的 T_j 的最大数量为 m,故 FIFO 算法的竞争比为 $m\Delta$。

【定理5.3】 对于 w_j 为任意值时的 $p_m \mid Online, fix_j, FI, r_j=s_j \mid \sum w_j U_j$ 问题,不存在有限竞争比的确定性算法。对于工件价值与加工时间和同时加工机器数成正比的问题,任何确定性算法的竞争比至少为 $m(\Delta+1)$。

证明:

当 $w_j=1$ 时,由定理 5.1 可知命题前部分显然成立。对于 $w_j=i \times p_j$,构造一个简单的实例 E。假设在 0 时刻有一特殊工件 J_1 指定由机器 $fix_{J_1}=\{p_1\}$($i=1$)加工,且 $p_{J_1}=M(M \gg 1)$。工件 J_1 将被安排加工。紧接着有一特殊工件 J_2,指定由机器 $fix_{J_2}=\{p_1, \cdots, p_m\}$($i=m$)加工,且 $p_{J_2}=M-1$。在 $M-1$ 时刻,又有一特殊工件 J_3,指定由机器 $fix_{J_3}=\{p_1, \cdots, p_m\}$($i=m$)加工,且 $p_{J_2}=M\Delta$。不难发现,J_1 与 J_2、J_3 加工冲突,而加工工件 J_2、J_3 要优于加工工件 J_1。则竞争比 $c_H = \sup\{V_{OPT}/V_H\} \geqslant \dfrac{w_{j_2}+w_{j_3}}{w_{j_1}} = \dfrac{m \times (M-1) + m \times M\Delta}{1 \times M} = m(\Delta+1) - \dfrac{m}{M}$。

当 $M \to \infty$, $c_H \geqslant m(\Delta+1)$。

【定理 5.4】 FIFO 的贪婪算法是最优算法,其竞争比为 $m(\Delta+1)$。

证明:

设 FIFO 的贪婪算法正在加工某工件 J_c,因为机器无法中断,所以因加工 J_c 以致拒绝后面的所有不相互冲突工件中加工时间最长的工件为 J_k,考虑时段 $[s_c, d_k]$,其余时间段不受影响。则最坏情况下,贪婪算法只加工工件 J_c,而最大可能的目标函数值为 $m(d_k - s_c)$,此时有:

$$c_{\text{FIFO}} \leqslant \frac{m(d_k - s_c)}{w_c} < \frac{m(p_c + p_k)}{p_c} \leqslant \frac{m(p_c + p_c\Delta)}{p_c} = m(\Delta+1)$$

(2) FIFO 贪婪求解算法

上面证明了 FIFO 贪婪求解算法是不可中断机器加工工件在线问题的最优算法,下面给出了基于该思想的一种新的模型求解算法,记为 AP,具体描述如下:

Step 1 将所知工件加工时段的加工开始时刻 s_j 和加工结束时刻 d_j 按非递减顺序进行排列($j = 1, \cdots, n$),并标记得到 $Z_1 \leqslant Z_2 \leqslant \cdots \leqslant Z_{2n-1} \leqslant Z_{2n}$,$Z = \{Z_k \mid k = 1, 2, \cdots, 2n-1, 2n\}$,且有如下规则:

① 工件的加工开始时刻始终早于工件的加工结束时刻;

② 若两个工件的加工开始时刻相同 $s_j = Z_k = Z_{k+1} = s_{j'}$,则加工结束时刻早的工件优先;

③ 若两个工件的加工结束时刻相同 $d_j = Z_k = Z_{k+1} = d_{j'}$,则加工开始时刻早的工件优先;

④ 若以上规则均不适用,则标号较小的工件优先。

Step 2 对所有闲置的公交车辆进行标记,得到闲置车辆集合为 $I_{\text{free}} = \{i \mid i \in \{1, \cdots, m\}\}$,则闲置公交车辆的总数为 m_{free}。初始化:从 Z_k 中的首个时刻开始,$k = 1$,I_{free} 包含所有公交车辆标记且 $m_{\text{free}} = m$(在初始时,没有车辆被分配任务),$n_{\text{miss}} = 0$。

Step 3 若 Z_k 为工件 J_j 的加工开始时刻($Z_k \in \{s_j \mid j = 1, 2, \cdots, n\}$),则寻找一台机器 i_k,使得:

① $i_k \in I_{\text{free}}$;

② $i_k = \min\{I_{\text{free}}\}$(先到先发规则)

如果这样的机器 i_k 存在,则 $A(j) = i_k$,$m_{\text{free}} = m - 1$,$I_{\text{free}} = I_{\text{free}}/\{i_k\}$;否则,$A(j) = 0$,且 $n_{\text{miss}} = n_{\text{miss}} + 1$。

若 Z_k 为工件 J_j 的加工结束时刻($Z_k \in \{d_j \mid j = 1, 2, \cdots, n\}$),则 $m_{\text{free}} = m + 1$,$I_{\text{free}} = I_{\text{free}} \cup \{i_k\}$。

Step 4 $k = k + 1$。若 $k < 2n$,转 Step 3,否则转 Step 5。

Step 5 若 $n_{\text{miss}} > 0$,$m = m + 1$,转 Step 2,否则输出 $A(j)$。

AP 算法是从求解在线问题的角度出发提出的,不难发现:当所有工件的信息均已获悉时,Step 1 中"所知"工件信息等价于"所有"工件信息,此时算法属于离线算法,与离线算法 A2P1 相比除了知道车辆到达时间信息之外,还知道车辆发出信息;说明该算法同样适用于离线问题。当只获悉车辆的发出信息时,为在线算法,与在线算法 A1P1 相似。

5.4 算例分析

5.4.1 算例设计

本节以某城市区域范围内的几条公交路线为实际背景,分析评估提出的公交车辆区域排班模型及其求解算法。

麦迪逊城市公交公司为整个威斯康星州的麦迪逊市和米德尔顿、菲奇堡、维罗纳等周边社区提供常规公交的服务。2008年,整个系统固定线路上的载客量为134 000 000人次。麦迪逊城市公交的90、91、92和93线路公交服务于麦迪逊的初中与高中,并在高峰时段允许普通乘客乘车。城市公交的80、81、82、84和85线路是运营在威斯康星大学麦迪逊分校校园的线路,它们连接主校区和各个公寓住宅区,共有117个公交站点,日运营班次为360次。本章以这五条公交线路组成的区域为例,校区线路图如图5.6所示(大图详见附录4)。

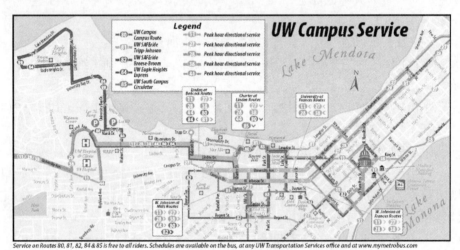

图 5.6 威斯康星大学麦迪逊分校校园公交线路图

为了高效、快捷地处理获取的数据,本章利用数据库管理软件 Microsoft Access 建立了三个数据库:各个公交站点的 GIS 信息数据库、预编时刻点(由预先编制有时刻表的公交站点控制)信息数据库和实际运营公交车辆信息数据库,分别如图5.7、图5.8和图5.9所示。

由于实际运营公交车辆信息数据库是三者核心,也是算例所需数据的直接获取源,所以这里只对车辆信息数据库中的信息进行介绍,具体信息包括:运营日期、公交车辆ID、驾驶员ID、车次链编号、班次ID、运营线路、线路方向、服务类型ID、时刻表时刻、实际到达时刻、实际发出时刻、站点位置ID等。数据库中的动态数据获取是通过AVL系统得到的。

从交通运输规划与管理专业角度出发,以具有规律性的周期内信息为依据,运用离线算法,编制出公交车辆区域行车计划;以实时或周期内更新的动态信息为依托,运用在线算法,管理动态公交车辆的区域行车计划。下面按该思路对前面提出的模型及算法进行算例分

GEO_NODE_ID

GEO_NODE_	GEO_NODE_ABBR	GEO_NODE_	LATITUDE	LONGITUDE	ALTITUDE	REMARK
741	9	LANGDON % M	430758095	-893989700	90	ACTIVE
742	25	LANGDON > L	430758493	-893969959	90	ACTIVE
743	40	LANGDON > L	430759218	-893976119	270	ACTIVE
744	45	LANGDON > C	430783248	-893901334	45	ACTIVE
745	47	BABCOCK < L	430746393	-894127183	0	ACTIVE
746	50	SPRING < BR	430693926	-894024883	270	ACTIVE
747	52	OBSERVATORY	430760699	-894056251	270	ACTIVE
748	53	OBSERVATORY	430758540	-894038024	90	ACTIVE
749	54	SPRING < MI	430693962	-894038486	270	ACTIVE
750	56	OBSERVATORY	430766284	-894070476	270	ACTIVE
751	60	OBSERVATORY	430759135	-894036185	270	ACTIVE
752	66	TRIPP @ ADA	430775607	-894126911	180	CLOSED
753	68	LAKE < W JO	430722152	-893975240	180	ACTIVE
754	70	N PARK < LA	430738782	-894008094	180	ACTIVE
755	87	BROOM < GOR	430740812	-893923634	315	ACTIVE
756	88	LANGDON < N	430758244	-894000232	270	ACTIVE
757	89	LANGDON > H	430769749	-893922008	45	ACTIVE
758	95	N PARK > LA	430761491	-894006915	0	ACTIVE
759	96	WISCONSIN <	430776040	-893881641	135	ACTIVE
760	100	UNIV AVE >	430733673	-894014633	270	ACTIVE
761	104	MILLS < DAY	430712011	-894041967	179	ACTIVE
762	107	S PARK > OL	430544178	-893966327	334	ACTIVE
763	109	S PARK < DR	430618820	-894006277	358	CLOSED
764	113	WEST WASH @	430647854	-893980306	45	ACTIVE
765	115	N PARK > RE	430680778	-894008123	358	ACTIVE
766	121	BADGER > FI	430385310	-894012568	83	ACTIVE
767	124	S PARK > WI	430489840	-893942212	180	ACTIVE
768	127	ARDMORE < K	430439242	-893857843	40	ACTIVE
769	129	FISHER > BU	430419419	-893918750	1	CLOSED
770	133	UNIV AVE >	430733374	-894132572	76	ACTIVE

记录: 第1项(共 3222 搜索

图 5.7 公交站点的 GIS 信息数据库

TIME_POINT_ID

TIME_POINT_ID	TIME_POINT_ABBR	TIME_PT_NAME
90	#BaCy	Badger & Cypress
91	#ErBr	Erin & Brooks
92	#GoLi	Gorham & Livingston
93	#JoBa	E Johnson St & Baldwin St
94	#NaMo	Nakoma & Mohawk
95	#ShCo	Sherman & Commercial
96	#ShEC	Sheboygan & Eau Claire
97	#UnFr	University & Frances
98	#UnHi	University & Highland
99	$+BlM	Arrive Blackhawk MS
100	$+ChM	Arrive Cherokee MS
101	$+DMS	Arrive St Dennis MS
102	$+EaH	Arrive East High School
103	$+HaM	Arrive Hamilton MS
104	$+JeM	Arrive Jefferson MS
105	$+LaH	Arrive LaFollette HS
106	$+MeH	Arrive Memorial HS
107	$+OkM	Arrive O'Keeffe MS
108	$+SeM	Arrive Sennett MS
109	$+ShM	Ariv Sherman MS
110	$+ToM	Arrive Toki MS
111	$+WeH	Arrive West HS
112	$+WhM	Arrive Whitehorse MS
113	$AcCG	Acewood & Cottage Grove
114	$AlUn	Allen & University
115	$ArAr	Arboretum & Arboretum
116	$BaRi	Badger & Rimrock
117	$BeBr	Beld & Bram
118	$BeWi	Bedford & Wilson
119	$BlAu	Blackwolf & Augusta

记录: 第1项(共 432 搜索

图 5.8 预编时刻点信息数据库

vehicle_detail_v2

calendar_date	bus	driver	block_	trip_id	route_	route_direction	service_	scheduled_time	actual_arrival	actual_depart	GEO_NODE_ID
2010-4-20	907	2550	16-2	534996	16	121	41	28500	28414	28414	1594
2010-4-14	839	3282	47-2	536400	47	102	41	28500	28414	28414	964
2010-4-14	839	3282	47-2	536398	47	100	41	28500	28414	28517	964
2010-4-27	2	7910	06-1	531702	6	131	41	28500	28415	28503	963
2010-4-5	945	5566	10-2	533896	57	113	41	28500	28415	28585	1842
2010-4-26	898	2550	16-2	534996	16	121	41	28500	28415	28415	1594
2010-4-13	2	7910	06-1	531702	6	131	41	28500	28416	28503	963
2010-4-21	859	4085	12-2	533994	11	126	41	28500	28417	28464	1429
2010-5-4	899	6227	16-2	534996	16	121	41	28500	28418	28418	1594
2010-4-19	890	2550	16-2	534996	16	121	41	28500	28420	28420	1594
2010-4-29	916	730	28-3	535813	25	122	41	28500	28420	28522	964
2010-4-7	915	4008	16-2	534996	16	121	41	28500	28421	28421	1594
2010-4-27	944	3663	06-12	531832	6	131	41	28500	28422	28450	1843
2010-4-24	946	6920	07-12	532658	2	131	21	28500	28425	28783	760
2010-4-28	815	2530	14-5	534680	14	117	41	28500	28425	28860	1003
2010-4-25	939	7159	07-12	532683	2	131	25	28500	28427	28512	760
2010-5-5	805	7159	58-1	536720	58	24	41	28500	28428	28432	1518
2010-4-14	905	130	02-5	529605	73	131	41	28500	28429	28429	1842
2010-4-11	934	7159	07-12	532683	2	131	25	28500	28429	28526	760
2010-4-14	920	7910	06-1	531702	6	131	41	28500	28430	28504	963
2010-4-28	908	7910	06-1	531702	6	131	41	28500	28430	28503	963
2010-4-27	901	4080	20-2	535437	20	115	41	28500	28430	28430	1722
2010-4-8	889	6590	06-1	531702	6	131	41	28500	28431	28671	963
2010-4-16	1	7910	06-1	531702	6	131	41	28500	28431	28512	963
2010-4-19	920	7910	06-1	531702	6	131	41	28500	28431	28505	963
2010-5-5	840	4008	UX-27	538222		117	44	28500	28432	28535	1277
2010-4-15	906	7910	06-1	531702	6	131	41	28500	28433	28506	963
2010-5-4	838	1019	58-1	536720	58	24	41	28500	28435	28438	1518
2010-4-13	877	1019	58-1	536720	58	24	41	28500	28436	28438	1518
2010-4-29	915	8735	02-10	529066	2	131	41	28500	28437	28512	760

记录: 第 44884 项(共 未筛选 搜索

图 5.9 实际运营公交车辆信息数据库

析，由于 Access 数据库中的相关数据过多故不再列出，在本书附录部分给出具体的 Java 软件处理程序(详见附录 5)。

5.4.2 离线情况下的公交车辆区域行车计划

直接从线路运行时刻表读取各班次时间构建车次链后再分配公交车辆，当天共有 13 辆公交车辆在 80、81、82、84 和 85 这五条公交线路上运营，总班次数为 359 次。以 80 线路的时刻表为例，来构建车次链，如表 5.2 所示。

以实际统计为基础，为了计算的方便性，不妨假设所有空驶时间均为 0.1 小时。不难发现 80 线路上不存在空驶班次,且由 GIS 信息数据库可知这五条线路终点站间的空驶班次行驶时间也满足假设。此外,不考虑续航时间约束、维护时间约束及驾驶员工作时间等约束,不考虑运营中的意外情况发生,有 $r_j = s_j$,$\overline{U_i} = \varnothing$。

表 5.2 80 线路时刻表

线路:80		标准运营			
Line & Block	Memor Union	Obser Elm	Lot60 North	EagHe BrnSh	Lot 76 Walnt
80-1	—	—	—	6:15 AM	6:22 AM
80-2	6:15 AM	6:20 AM	6:24 AM	6:30 AM	6:37 AM
80-3	6:30 AM	6:35 AM	6:39 AM	6:45 AM	6:52 AM
...	...	...	...	...	...
80-6	7:25 AM	7:32 AM	7:37 AM	7:43 AM	7:51 AM
80-4	7:32 AM	7:39 AM	7:44 AM	7:50 AM	7:58 AM
...	...	...	...	...	...
80-5	7:46 AM	7:53 AM	7:58 AM	8:04 AM	8:12 AM
...	...	...	...	...	...
80-4	5:08 PM	5:15 PM	5:20 PM	5:26 PM	5:34 PM
80-6	5:15 PM	5:22 PM	5:27 PM	5:33 PM	5:41 PM
80-5	5:22 PM	5:29 PM	5:34 PM	5:40 PM	5:48 PM
...	...	...	...	...	...
80-3	5:36 PM	5:43 PM	5:48 PM	5:54 PM	6:02 PM
...	...	...	...	...	...
80-2	8:30 PM	8:36 PM	8:41 PM	8:46 PM	8:53 PM
80-7	8:45 PM	8:51 PM	8:56 PM	9:01 PM	9:08 PM
80-1	9:00 PM	9:06 PM	9:11 PM	9:16 PM	9:23 PM
...	...	...	...	...	...
80-7	1:15 X	1:21 X	1:26 X	1:31 X	1:38 X

这里选取 2010 年 6 月 23 日(星期三)的数据为标准运营情况下的算例,通常周五至周日的车辆行车计划因客流数据不同而与标准运营情况不同。表中"6:15 AM"指上午 6 点 15 分,"8:30 PM"指下午 8 点 30 分,"1:15 X"指第二天(6 月 24 日)凌晨 1 点 15 分。

同样方法,可以得到 81、82、84 和 85 线路的车次链,构建所有车次链,如表 5.3 所示。

5 常规公交车辆行车计划编制研究

表 5.3　80、81、82、84、85 线路车辆车次链

车次链编号	线路	开始时刻 s_j	结束时刻 d_j
80-1	80	6:15 AM	9:23 PM
80-2	80	6:15 AM	8:53 PM
80-3	80	6:30 AM	6:02 PM
80-4	80	7:32 AM	5:50 PM
80-5	80	7:46 AM	5:48 PM
80-6	80	7:25 AM	5:59 PM
80-7	80	5:45 PM	1:38 X
81-1	81	6:36 PM	1:52 X
81-2	81	6:37 PM	1:58 X
82-1	82	6:19 PM	2:06 X
84-1	84	4:40 PM	6:54 PM
85-1	85	7:05 AM	6:05 PM
85-2	85	7:15 AM	5:55 PM

应用前面提出的算法对上述数据进行运算,计算得到优化结果并绘制成公交车辆调度的甘特图,如图 5.10 所示。

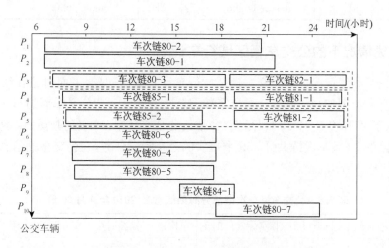

图 5.10　离线情况下公交车辆调度的甘特图

由上图可知,由公交班次构建的 13 条车次链,可分给 10 辆公交车,将初始构建得到的 80 线路第三条车次链与 82 线路的第一条车次链由公交车 p_3 衔接起来;类似的,公交车 p_4 在 6:05 PM 完成 85 线路的第一条车次链后开往 81 线路从 6:36 PM 时刻继续执行班次任务,公交车 p_5 则负责衔接起 85 线路的第二条车次链与 81 线路的第二条车次链。从图中可以很直观地得到具体车次链需要由 10 辆公交车辆执行,相比当前的 13 辆公交车,理论上可以节省 3 辆公交车。

此时,容易得到区域范围内公交车辆的行车计划如表 5.4 所示。

新得到的车辆行车计划与实际公交车辆运行的行车计划稍有不同,主要区别在于车次链重新进行了构造,与原行车计划的车次链不同,主要原因是新得到的车辆行车计划只是针对公交车辆进行编制的,没有考虑驾驶员的因素在内,而原公交行车计划包含了对驾驶员因素的考虑。所以得到如下结论:当需要考虑驾驶员的排班问题时,公交车辆行车计划很可能会发生变化,并且可能会增加参与运营的公交车辆数。

表 5.4　80、81、82、84、85 线路车辆行车计划

车辆编号	线路	开始站点	开始时刻 s_j	结束站点	结束时刻 d_j
8010	80	EagHe BrnSh	6:15 AM	Memor Union	9:23 PM
8020	80	Memor Union	6:15 AM	Memor Union	8:53 PM
8031	80、82	Memor Union	6:30 AM	Memor Union	2:06 X
8040	80	Memor Union	7:32 AM	Memor Union	5:50 PM
8050	80	Memor Union	7:46 AM	Memor Union	5:48 PM
8060	80	Memor Union	7:25 AM	Memor Union	5:59 PM
8070	80	Memor Union	5:45 PM	Memor Union	1:38 X
8410	84	Lindn VanHi	4:40 PM	Lindn VanHi	6:54 PM
8511	81、85	Memor Union	7:05 AM	Memor Union	1:52 X
8522	81、85	Memor Union	7:15 AM	Memor Union	1:58 X

5.4.3　在线情况下的公交车辆区域行车计划

上面讨论了离线情况下的公交车辆区域行车计划编制问题,下面讨论在线情况下的公交车辆区域行车计划编制。表 5.5 给出了校园公交线路上运营公交车辆的车次链的部分时间信息,选取了 2010 年 4 月 20 日(星期二)整天的公交数据:18 名驾驶员、12 辆公交车辆完成了 5 条线路的 13 条车次链共计 359 个班次的公交运营任务,在公交车辆信息数据库中共有 1 459 条信息。

表 5.5　公交车辆车次链部分时刻信息表(2010 年 4 月 20 日)

车次链	预编时刻	实际到达时刻	实际发出时刻	车次链	预编时刻	实际到达时刻	实际发出时刻
80-1	21480	20809	20846	81-1	66240	67072	67107
	…	…	…		…	…	…
	76980	76807	76813		93660	93004	93004
80-2	21720	21637	21665	81-2	67860	67948	67962
	…	…	…		…	…	…
	76020	75860	75860		93660	93544	93544
80-3	22620	22104	22370	82-1	65220	65571	65604

5 常规公交车辆行车计划编制研究

续表 5.5

车次链	预编时刻	实际到达时刻	实际发出时刻	车次链	预编时刻	实际到达时刻	实际发出时刻
	...	...	...		...	...	...
	65940	65305	65305		93420	94057	94068
80-4	40080	38118	38118	84-1	60000	59987	60047
	...	...	...		...	...	...
	64980	64400	64400		69180	68893	68893
80-5	27960	27935	27983	85-1	24780	25155	25182
	...	...	...		...	...	...
	65100	64838	64838		65820	65111	65111
80-6	25800	25576	25596	85-2	25380	24999	25239
	...	...	...		...	...	...
	65520	64945	64945		65220	64851	64851
80-7	63000	63221	63244				
	...	...	...				
	91860	91750	91815				

表 5.5 中时间为 AVL 显示时间,此外还有一些基础的运营统计数据如表 5.6 所示。

表 5.6 公交线路基本运营数据统计表

	运营里程(mile)	总里程(mile)	运营时间(h)	总时间(h)	运营班次
80	778.95	825.84	80.05	83.47	243
81 & 82	224.75	236.55	22.40	23.35	46
84	26.49	34.99	2.23	2.72	5
85	159.12	167.91	21.63	22.47	65

应用求解算法 AP 运算上述数据,得到优化计算结果并绘制成在线情况下的公交车辆调度甘特图,如图 5.11 所示。从图中可知,实际运营的 13 个车次链经过前面建立的模型和算法运算后被分配给 10 辆公交车辆进行运营,组合部分已在图中标出。由于 81 路和 85 路拥有共同的终点站,Memorial Union,所以当公交车 p_4 完成 85 路的第二个车次链之后,可以很快继续执行 81 路的第二个车次

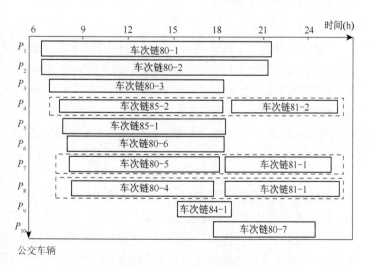

图 5.11 在线情况下公交车辆调度的甘特图

链。同样的，公交车 p_7 和 p_8 分别将 80 路的第五个车次链和 81 路的第一个车次链、80 路的第四个车次链和 82 路的第一个车次链衔接起来。同时，得到的新车次链在运行时间上满足行车计划编制的要求。

同样，容易得到区域范围内公交车辆的行车计划如表 5.7 所示。

表 5.7　80、81、82、84、85 线路车辆行车计划

车辆编号	线路	开始站点	实际发出时刻	结束站点	实际到达时刻
8010	80	EagHe BrnSh	20846	Memor Union	76807
8020	80	Memor Union	21665	Memor Union	75860
8030	80	Memor Union	22370	Memor Union	65305
8522	81、85	Memor Union	25239	Memor Union	93544
8510	85	Memor Union	25182	Memor Union	65111
8060	80	Memor Union	25596	Memor Union	64945
8051	80、81	Memor Union	27983	Memor Union	93004
8041	80、82	Memor Union	38118	Memor Union	94057
8410	84	Lindn VanHi	60047	Lindn VanHi	68893
8070	80	Memor Union	63244	Memor Union	91750

显而易见，4 月 20 日的 359 个班次共 13 条车次链的任务在理论上需 10 辆公交车完成，现在共有 12 辆公交车辆参与运营。因此，在不考虑驾驶员约束的情况下，用排序理论建立的固定工件排序模型及算法求解单车场公交车辆排班问题，获得的结果在提供相同服务水平(相同服务时间的公交班次/车次链)情况下能够更好的降低资源消耗(车辆使用数)，进而提高了公交系统的运营效率。

5.5　本章小结

城市常规公交车辆区域调度是未来我国城市公共交通智能调度的必然趋势，调度依据的公交车辆区域行车计划的编制方法是研究的重点和难点。本章首先从公交车辆的线路排班计划编制方法入手，介绍了车辆的线路调度排班计划编制方法。通过分析，引入排序理论，建立公交车辆区域行车计划的固定工件排序模型，并重点讨论了四类特殊的公交车辆行车计划问题：续航时间约束下的公交车辆行车计划编制问题、维护时间约束下的公交车辆行车计划编制、不同权重系数下的公交车辆行车计划编制、不同匹配约束下的公交车辆行车计划编制。针对这四类行车计划编制问题，从排序理论出发建立各自对应的固定工件排序模型，并给出四类模型的求解方法。通过证明 FIFO 贪婪算法的优势，给出了一种新的求解算法，该算法不仅适用于离线问题的求解，同时适用于在线问题的求解。最后，利用国外某市某区域范围内几条具体公交线路上的车辆行车时刻表信息和 GPS 实时信息，分别从离线和在线两个方面对模型和算法进行算例分析，以理论所需的公交车辆数最小为目标，对公交车辆区域行车计划进行优化，取得了较为满意的结果。

6 常规公交车辆行车计划优化调整研究

现实中的公交车辆运营环境是一个开放、复杂的动态系统,随时间变化而变化,存在许多随机和不确定因素。因此,在前面公交车辆行车计划编制的基础上,还需要根据系统的动态变化特性,对公交车辆的行车计划进行优化调整研究。本章将对常规公交车辆行车计划的调整方法进行讨论,着重分析了车辆晚点异常情况下的车辆行车计划优化调整。

6.1 引言

众所周知,在公交研究领域中,城市公交调度的研究一直很难应用于实际生产。之所以难,在于整个城市公共交通系统非常复杂,在理论研究时需要考虑的影响因素很多,在实际应用中又因为系统的开放性,许多理论上建立的模型和求解的算法失去了实用性,加上我国大部分城市交通机非混行现象严重,更加大了研究的难度。

以当前我国公交车辆的线路调度为例,车辆的行车计划是根据以往统计数据进行编制的,即使不考虑之前统计数据的有效性和准确性,在实际运营中,公交车辆运行时间也可能会发生变化,如受到客流变化、道路交通流量变化、公交站点通行能力、发生交通突发事件等等的影响,这时,"串车"、"大间隔"等现象时有发生,原来的行车计划显然不能保证车辆调度最优性。而且道路交通环境变化时,按照静态调度的方法来重新编制行车计划虽然在理论上可行,但是具有严重的滞后性,无法保证公交车辆调度的实时性要求。

因此,对公交车辆行车计划的优化调整进行研究是非常必要的。

6.2 常规公交车辆行车计划优化调整方法

常规公交车辆行车计划的优化调整,是公交车辆动态调度的依据。在车辆运营过程中,不时会遇到诸如车辆故障、交通事故等突发事件,以致公交车辆原有行车计划偏离,导致后续公交车辆运营混乱。为应对各种突发事件,使公交车辆运营尽快恢复正常,需要迅速而适当地对公交车辆行车计划进行优化,并要求在突发事件刚刚发生或即将发生时,在极短时间内,明确车辆行车计划调整的问题与目标,搜集信息并拟定各种可能方案,经分析评价后选择一个满意的方案予以实施,在实施中不断跟踪检验,及时纠正决策过程中的失误,直至公交车辆的运营恢复正常,该过程是公交车辆的行车计划优化调整过程。

这里主要研究:当某线路上的某班次公交车辆在运营过程中出现晚点到达异常时,使得该班次公交车辆不能按事先编制好的车辆行车计划运营,通过优化调整车辆行车计划,使得该线路上公交车辆的运营能尽快恢复正常。

首先了解公交车辆行车计划的动态优化调整策略。

6.2.1 动态优化调整策略

因为常规公交车辆的运营调度问题十分复杂,有很多随机因素的干扰,所以很难进行准确预测估计和建模分析。因此,在数学模型基础上的调度算法都只是对原调度问题的某种近似。

借鉴已有研究成果,以交互式调度为参考[82],这里采用的公交车辆行车计划动态优化调整策略是:

(1) 运营车辆首先按照预先编制的行车计划进行运营,即依据预编行车计划对公交车辆进行静态调度。

(2) 借助公交车辆信息获取技术手段获取车辆的位置、速度等等数据信息,当预编行车时刻表出现时间延误时,自动优化调整行车间隔或行车类型。

(3) 当检测到意外事故或交通突发事件时,进行有效地动态重编制,以便及时处理紧急情况。

常规公交车辆行车计划的动态优化调整策略如图 6.1 所示。

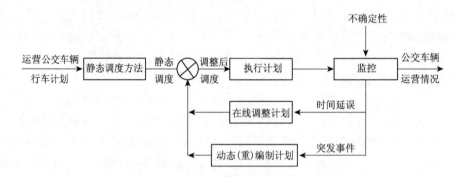

图 6.1　公交车辆行车计划动态优化调整策略原理框图

显然,当运营车辆突发事故、故障以致不能正常运营时,需对后续车辆行车计划进行调整,对尚未执行运输班次的车辆采取重新调度的方法一般并不适合。一方面,重新编制需要花费一定的计算时间,不能满足实际运营实时性要求;另一方面,这样做可能完全抛弃原有行车计划,使得车辆运营连续性受到破坏。因此,只有公交车辆运营异常引起的影响大到必须对公交车辆的调度进行彻底的修改时,才重新编制行车计划,以使得公交车辆的运营能够尽快恢复正常;而当公交车辆运营异常引起的影响不是很大时,此时可以采取对公交运营车辆行车计划进行在线调整。

6.2.2 现有站点调度问题分析

本书第 2 章对动态调度策略进行了概述,并对公交车辆动态调度方法进行介绍,而且已有不少文献做过较为详细的研究,如实时放车调度方法[81][91]、实时控制调度方法[89]和一般动态调度方法[89]等,这里不再累述。

由于站点调度比较容易实施,故其在日常调度中使用最为频繁。但对于越站调度而言,由于严重损害了停靠站点上乘客的利益,会造成乘客对公交企业的不满,导致乘客向交通管理部门投诉公交企业。为避免此类情况发生,公交企业一般不采用这种调度方法。

而滞站调度方法的实质是延迟早到车辆的发车时间,在公交停靠站点容量允许的情况下,对乘客的影响程度较低,因此运用的较为频繁。滞站调度可以依据不同目的分成两种类型:基于行车间隔的调度策略(间隔调度)和基于时刻表的调度策略(准点调度)。这两种不同的调度策略分别针对两种不同的情况:对于发车频率较高的线路,乘客通常更关心车辆运行的是否均匀,因此通常采用间隔调度策略;对发车频率较低的线路,乘客更在意车辆的准时性,所以采用准点调度策略。

最常见的公交车辆运营异常情况是公交车辆晚点到达和公交车辆出现故障。有时也可以把车辆故障异常视为一种特殊的车辆晚点到站异常,即车辆到站时间无穷大。研究表明,通过滞站调度,调度员可将运营公交车辆较好地与预先编制好的车辆行车时刻表匹配起来。通常使用在线调整方法对公交车辆的行车计划进行调整:采用预测调度的在线调整方法为公交车辆晚点到达异常的调度调整方法;采用向前移动、向后移动及双向移动相结合的策略,作为公交车辆故障异常的调度调整方法[197]。

下面将对晚点到站异常情况下的公交车辆行车计划调整问题进行研究。

6.2.3 晚点到站异常情况下的车辆行车计划优化调整

公交车辆晚点到站异常是指公交车辆在行驶过程中由于突然遇到交通堵塞、纠纷等特殊情况时不能在下一行车计划制订好的发车时间前到达公交终点站,影响下一个发车班次,此时需要对公交车辆行车计划进行优化调整,使得线路上的公交车辆运营恢复正常。

在车辆晚点到站异常情况下,车辆行车计划优化调整以倒序发车偏差量最小为目标来建立模型。由于传统车辆调度是线路调度,所以通常公交车辆晚点到达异常调度模型可分为公交始发站晚点车辆倒序发车模型和公交终点站晚点车辆恢复发车模型。而在智能化调度模式下,某班次公交车辆到达终点站后不一定继续在原线路继续执行班次任务,可能被分配到其他线路上进行班次运营,所以这里只讨论始发站晚点车辆倒序发车,不再研究晚点车辆的恢复发车问题。

下面分两种情况研究车辆晚点异常情况下的行车计划优化调整问题:无备用公交车辆和有备用公交车辆。

1)无备用车辆时

(1)目标函数

设晚点到达公交车辆在行车计划中对应的发车班次序号为 j,该站点的计划发车顺序为 $j-1, j, j+1, j+2, \cdots, j+k-1, j+k$。晚点到达车辆实际以 $j+k$ 顺序发出,即实际发车顺序为 $j-1, j+1, j+2, \cdots, j+k-1, j, j+k$。有目标函数为:

$$\text{Min } k = RX_j - PX_j \tag{6-1}$$

式中,k 为晚点到达公交车辆倒序发车偏差量;RX_j 为站点晚点到达公交车辆的实际发车班次序号;PX_j 为站点晚点到达公交车辆的计划发车班次序号。

(2)约束条件

首先,公交车辆在站点停留时间需满足下面约束:

$$t_{停} \geq t_s \tag{6-2}$$

式中,$t_{停}$ 为公交车辆到达站点后的停站时间;t_s 为公交车辆在站点停留的时间定额。

其次,由前面内容,以 T_j^0 表示线路上第 j 班次车辆的发车时刻,则晚点到达公交车辆的实际发车时间,用如下公式表示:

$$T_j^0 = T_{j+k}^0 \tag{6-3}$$

易得需要改变发车班次序号的公交车辆站点的实际发车时间,用如下公式表示:

$$T_{j+c}^0 = \begin{cases} T_{j+c-1}^0 & 若 T_{j+c-1}^0 \geqslant t_{停} + RT_{j+c}^0 \\ t_{停} + T_{j+c}^0 & 若 T_{j+c-1}^0 < t_{停} + RT_{j+c}^0 \end{cases} \tag{6-4}$$

式中,c 为需要改变发车班次序号数,显然 $c = 1, \cdots, k-1$;T_{j+c}^0 为公交班次序号为 $j+c$ 的车辆到达站点后的发车时刻;RT_{j+c}^0 为公交班次序号为 $j+c$ 的车辆到达站点的实际时刻。

改变发车班次序号的公交车辆满足下式:

$$NT_{j+c}^0 = NT_{j+c-1}^0 \tag{6-5}$$

式中,NT_{j+c}^0 为班次序号为 $j+c$ 的公交车辆到达站点后下一行车计划发车时间;NT_{j+c-1}^0 为班次序号为 $j+c-1$ 公交车辆到达站点后下一行车计划发车时间。

而晚点到达的公交车辆到达公交站点后的下一个行车计划的发车时间,用如下公式表示:

$$NT_j^0 = NT_{j+k}^0 \tag{6-6}$$

式中,NT_j^0 为晚点到达公交车辆的下一个行车计划的发车时间;NT_{j+k}^0 为班次序号为 $j+k$ 公交车辆到达公交站点后的下一个行车计划发车时间。

(3) 模型建立

$$\text{Min } k = RX_j - PX_j$$

s. t $\quad t_{停} \geqslant t_s$

$\quad T_j^0 = T_{j+k}^0$

$\quad T_{j+c}^0 = \begin{cases} T_{j+c-1}^0 & 若 T_{j+c-1}^0 \geqslant t_{停} + RT_{j+c}^0 \\ t_{停} + T_{j+c}^0 & 若 T_{j+c-1}^0 < t_{停} + RT_{j+c}^0 \end{cases}$

$\quad NT_{j+c}^0 = NT_{j+c-1}^0$

$\quad NT_j^0 = NT_{j+k}^0$

(4) 模型求解

步骤 1:接到计划调整信息后,需要优化调整的公交车辆的发车序号为 $z=j$,并记计划优化调整后发车序号为 z 的发车时间为 T_z;

步骤 2:确定公交车辆到站时间 RT_z^0,公交车辆最小停站时间 t_s,晚点到达的公交车辆计划发车时间为 T_j^0,实际发车时间 T_{j+k}^0;

步骤 3:若 $RT_z^0 + t_s > T_{z-1}$,则转步骤 4;否则,转步骤 5;

步骤 4:$T_z = RT_z^0 + t_s$,$z = z+1$,转步骤 6;

步骤 5:$T_z = T_{z-1}$,$z = z+1$;

步骤 6:若 $z \neq j+k$,转步骤 3;否则,转步骤 7;

步骤 7:$T_{j+k}^0 = T_z$。

2) 有备用车辆时

(1) 问题分析

有备用公交车辆时,如果客流发生变化需要添加备用车辆进行运营,则需要对原车辆行车计划进行优化调整,主要是调整行车间隔,以避免出现行车间隔或大或小的现象。

此时,问题的关键在于备用车辆数、晚点到站公交车辆的车辆数及各自具体到站时间等。例如,若备用车辆数足够大,则公交车辆的晚点与否已不会对原线路的发车时刻表造成影响,此时备用车辆与准点运行车辆可完成原车辆行车计划任务。从公交公司角度出发,过多的备用车辆意味着过多的经济成本投入,且这部分经济投入所能带来的经济效益并不乐观。

因此,不妨以只有一辆备用车的情况为例,研究晚点到站异常情况下的车辆行车计划优化调整问题。

(2) 求解思路

步骤1:确定需要优化调整的公交车辆的发车序号为 $z=j$。

步骤2:若发车序号为 z 的公交车辆前后紧邻两准点到站公交车辆,则以两准点到站公交车辆对应发车时间的中间值作为备用车辆的发车时间。

步骤3:经前面两步,已将原问题转化成为前面的无备用车辆时的行车计划优化调整问题,相应的求解方法同上所示。

3) 算例分析

车辆晚点到站会使公交车辆行车计划的执行出现混乱,故需要对原车辆行车计划进行优化调整。以某线路为分析对象,算例所用原行车计划如表6.1所示。

表6.1 线路高峰时段车辆行车计划

车辆编号	计划到站时刻	计划发车时刻	计划行车间隔
1	7:00 AM	7:08 AM	—
2	7:05 AM	7:13 AM	5 min
3	7:10 AM	7:18 AM	5 min
4	7:15 AM	7:23 AM	5 min
5	7:20 AM	7:28 AM	5 min
6	7:25 AM	7:33 AM	5 min
7	7:30 AM	7:38 AM	5 min
8	7:35 AM	7:43 AM	5 min
9	7:40 AM	7:48 AM	5 min
10	7:45 AM	7:53 AM	5 min
11	7:50 AM	7:58 AM	5 min
12	7:55 AM	8:03 AM	5 min

假设班次序号为3的公交车辆在行驶过程中由于遇到突发事件会晚点到达公交站点,以致不能按照已经制定原行车计划发车。

当无备用公交车辆时,需要对公交车辆的行车计划进行调整。公交车辆在站点的最小停站时间为 3 min。

按照原行车计划,班次序号为3的公交车辆应在 7:10 AM 到达公交始发站点,但由于遇到突发事件,公交车辆在 7:35 AM 到达,采取公交车辆晚点到达异常调度模型并依据上述模型求解方法对原行车计划进行优化调整。

因为班次序号为 3 的公交车辆最早能在 7:38 AM 发车,故优化调整后的行车计划如表 6.2 所示。

表 6.2　无备用公交车辆时车辆行车计划的优化调整

车辆编号	实际到站时间	调整发车时间	实际行车间隔
1	7:00 AM	7:08 AM	—
2	7:05 AM	7:13 AM	5 min
4	7:15 AM	7:18 AM	5 min
5	7:20 AM	7:23 AM	5 min
6	7:25 AM	7:28 AM	5 min
7	7:30 AM	7:33 AM	5 min
3	7:35 AM	7:38 AM	5 min
8	7:35 AM	7:43 AM	5 min
9	7:40 AM	7:48 AM	5 min
10	7:45 AM	7:53 AM	5 min
11	7:50 AM	7:58 AM	5 min
12	7:55 AM	8:03 AM	5 min

当有备用公交车辆时,可以添加备用车辆投入运营,优化调整后的实际行车间隔为 5 min,可以保证优化后的行车间隔不会发生变化。调整措施如表 6.3 所示。

表 6.3　有备用公交车辆时车辆行车计划的优化调整

车辆编号	实际到站时间	调整发车时间	实际行车间隔
1	7:00 AM	7:08 AM	—
2	7:05 AM	7:13 AM	5 min
备用车辆	7:10 AM	7:18 AM	5 min
4	7:15 AM	7:23 AM	5 min
5	7:20 AM	7:28 AM	5 min
6	7:25 AM	7:33 AM	5 min
7	7:30 AM	7:38 AM	5 min
3/8	7:35 AM	7:43 AM	5 min
9	7:40 AM	7:48 AM	5 min
10	7:45 AM	7:53 AM	5 min
11	7:50 AM	7:58 AM	5 min
12	7:55 AM	8:03 AM	5 min

6.3　本章小结

本章主要介绍了常规公交车辆行车计划动态优化调整的方法,并给出了动态调整策略,分析了现有站点调度存在的问题,讨论了公交车辆晚点到站异常情况下的车辆行车计划优化调整问题。

7 基于 VANET 的公交车辆行车计划动态优化技术

任何先进的方法,都离不开硬件技术的支撑和软件技术的支持。方法的改进可能会引导技术的革新;同时,技术的进步又会促进方法的改良或创新。因此,有必要对公交车辆动态优化调度常用的技术进行研究。

以公交车辆区域调度的实施为例,需要道路交通系统为公交车辆运行提供完备的公交基础设施,从而保证公交车辆能够较为准确地按照行车计划运营。公交车辆定位技术、乘客信息采集技术、车路通讯技术的发展为公交企业能够实时地掌握公交车辆运营情况,及时有效地监控调度,也为区域调度创造了条件。

7.1 公交车辆动态调度常用技术

7.1.1 传统的现场调度技术

本书第 2 章阐述了现场调度的含义、任务与内容及传统方法。如果将这种现场调度称为第一代动态调度技术,那么目前我国大部分城市的常规公交车辆动态调度仍属于第一代。其特点主要是:通过电话和(或)对讲机进行通讯,实现车辆驾驶员与调度人员的调度信息交流;调度方式是由线路始发站点签发路单,由公交车辆驾驶员执行班次任务传递路单,到终点后交由负责人签发到站时间和车辆返程时间。

这种调度技术在本质上仍然属于静态调度[198],运营线路上的实际情况和对车辆实际调度执行情况的采集是通过人工获取处理的,无法满足日益复杂多变的道路交通环境要求;调度人员只能获取站内公交车辆信息,对线路运营中的车辆信息无法掌握;公交车辆在执行运营任务时,若突遇特殊情况,驾驶员只能通过无线通讯设备与调度员取得联系,届时调度人员做出的决策无可避免地带有滞后性和盲目性。之所以称之为第一代动态调度技术,主要是为了对车辆动态调度技术发展里程进行标记。要实现真正意义上的动态调度,第一代调度技术还远远不够。

7.1.2 基于 GPS-GSM/GPRS/CDMA 的调度技术

随着科技的发展,特别是 GPS 技术和通信技术在公交领域的应用,真正地实现公交车辆动态调度变成现实,笔者称之为第二代动态调度技术。

第 3 章已经对 GPS 技术进行过介绍,这里不再赘述。这里简单介绍一下通信技术在公交调度中的应用[198-199]。目前可选择的通信技术主要有光纤通信技术、卫星通信技术和移动通信技术等。其中，光纤通信是以光波为载频、以光纤为传输媒介的通信方式。光纤通信具有容量大、传输损耗低、不受干扰等优点，将以光纤通信技术为基础的计算机局域网络应用到公交系统中具有其他通信方式无法比拟的优势。另外，通过 Internet 作为公交调度中心与乘客进行信息交流的手段也是近年来发展得较快的方法。移动通信一般是指移动体与固定地点，或者移动体之间相互通过有线或无线信道进行的通信。移动通信受空间限制少，实时性好，是行驶车辆与调度中心之间理想的通信方式。现在应用到智能交通的移动通信技术有 GSM、GPRS、CDMA 等。公交车辆动态调度系统可以借助 GPS 技术，能够获得公交车辆实时的经纬度、速度、行驶方向等信息；借助 GSM 网络以及 GSM 的短信，可以使得车载终端和监控中心进行无线通讯，具体表现为车载终端能够将通过 GPS 得到的经纬度、速度、行驶方向等信息传递到监控中心，监控中心能向车载终端发送指令；监控中心获得上述信息后，需要借 GIS 技术使得上述信息能在监控中心电子地图上实时显示出来，直观地了解公交车辆的位置、速度及方向等信息，更有效地做好车辆调度工作。

基于 GPS-GSM/GPRS/CDMA 的公交车辆智能化动态调度是第二代动态调度技术的代表。它结合 GPS 技术、地理信息技术、传感器技术和无线通信技术，以电子地图为基础，通过对公交车辆、客流和道路信息的采集、传输和处理，产生有效的决策信息，并且能够响应调度中心的指令，使调度决策更加准确和科学；实现了对公交运营车辆的实时监控和调度，迅速调整公交车辆运营状况，提高运营车辆的效率，使公交部门达到运营的高效化。系统通过与外部系统的接口来提高安全协调监控和紧急救援等服务，并在公交沿线站点通过电子站牌向乘客提供实时车辆运营状况及可达车辆等信息，帮助乘客选择最佳的出行、出发时间及换车方式，实现公交运营调度的智能化和运营管理的现代化，大大提高公交车的服务水平和公交企业的现代化管理水平。

不难发现，第二代动态调度技术的核心是：通过 GPS 技术、GIS 技术和无线通信技术，建立公交车辆与调度中心的联系，具体示意图如图 7.1 所示。

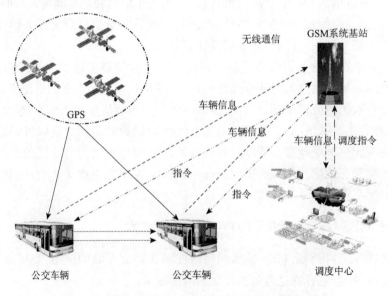

图 7.1 基于 GPS-GSM/GPRS/CDMA 的调度示意图

以 GSM 为例,公交车辆上的 GPS 接收机模块根据接收的 GPS 卫星信号确定车辆位置等信息(经纬度、速度、方向和时间等),GSM 模块负责将信息以短消息的方式发到 GSM 系统基站,再经移动交换中心、GPS 专用短信息中心,最终传到调度中心。调度中心取得车载终端传输过来的数据,对数据进行存储、解析,为前台提供可视化显示的数据支持,调度人员通过调度控制台,看到线路上运行车辆的状况,通过软件提供的调度手段完成提高公交车辆的调度。调度中心再把调度指令发给 GPS-GSM 车载台,从而达到调度车辆的目的。同时,可以从终端传输过来的信息中解析出考核司乘人员、统计运营效率的功能。终端定位信息传输系统将车载终端发送的信息传送到数据服务器,同时将调度信息传输到可视化调度系统,供可视化调度系统应用。可视化调度系统将调度指通过终端定位信息传输系统传输到车载终端,同时将调度指令传输到数据服务器进行存储,可视化调度系统在进行现场调度时要参照配车排班管理系统的信息,而配车排班管理系统的生产又取决于形成计划编制系统,配车排班管理系统、基本信息库管理系统、可视化调度系统又为营业统计与信息查询管理系统提供了参考的数据。

相比第一代动态调度技术,第二代动态调度技术取得了巨大的进步,但也存在一些需要注意的地方:

(1) GPS 是由美国军方主导发明的,虽然目前它在民用方面取得了广泛的应用,但是不排除发生意外以致我国用户无法使用的可能性。

(2) GPS 在一些地形和周围建筑环境复杂的区域,如大城市或者山区由于高层建筑物及树木对信号的影响,导致计算时产生较大误差。

(3) GPS 与电子地图进行匹配时存在一定误差。

7.2　基于 VANET 的公交车辆动态优化调度

近几年来,欧美、日本等发达国家陆续将大量人力物力投入到车载通信和下一代 ITS 的相关研发中。美国和欧洲各国政府极为重视智能交通,资助了多项相关研究项目。这些项目大都建立在车载通信基础上,欧盟以及汽车制造业代表还成立了相应的组织,以解决车载通信的研发和部署中所遇到的相关问题。

随着我国经济的健康快速发展,科技水平的不断提高,特别是在科学发展观的指导下,国家对"和谐交通"的理念愈发重视,"十一五"期间 863 项目,先进的交通控制技术列入国家支持的十大领域之一,最近的 863 计划设立了"智能车路协同关键技术研究"主题项目。因此,建立新一代无线通信网络下的公交车辆调度技术,对于迅速提升我国公交调度水平、抢占城市常规公交车辆智能化调度的学术制高点具有重要价值。

7.2.1　VANET 相关概念

1) 车载自组网

车载自组网,又称为车用自组织网络(Vehicle Ad Hoc Networks,VANET),指在交通道路上车辆之间、车辆与固定接入点之间相互通信组成的开放移动 Ad Hoc 网络,其目标是为了在道路上构建一个自组织的、部署方便、费用低廉、结构开放的车辆间通信网络,以实现事故预警、辅助驾驶、道路交通信息查询、车间通信和 Internet 接入服务等应用[200]，示意图如图 7.2 所示。

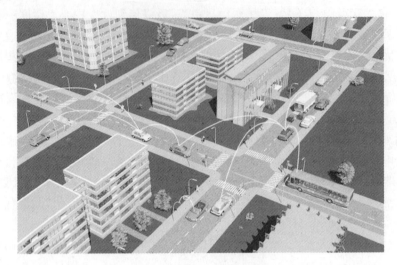

图 7.2　车载自组网示意图

2) 自组织网络

自组织网络是一种无线分布式结构的网络，强调的是多跳、自组织和无中心的概念。目前，存在的无线移动网络有两种，一种是基于网络基础设施的网络，典型应用为无线局域网（WLAN）；另一种是无网络基础设施的网络，一般称之为自组织网（Ad Hoc）。这种网络没有固定的路由器，网络中的节点可随意移动并能以任意方式相互通信。每一个节点都能实现路由器的功能而在网络中搜寻、维护到另一节点的路由。

7.2.2　国内外研究现状

1) 国内方面

2005 年，刘刚等[201]介绍了无线传感器网络的发展概况，分析了传感器网络自组织、自适应的特点与需求，并在此基础上就其中的 MAC 层改进、网络组织结构与协议、资源分配与协调控制等方面进行了探讨。黎宁和韩露[202]介绍了退避机制在无线自组织网络中的作用，指出了 IEEE 802.11 标准中使用的二进制指数退避算法存在的不足，对当前已提出的多种典型退避算法进行了分类介绍，对各类算法的特点及相关问题进行了讨论，最后阐明了无线自组织网络退避算法研究的发展趋势。赵华和于宏毅[203]提出了一种新型的基于自组网车载通信系统的 MAC 协议，该协议采用竞争与预约相结合的方法，有效地解决了隐藏、暴露终端等问题。仿真结果表明该协议能够保证节点快速可靠地接入信道，而且对网络规模不敏感。

2007 年，常促宇和向勇[204]介绍了车载自组网的发展历史、特点和应用领域，讨论了各种无线通信技术用于车载自组网的优缺点，并针对车载自组网的应用及特性提出搭建车间通信系统的设计思想和突破方向。为了便于读者跟踪国外先进的研究成果，还介绍了一些在这一领域比较活跃的研究机构以及他们的主要工作。陈立家等人介绍了 VANET 的特点、研究内容及其传输控制所面临的挑战，然后提出了无线传输协议的分类方法，讨论了各类无线传输协议用于 VANET 的利弊,并针对 VANET 应用及特性提出了 VANET 传输控制协议设计目标和设计要素。最后展望了 VANET 传输控制未来的研究方向。2008 年,陈晓静和何荣希[205]在简单介绍自组织网络中 MAC 协议的基础上,对 VANET 的 MAC 协议研究进展进行了综述,并指出了该领域的发展趋势。

2009 年,但雨芳和马庆禄[206]将 GPS、GIS 与 RFID 技术综合应用于城市道路交通管理系统中,在此基础上设计出道路交通车辆的全程监控模型和系统框架,对交通监管的信息化建设具有一定的借鉴意义。刘亮等[207]针对车辆自组网的应用场景和功能要求,设计实现了一种嵌入式车载单元。该车载单元可获取车辆运行数据并对数据处理生成消息,利用改进型 IEEE802.11g 模块将消息发送至其他车辆,实现车辆内和车辆间组网及信息交互,当紧急情况发生时,其能够实时产生紧急事件消息通知周边车辆,有效提高行驶安全性。熊炜和李清泉[208]推导得出了一种用于高速公路场景中车用自组织网络 1-连通必要条件的概率计算方法,并借助真实的车辆运动轨迹数据做了大量模拟实验。

2010 年,刘富强和单联海[209]提出了基于车辆环境下无线接入(WAVE)(IEEE 802.11p)和全球微波接入互操作性网络通信架构及体系模型,并分别对 WAVE 网络中的多信道自适应协调机制和分布式多信道调度算法和基于移动预测的路由及服务质量、WiMAX 网络中的群组切换机制和两级资源调度等关键技术进行了研究和探讨。黄爱蓉等[210]提出了一种基于无线网络技术的车辆信息监视方法,设计并实现了车辆信息实时监视系统。该监视系统采用自行设计的多元数据交互协议与摄像头、OBD(车载自动诊断系统)信息采集模块、加速度传感器、GPS 等通信,实现了对车周视频、ECU(电子控制单元)故障信息、行驶信息和位置信息的实时监视。

2) 国外方面

20 世纪 80 年代初,日本汽车行驶电子技术协会(JSK)最早发起了关于车辆间通信的研究。随后,在美国的 California PATH 项目[211]和欧洲的 Chauffeur 项目[212]实现和展示了当时关于汽车列队行驶自动控制的研究成果,证明了应用无线通信技术在交通安全和效率方面可取得较大程度的提高。

1992 年,美国材料试验协会(ASTM)开始制定专用近程车间通信技术(Dedicated Short Range Communication, DSRC)标准,以用于高速公路电子收费系统。当时确定的 DSRC 标准采用 915 MHz 频段,基于 TDMA 的信道多路访问方式。

20 世纪 90 年代末,日本的协同驾驶(Cooperative Driving)系统项目,如 DEMO2000 展现了车间通信技术的另一重要应用,即通过无线通信技术交换各自的行车和道路信息,互相协作以实现安全高效的自动驾驶,这在功能上类似于基于雷达扫描和自动控制技术的自适应自动巡航系统(Adaptive Cruise Control, ACC),可以互为补充。

新世纪开始,欧洲新发起了 CarTALK 2000 研究项目,它致力于开发一种新的基于车车间通信的驾驶员辅助驾驶系统。其主要任务是评价协作驾驶系统的特点,开发软件数据结构和算法,在真实场景中测试和演示辅助驾驶功能,建立一个包括车—车(IVC)和车—路(RVC)的完整交通无线网络体系,并与传统网络如 Internet 和移动通信网络互联互通融为一体。项目中的通信系统是其重要组成部分,主要目标是开发和测试高动态特性的 Ad Hoc 网络拓扑算法。

随着交通领域信息化的不断发展,915 MHz 频段宽度仅能支持 0.5 Mbps 的传输速率,且传输距离仅有 30 m，无法满足新提出的各种车载无线网络应用的要求。1999 年底，美国联邦通信委员会(FCC)分配了 5.9 GHz 附近的无线频段作为 VANET 网络专用通信频段，最高可支持 27 Mbps 的传输速率，最远可支持 1 000 m 的传输距离。

2002 年底，美国材料试验协会制定了基于 5.9 GHz 频段的 DSRC 新标准 ASTM E2213-02，并且采用了 IEEE 802.11a 作为底层传输技术。2003 年，美国联邦通信委员会将此标准的下一版本 E2213-03 规定为北美的 DSRC 标准。美国材料试验协会将 DSRC 标准的制定工作转到 IEEE 下面进行，即现在正在制定中的 IEEE 802.11p 标准。这是目前唯一正在制定之中的 VANET 通信协议标准，其中包含 MAC 层和 PHY 层协议。与此同时，VANET 上层协议的制定也在同步进行，即 IEEE 1609 协议簇，其中包含了 1609.0(体系结构描述)、1609.1(资源管理)、1609.2(安全服务)、1609.3(网络服务及通信服务)、1609.4(服务信道管理)等，与 802.11p 构成完整的 VANET 协议栈。

在 2004 年至 2009 年间，MobiCom 专门召开了五次专题研讨会讨论 VANET，计算机网络与通信领域的许多会议也增加了 VANET 相关的专题，促进了对 VANET 的进一步深入研究和产业应用的快速前进。

美国、欧洲和日本分别制定了自己的 VANET 发展计划以及研究项目，例如，美国的 VII[213]、美国马里兰州立大学的 Traffic View 项目[214]；欧洲的 SafeSpot[215]、FleetNet[216]、Network on Wheels[217]、法国多个研究机构合作开展的 CIVIC、PReVENT[218]、CarTALK 2000[219]等[并且成立了车载通信联盟(Car2Car Communication Consortium)[220]]；日本汽车行驶电子技术协会(JSK)领导的 Association of Electronic Technology for Automobile Traffic and Driving[221] 和 Group Cooperative Driving[222] 以及 Internet ITS[223] 等 VANET 相关的工程和研究项目。

此外，美国加州大学 Irvine 分校交通研究所提出了一个将交通网络与通信网络集于一体的 AutoNet 复杂系统，该系统是基于车一车间无线通信的交通管理、信息及控制系统，其性能会受到交通状况、网络系统拓扑结构、无线通信技术及协议、信息管理等诸多因素的影响。但这种分散式的 AutoNet 系统有更多的优点，当系统内具备通信能力的车辆达到一定比例时，不再需要政府对通信基础设施建设进行投资，系统的运行和管理将由该系统的用户自身来负责，而且系统抵抗紧急通信危机情况的能力更强，系统还可以接入互联网作为一个附加应用的平台[224-226]。

7.2.3 车载自组网技术

自组织网络在现代交通技术领域中的具体应用之一体现为车载自组网(Vehicle Ad Hoc Networks，VANET)，这是一种特殊的自组网形式，即快速移动户外通信网络(Fast Moving Outdoor Communication Network)，也被称为自组织交通信息系统(Self-organizing Traffic Information System，SOTIS)。

在广义上，只要应用了无线通信网络技术的都可以称之为车载无线网络技术。在通信对象和通信范围上，车载无线网络技术可分为车内各部件之间的无线通信(Intra-Vehicle Communication)、道路设施与车辆的无线通信(Road to Vehicle Communication，RVC，如图 7.3 所示)，以及车与车之间的无线通信(Inter-Vehicle Communication，IVC，如图 7.4 所示)。

7 基于VANET的公交车辆行车计划动态优化技术

图7.3 车与道路设施的无线通信示意图　　图7.4 车与车之间的无线通信示意图

在通信方式和网络结构上，可以分为由基站对所有汽车进行集中式控制的一跳式无线通信技术，以及汽车之间构成自组织网络（Ad Hoc）的无线通信技术。前者的缺点：①无法提供行车安全应用的实时支持，实际上，通过基站在车辆之间转发信息存在较大的时延和较低的可靠性；②基站的信道资源十分有限并且相对昂贵，向所有行驶车辆提供在线通信支持是不现实且不经济的。因此，车载无线网络的网络结构必然是自组织的，至多可能会在某个特定情况下结合现有的集中式移动通信网络来支持特定的业务。图7.5给出了车载自组网的总体结构示意图。

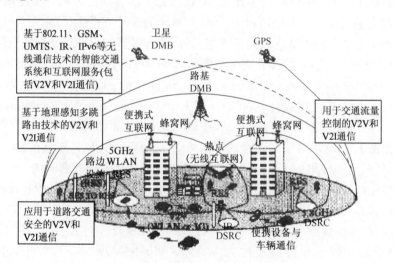

图7.5 车载自组网总体结构示意图

狭义的VANET是指专门为车辆间通信而设计的自组织网络，它将自组网技术应用于车辆间通信，使驾驶员能够在超视距的范围内获得其他车辆的状况信息（如车速、方向、位置、刹车板压力等）和实时路况信息。VANET作为移动自组织网络（Mobile Ad Hoc Network，MANET）与无线传感器网络（Wireless Sensor Network，WSN）在智能交通领域中的具体应用，允许车辆在高速行驶的过程中，能够与其他临近车辆（Vehicle-to-Vehicle，V2V）以及路旁基础设施（Vehicle-to-Infrastructure，V2I）之间直接通信，从而在现有道路网上动态、快速地构建一个自组织、分布式控制的车辆间多跳通信网络，具有广阔的应用前景，如图7.6所示。

VANET的基本思想是：在一定通信范围内的车辆可以相互交换各自的车速、位置等信息和车载传感器感知的数据，并自动的连接建立起一个移动的网络。节点（车辆）的单跳通

图 7.6　车载自组网结构示意图

信范围只有几百米到一千米，每一个节点不仅是一个收发器，同时还是一个路由器，因此采用多跳的方式把数据转发给更远的车辆。

在车载无线自组织网络（VANET）中，如何让所有节点能够公平、高效、可靠地共享无线信道是极其重要的，因此 MAC 协议的设计与实现是 VANET 研究的关键。由于 VANET 网络具有节点高速运动、移动轨迹规则、能量供应充足、支持 GPS/北斗定位、时间精确同步、网络拓扑快速变化、节点密度不均、信道质量波动较大、上层业务种类繁多、主动安全应用实时性要求高、数据型应用数据量大等特点，与传统 MANET 所定义的网络生存环境相差甚远，因此 MANET 中的绝大多数 MAC 协议都不能够满足 VANET 的需求。

在无线数字通信技术的发展历程中，无线局域网的普及值得注意，它将传统的点对点无线通信扩展到由多个节点组成无线通信网络，提出了许多新的应用场景和研究范围，意义十分重大。20 世纪 90 年代初，曾经有两个无线局域网的标准，即欧洲电信标准协会（European Telecommunications Standards Institute，ETSI）制定的 HIPERLAN 无线局域网标准，以及美国电气与电子工程师协会（Institute of Electrical and Electronic Engineers，IEEE）制定的 IEEE 802.11 无线局域网标准。不过 HIPERLAN 无线局域网标准不仅没有取得像同是欧洲提出的 ETSI GSM 第二代全球移动通信标准那样的成功，甚至在目前的市场上已经基本销声匿迹，美国提出的 IEEE 802.11 标准主导了全球的局域网市场。

下面介绍一些被认为适用于 VANET 网络的 MAC 协议，并进行分析和评价[227]。

1）IEEE 802.11p 协议

IEEE 802.11p 协议[228]是 IEEE 802 协议簇中的新成员，专门用于支持 VANET 环境下的应用。IEEE 802.11p 协议又称为 WAVE（Wireless Access in Vehicular Environment），截至目前为止，协议制定工作组仍处于活动状态。从已发布的信息可知，802.11p 协议的物理层采用成熟的 802.11a 传输技术，而 MAC 层将采用 CSMA/CA 机制作为其介质访问控制机制，且有可能会使用一条控制信道来辅助建立链路。节点在发送数据包之前，需要先监听到一段特定长度的空闲时间（DCF Interframe Space，DIFS），如果发现信道一直空闲，则开始发送数据，同时监听是否有冲突发生，若发生冲突，则在退避窗口范围内随机选择一个长度，等待一段时间，然后重复前述的发送过程。若发生多次冲突，则增加退避窗口的大小，以增加退避时间。这样的机制很大程度上降低了冲突率，并提高了无线网络吞吐量，但牺牲了一定的实时性。

2）ADHOC 协议

ADHOC 协议[229]是在欧洲研究项目 CarTALK 2000[219]中提出的车载无线自组网 MAC 协议，采用了 TDMA 方式划分无线信道，以及 RR-ALOHA 信道访问机制，节点需要在帧信息 FI（Fr AMe Information）中记录自己所观察到的邻居节点占用时隙的情况，并在自己占用的时隙中周期性广播 FI 信息。除此之外,RR-ALOHA 与预约 ALOHA(Reservation ALOHA)没有差异。周期性广播的 FI 帧信息使得每个节点能够了解两跳之内的时隙占用情况,从而使得相邻节点之间以及拥有共同邻居节点的不相邻节点之间都不会发生冲突。相比较而言,ADHOC 协议比较适合于 VANET 网络环境,并且周期性的广播也可以与主动安全应用相结合,只要广播信息中加上速率、位置、方向等行驶数据即可。

3) 基于位置的 MAC 协议:SDMA 协议

SDMA 协议[230-231]利用 VANET 节点自身能够通过 GPS 或伽利略定位系统精确定位的优点,按照确定的经纬度划分标准将交通道路划分成单元格,从 1 到 96 顺序给单元格编号,并给每个单元格分配对应编号的时隙。

当汽车节点驶入某个单元格时,它就自动获取了此时隙的使用权,而无须进行任何时隙竞争或分配的过程。不过,SDMA 协议存在的缺点是信道利用率低,而且为了保证足够的冲突防止缓冲区,节点的传输距离不能太长,假设单元格的长度为 5 m,则最大传输距离只能为 40 m,大大少于 DSRC 标准规定的 1 000 m,对主动安全应用的要求来说显然不够。若要增加传输距离,则总时隙数也将快速增加,从而造成信道资源的浪费以及传输时延的增加。

4) 基于定向天线的 MAC 协议:Directional-MAC 协议

由于汽车节点的移动具有相对固定和规则的运动轨迹,前后左右的节点行为和分布都具有一定的可预测性,因此定向天线(能够控制在一定角度内发送或接收无线信号)在 VANET 中的应用前景比较看好。若能适当地控制信号发射角度和方向,则可以降低传输过程中的冲突概率,同时提高无线信道的复用率。

在文献[232]、[233]中,都提出了基于方向的 MANET 网络 MAC 协议,文献[234]进一步将其扩展到了 VANET 网络,协议中应用了定向天线作为物理发送器件,而 MAC 协议机制仍然采用 802.11 协议,传输数据之前需要先建立链接,即 RTS/CTS 握手过程,以避免由隐藏终端引起的传输冲突。

5) 基于位置和方向的 MAC 协议:RPB-MACn 协议

在文献[235]中,作者提出了基于方向和位置这两个信息的 VANET 网络 MAC 协议:RPB-MACn 协议。

7.2.4 基于 VANET 的公交车辆动态调度

这里的 VANET 是狭义的,将基于 VANET 的公交车辆动态调度技术称为"第三代动态调度技术"。这是一种基于新通信手段、多源信息获取和新调度理念的自动调度技术。

根据系统所要实现的功能,来确定系统总体的设计方案。

1) 系统功能

在公交车辆动态调度系统总体方案的确定过程中,首先需要明确参与调度过程的元素,即:公交车辆、公交信息中心、道路交通设施(如路段接收发射器、交叉口上游固定感应器、通讯塔等)。

其次,调度方案确定中最重要的是移动公交车辆之间、移动公交车辆与道路环境交通设施之间的通讯手段的确定,以及车载移动终端信息处理器的确定。

当系统工作时,公交车辆之间在一定的区域范围内保持着信息交换传输的连通性,不断进行信息的交流,主动预防同一线路上公交车辆串车现象的发生。装有 VANET 终端信息处理器设备的公交车辆,在道路上运营时,车辆本身既是信息的发射器又是接收器。图 7.7 给出了在线路上行驶的不同班次公交车辆间的通信示意图。通过信息在公交车辆间的跳跃传递,驾驶员可以主动优化调整车辆间距,以尽量保证公交车辆按照行车时刻表运行,主动预防串车现象的发生。

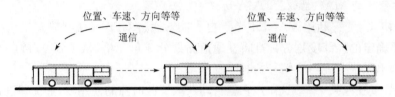

图 7.7　基于 VANET 的公交车辆间通信示意图

第二代动态调度技术是将所有车辆的信息先发送至信息中心,由信息中心做出判断后再发布指令给公交车辆。相比而言,第三代动态调度技术在调度程序的执行上更为高效:当公交车辆的运行与行车时刻表有时间误差时,公交车辆通过车辆与车辆间的通信以在线调整的方式实现车辆动态调度;只有当发生交通意外或者突发交通事件时,才需信息中心通过道路交通设施将信息和调度指令发送给公交车辆,即以重调度的方式实现车辆动态调度。

由前面知道,信息通过基站传递时是无法提供实时服务的,因为通过基站在车辆与中心之间传送信息存在一定的时延,且可靠性不能完全保证;其次,基站的信道资源十分有限且相对昂贵,经济成本也比较高,若能通过 VANET 中的车-车通信达到对车辆调度的目标,则降低了部分经济投入,也降低了对交通资源的消耗。在第三代动态调度技术中,公交信息中心的工作量会有较大减少,因为无需时刻对所有获取信息的公交车辆进行调度。此外,信息中心仍保留着系统的对外接口,如紧急救援、公共安全协调监控、城市气象等。

移动公交车辆与道路交通设施之间保持着周期或触发感应式的信息交换,道路交通设施先将信息(如车辆位置、速度、流量等)反馈到公交信息中心,信息中心根据所获取的综合信息做出决策:是否有必要发布调整车辆的调度指令,发布何种调度指令给移动公交车辆。接收到指令后的公交车辆开始施行指令,信息中心再通过获取更新的车辆信息来判断是否实现预期目标,调度系统持续循环往复直到整个运营系统达到某动态平衡。当线路上的公交站点布置有道路交通设施的外接设备时,还可以向到达公交站点的乘客提供线路公交车辆的信息,如车辆所在位置、行驶速度、与站点的距离、预计到达站点时间、公交车辆空余座位数等等。

具体公交车辆与道路交通设施之间的通信示意图如图 7.8 所示。

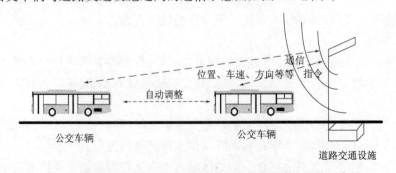

图 7.8　基于 VANET 的公交车辆与道路交通设施间通信示意图

通过以上系统功能的介绍,在公交车辆与公交车辆之间、公交车辆与道路交通设施之间通信网络的条件下,最终实现常规公交车辆的"以公交车辆自身协调调整为主,以公交信息中心监控管理为辅"的智能化调度管理。

2)系统功能实现的技术要求

在此系统中,公交运营车辆之间、车辆与交通设施之间的通信相当于人体内的神经,是公交车辆智能调度系统的核心。显然,这种通信必然采用无线方式,而无线通信方式主要分为两种:无线电台和移动通讯系统。无线电台通讯范围为几十公里,具有局域范围内的车辆智能管理调度功能,而移动通讯系统覆盖范围广、可靠性高、系统容量大,比较适用于对广域范围内的多目标之间的无线通讯。因此,本系统采用移动通讯系统作为移动车辆、信息调度中心之间的直接通讯手段。VANET 则用来构建公交车辆与公交车辆之间、公交车辆与道路交通设施之间的直接通信,在现有的公交道路网络上动态、快速、高效地构建一个自组织、分布式控制的公交车辆间的多跳通信网络。

道路交通设施与信心中心的通信可以综合采用光纤通信、卫星通信和无线移动通信等方式。例如,光纤通信由于具有容量大、速度快、损耗低、抗干扰等优点,可以用于路段接收发射器、交叉口上游固定感应器等与公交信息中心的连接;结合 IPv6 技术,可以将互联网作为公交信息中心与乘客进行信息交流的平台。借助北斗/GPS 技术、移动通信技术的 GSM、CDMA(同属于第二代移动通信技术,2G)、GPRS(2.5G,介于第二代和第三代移动通信技术)等应用的优势,继承第二代动态调度技术中的优点,采用北斗/GPS、GIS、VANET 等技术实时获取公交车辆的信息(位置、速度、移动路径等)并及时反馈调度指令。

前面已经提到,基站的投入建设不仅有经济成本上的增加,在我国城市土地资源日益稀缺的现实国情下,建设大量的基站也是不现实的。这时铺设连接道路交通设施到信息中心的光纤通信既可以降低经济成本,又可以保证信息传递的速度,相比无线通信还能降低传递过程中信息损耗。因此,以道路交通设施作为运营公交车辆与信息中心信息交流的主要媒介,显得更为经济、快捷、高效。对于已建成的通过通讯塔的基站方式建立信息中心与公交车辆信息传输的公交公司来说,这种第二代动态调度技术仍可以保留继续使用,只是作为一种辅助手段,增加了一种公交车辆的信息获取源和调度信息发布方式。这种做法既不会对原有道路交通设施造成浪费,又使得第三代动态调度技术具有多源性,在一定程度上还增强了系统本身的可靠性。

图 7.9 给出了基于 VANET 的公交车辆调度示意图。

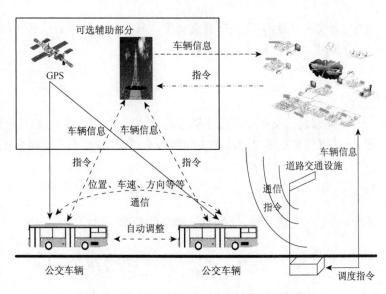

图 7.9 基于 VANET 的公交车辆调度示意图

7.3 公交车辆动态调度无线通信的连通性分析

由前面内容可知,车辆与车辆间的无线通信系统一般有两种结构:路—车通信系统和车—车通信系统。路—车系统中,车辆之间通过路边道路交通设施传递信息,信息的传递须经过设施转发,车辆之间不能直接传递信息。该系统可以用于车辆速度信息警示、辅助驾驶以及交叉主动避碰等。车—车系统中,通信范围内的车辆可以直接传递信息,无需其他设施支持。本系统以移动 Ad Hoc 网络为基础,需要传递信息的车辆自动检测通信范围内的车辆并将信息逐步传递给下一辆车,用多跳通信的方式将信息发送出去。该系统可以应用于紧急信息警示、协作驾驶等等[236]。

由前面提出的第三代动态调度技术系统可知,在突发交通事件或发生交通事故时,信息中心主要通过道路交通设施对公交车辆发送信息和指令,所以道路交通设施与公交车辆之间需要保证连通性,以便信息中心调度指令的顺利传达。

为了方便分析无线通信的连通性问题,不妨做以下假设:①假设道路交通流中有且仅有公交车辆装备无线通信模块;②假设相对于车辆的运动来说,无线信息的传播是瞬时的;③假设二维空间快照上的研究场景在连通性上同样适用于三维空间下的研究;④假设所有无线通信模块的信号范围半径相同。

这里需要对假设③进行简单解释。通常来说,对于交通问题,研究时间在 0.1 s 情况下就已足够。所以,根据假设②,当采用卫星或飞机对道路交通情况进行航拍时,就可以将交通场景视为"静态",每次通信时的研究场景就是一次快照[225](Snapshot)。目前,研究车—车无线通信技术多是在 Snapshot 下进行研究。

在单车道情况下,考虑车辆之间的车头间距分布服从:

$$h(x, \rho) \tag{7-1}$$

其中,x 代表位置,ρ 代表交通流密度。其分布的具体形式和参数与道路交通流情况相关。

同时其对应的累积分布函数为:

$$H(x, \rho) = \int_{t=0}^{x} h(t, \rho) \mathrm{d}t \tag{7-2}$$

不妨假设公交车辆占总车辆数的比率为 p,且车辆间的间距记为:$d_1, d_2, \cdots, d_n, \cdots$ 那么,易得公交车辆之间的车头间距分布情况,其概率密度函数记为:

$$h_\mathrm{p}(x, \rho) = \sum_{n=1}^{\infty} f_n(x) p (1-p)^{n-1} \tag{7-3}$$

其中,$f_n(x)$ 为在 x 处,恰好有 n 辆车的概率,其计算公式为:

$$f_n(x) = P\Big(\sum_{i=1}^{n} d_i = x\Big) \tag{7-4}$$

利用概率论中的特征函数进行推导:

$$\varphi(t) = \Phi[h_p(x,\rho)] = \sum_{n=1}^{\infty} \Phi[f_n(x)] p(1-p)^{n-1} = \sum_{n=1}^{\infty} \Phi[h(x,\rho)] p(1-p)^{n-1}$$
$$= \frac{p\Phi[h(x,\rho)]}{1-\Phi[h(x,\rho)](1-p)}$$

由特征函数的定义可知,任何随机变量的特征函数完全决定了其概率分布,所以对于连续型随机变量,通过连续傅里叶逆变换,有概率密度函数:

$$h_{bus}(x) = \frac{1}{2\pi} \int_{-\infty}^{+\infty} e^{-itx} \varphi(t) dt \tag{7-5}$$

对应的,其累积分布函数记为:$H_{bus}(x)$。

连通概率[236]作为车间无线通信系统性能评价的重要指标之一,可以用来分析无线通信的连通性。

根据假设,将连通性研究降到航拍快照的二维空间上进行研究。道路交通中运行的公交车辆视为点,其无线通信范围半径为 r_i,由假设可记为 r,如图 7.10 所示。

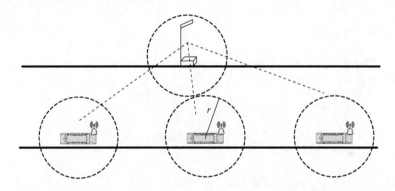

图 7.10　公交车辆与道路交通设施间通信连通示意图

由图 7.10 可直观观察得到,如果道路交通设施的通信半径与公交车辆通信半径之和大于公交车辆所在位置到道路交通设施所在位置的距离,当每辆公交车辆形成的通信空间(这里为二维圆)与道路交通设施的信息空间均独立时,则整个系统无法连通;当所有空间均能连通时,则是最佳状态。

为分析快照下无线通信的连通性,利用拓扑学理论的知识[237]来研究道路交通设施布设情况。由前可知,公交车辆之间的间距为 d_i,当 $d_i > R$ 时,无法建立通信,则形成独立的闭子集,这类闭子集类似于通信系统中的簇(Cluster),但是它是一种特殊的簇,即在互相连通的一个空间内,如果不借助道路交通设施或其他通信半径更大的节点,则信息的无线传播将被限制在该闭子集(或密闭的子系统)中。R 为车辆间的有效通信范围,这里不妨设 $R = 2r$。

所以,一个连通集内包含 n 辆公交车的概率为:

$$P(n) = H_{bus}(R)^{n-1}[1 - H_{bus}(R)] \tag{7-6}$$

显然,$P(n)$ 是公交车比率 p 的单调增函数,即车道上的连通性随 p 的增长而增长。进而有:

$$P(d=x) = \sum_{n=1}^{\infty} P\Big(\sum_{i=1}^{n} d_i \mid n\Big) P(n+1) \tag{7-7}$$

其中,

$$P(n+1) = H_{\text{bus}}(R)^n [1 - H_{\text{bus}}(R)] \tag{7-8}$$

$$P\Big(\sum_{i=1}^{n} d_i \mid n\Big) = P\Big(\sum_{i=1}^{n} d_i = x \mid d_i < R\Big) \tag{7-9}$$

因为公交车辆是独立的,即有 $d_1, \cdots, d_n$ 是独立的,所以再利用特征函数的性质,有

$$\Phi[P(d_1 + \cdots + d_i \mid i)] = \Phi[S_{R,1}(x)]^i$$

其中,

$$S_{R,1}(x) = P(d = x \mid d < R) = \begin{cases} 0, & x > R \\ \dfrac{h_{\text{bus}}(x)}{H_{\text{bus}}(r)}, & x \leqslant R \end{cases} \tag{7-10}$$

则有:

$$P(d_1 + \cdots + d_i \mid i) = S_{R,i}(x) = \frac{1}{2\pi} \int_{-\infty}^{+\infty} e^{-itx} \Phi[S_{R,1}(x)]^i \, dt \tag{7-11}$$

最终,公式(7-7)变换为:

$$\begin{aligned} P(d=x) &= \sum_{n=1}^{\infty} S_{R,n}(x) H_{\text{bus}}(R)^n [1 - H_{\text{bus}}(R)] \\ &= \sum_{n=1}^{\infty} \left\{ \frac{1}{2\pi} \int_{-\infty}^{+\infty} e^{-itx} \Phi[S_{R,1}(x)]^n \, dt \right\} H_{\text{bus}}(R)^n [1 - H_{\text{bus}}(R)] \end{aligned} \tag{7-12}$$

由公式(7-6)又可以计算得到期望值

$$E(n) = \sum_{n=1}^{\infty} n H_{\text{bus}}(R)^{n-1} [1 - H_{\text{bus}}(R)] = \frac{1}{1 - H_{\text{bus}}(R)} \tag{7-13}$$

公式(7-13)的物理含义是指单车道上车辆的期望数。不妨假设单车道上的车辆总数为 N_{Total},则定义该系统内无线通信的连通性为:

$$Connect = \min\Big(\frac{E(n)}{N_{\text{Total}}}, 1\Big) \tag{7-14}$$

若 $E(n) < N_{\text{Total}}$,则 $Connect = \dfrac{E(n)}{N_{\text{Total}}} < 1$;若 $E(n) \geqslant N_{\text{Total}}$,则 $Connect = 1$。

上面从理论上分析了单车道情况下的公交车辆无线通信系统的连通性,多车道情况下连通性的分析要更为复杂,需要考虑的因素和建立的假设更多,但总体思路与单车道情况下的研究相同。值得一提的是,加州大学 Irvine 分校的 Recker 教授对该领域做出了不少贡献,如其指导博士学位论文利用微观交通流仿真器对单向车道、双向车道以及道路网络进行分析,研究了不同通信范围和渗透率下的最大信息传递距离[238-239];假定道路上车辆的位置是任意的,信息的传递相对于交通流是静止的,建立了不同交通流场景下远距离多跳通信的

车车间通信系统的连通性模型[240-241]。但唯一缺憾的是,所有的这些研究成果均没有实际数据的验证,至多只是仿真模拟,仍存在进一步深入研究的空间。

7.4 常规公交车辆动态优化调度技术对比

常规公交车辆三代动态调度技术的对比情况如表 7.1 所示。

表 7.1 常规公交车辆动态优化调度技术对比表

对比项目	第一代动态调度技术	第二代动态调度技术	第三代动态调度技术
调度方式	人工签发路单,车辆按预先编制的行车计划运营	根据公交系统实时数据,对公交车辆进行调度	公交车辆通过 VANET 自适应调度调整,信息中心对其监控
调度人员工作方式	人工调度工作方式,纸质作业,工作强度大	以系统自动调度为主,辅以人工监控	以车辆自适应调度为主,辅以信息中心调度
站点乘客获取信息	不能获取车辆信息	通过信息中心发布车辆信息至站点交通设施	公交车辆直接传输信息至站点交通设施,辅以信息中心发布方式
信息中心获取信息	根据驾驶员个人经验,通过电话或对讲机与调度人员进行信息交流	通过 GPS、GSM/GPRS/CDMA 获取公交车辆信息	以 VANET 获取范围内公交车辆信息为主,以 GPS、3G 为辅多源获取

7.5 本章小结

本章在总结已有常规公交车辆动态调度技术的基础上,以智能化获取和传输信息的技术手段为出发点,从移动通信技术的发展入手,提出基于 VANET 的公交车辆动态调度技术,并详细地介绍了 VANET 的概念、发展现状及主要研究内容,之后研究了 VANET 下公交车辆动态调度无线通信的连通性,分析了单车道的情况,得到单车道上车辆的期望数以及相关概率计算结果;最后,对比了这三种常规公交车辆动态调度技术。

8 结论与展望

8.1 主要研究成果与结论

在国家大力优先发展城市公共交通的背景下,在交通运输工程学、运筹学、系统工程和排序理论的指导下,通过深入的理论分析和国内外实地的交通调查相结合,在总结城市常规公交车辆行车计划现有编制及优化方法的基础上,探讨了公交车辆行车计划的智能编制及优化所需基本信息的获取与处理,建立了线路和区域公交车辆行车计划编制的模型以及公交车辆区域调度排班计划模型,研究了车载自组网下的公交车辆动态调度技术。

本书主要研究成果与结论可以归纳如下:

(1) 常规公交车辆行车计划智能化编制及优化的提出

通过介绍常规公交车辆行车计划的传统编制方法,从常规公交车辆调度流程、调度组织形式和现场调度等三个方面分析了传统编制方法的不足,并在其基础上提出改进的车辆行车计划智能编制方法。以 UMTA 的 APTS 为参考,给出了常规公交车辆行车计划的智能化编制及优化流程图,明确了智能化的具体体现。

(2) 行车计划编制所需基本信息的获取与处理

从交通工程学的角度出发,分别从公交客流特征、公交车辆运营、公交线路特征、道路环境特征和公交管理政策等五个方面,系统介绍并分析公交车辆调度系统基本信息的获取与处理,着重描述智能化的获取技术与方法,并对后面章节会用到的数据进行了重点介绍。

(3) 常规公交车辆线路发车间隔的优化研究

为了编制出适合公众出行需要的行车时刻表,科学、合理得确定每条公交线路的发车间隔是非常必要的。作为运营调度工作的重要一环,制定城市公交线路发车间隔是公交系统日常运营工作的核心,它决定了时刻表制定、车辆和人员配置等其他日常调度工作。综合考虑乘客和公交公司利益,对发车间隔和车辆满载率进行约束限制,建立了线路发车间隔优化模型并详细介绍了模型的遗传算法求解方法,从选择算子、交叉算子、控制参数和终止条件四个方面对标准遗传算法进行改进,得到了进化效果更好的改进遗传算法。最后,通过国内具体公交线路的实际数据对模型及其求解算法进行算例分析。

(4) 常规公交车辆区域行车时刻表的编制研究

在线路行车时刻表研究的基础上,着重考虑"换乘时间",以区域内乘客在不同公交线路间的换乘等待总时间最小为目标,以线路车辆调整时间为模型变量,建立公交车辆的区域行车时刻表优化模型,并利用 LINGO 软件编程求解模型。最后,通过区域范围内几条具体公交线路的实际数据对模型进行了算例分析,通过软件编程求解模型,编制出区域车辆的时刻表。

(5) 常规公交车辆行车计划的编制研究

城市常规公交车辆的区域调度是未来我国城市公共交通智能调度的必然趋势,而公交车辆区域排班计划的编制方法是研究的重点和难点。因此,本书首先从公交车辆线路行车计划的编制方法入手,介绍车辆的线路行车计划编制方法。然后,引入排序理论,建立了公交车辆区域行车计划的固定工件排序模型,并重点讨论了四类特殊的公交车辆行车计划问题:续航时间约束下的公交车辆行车计划编制问题、维护时间约束下的公交车辆行车计划编制、不同权重系数下的公交车辆行车计划编制、不同匹配约束下的公交车辆行车计划编制。针对这四类行车计划编制问题,从排序理论出发建立各自对应的固定工件排序模型,并分别给出四类模型的求解方法。通过证明 FIFO 贪婪算法的优势,给出了一种新的求解算法,该算法不仅适用于离线问题的求解,同时适用于在线问题的求解。最后,由于国内没有相关的数据,所以采用了美国麦迪逊市某区域范围内几条具体公交线路上的车辆行车时刻表信息和 GPS 实时信息,分别从离线和在线两个方面对模型和算法进行算例分析。以所需的公交车辆数最小为目标,对区域公交车辆行车计划编制进行了优化,取得了较为满意的结果。

(6) 常规公交车辆行车计划的调整研究

任何先进的方法,都离不开硬件技术的支撑和软件技术的支持。方法的改进可能会引导技术的革新;同时,技术的进步又会促进方法的改良或创新。

因此,本书首先着重讨论了车辆晚点到站异常情况下车辆行车计划的调整问题。然后,以智能化获取和传输信息的技术手段为出发点,从移动通信技术的发展入手,提出基于 VANET 的公交车辆动态调度技术,并详细地介绍了 VANET 的概念、发展现状及主要研究内容,之后研究了 VANET 下公交车辆动态调度无线通信的连通性,分析了单车道的情况,得到了单车道上车辆的期望数以及相关概率计算结果;最后,对比了传统的现场调度技术、基于 GPS-GSM/GPRS/CDMA 的调度技术和基于 VANET 的公交车辆动态调度技术这三种公交车辆动态调度技术。

8.2 主要创新点

研究所取得的主要创新点包括:

(1) 常规公交车辆行车计划智能化编制及优化的流程

借鉴了美国城市公共交通管理局的智能公共交通系统项目中对人、车、路、中心的构架,提出了我国城市常规公交车辆行车计划智能化编制及优化的流程。通过公交车辆乘客客流采集模块获取车辆乘客实时上下车的客流信息,通过公交车辆采集模块获取公交车辆实时位置信息和车辆性能实时信息,考虑城市交通信号控制、道路交通状况、公交通行能力约束和公交服务水平约束,以公交车辆历史乘客信息、场站历史候车信息为参考,构建常规公交车辆智能调度系统,最终编制公交车辆行车计划输出实时调度指令和公交班次调度安排信息。

(2) 线路发车间隔优化模型及其求解方法

细化了乘客站点候车再乘车的过程,考虑了公交车辆实际容纳乘客数限制,分站点候乘客一次候车和两次候车两种情形,综合考虑乘客和公交公司的利益,对发车间隔和车辆满载率进行约束限制,建立了发车间隔优化模型;从选择算子、交叉算子、控制参数和终止条件四个方面对标准遗传算法进行改进,得到了进化效果更好的改进遗传算法对模型进行求解。

(3) 常规公交车辆区域行车时刻表的编制

结合我国实际情况,本书借鉴了"逐条布设、优化成网"的思想,在得到优化的线路发车间隔基础上,通过乘客的换乘来"衔接"区域内的多条公交线路,从而研究公交车辆的区域行车计划编制问题。着重考虑了"换乘时间",以区域内乘客在不同公交线路间换乘等待总时间最小为目标,以线路车辆调整时间为模型变量,建立公交车辆的区域调度优化模型。由于模型属于多变量的整数线性规划问题,所以直接采用了擅长解决此类问题的 LINGO 软件对问题进行求解。

(4) 区域车辆行车计划编制的固定工件排序模型

本书将区域调度下的常规公交车辆行车计划编制问题转化为固定工件排序问题,从而搭建起一座连接交通运输工程学和排序理论的桥梁,利用已经成熟应用于工业工程及计算科学领域的排序问题求解方法来解决交通运输工程中的某些难题,这是本章的核心。接着,通过理论证明,提出了解决常规公交车辆行车计划编制模型的一种算法。最后,通过具体算例对模型和算法进行了分析。

(5) 基于 VANET 的公交车辆动态调度技术

车载自组网(VANET)是自组织网络在现代交通技术领域中的具体应用之一,它是一种特殊的自组网形式,即快速移动户外通信网络。基于 VANET 的公交车辆动态调度技术是一种在公平、高效、可靠地无线通信技术的基础上,以公交车辆通过车车通信的自身协调调整为主,以公交信息中心通过车路通信的监控管理为辅的智能化调度技术,可将其视为物联网或车联网在城市常规公交车辆调度中的一种应用。此外,本书还分析了在单车道情况下公交车辆动态调度无线通信的连通性。

8.3 研究不足与展望

常规公交车辆行车计划的编制及优化是一项复杂的工作,它受乘客需求的分布、公交车辆的性能、公交线路特征、道路交通运营环境、调度管理制度和调度人员及硬件技术水平等一系列因素的影响。要全面彻底地掌握车辆行车计划编制方法,还有许多工作要做。

探索我国城市常规公交车辆行车计划智能化编制及优化方法的最终目的是编制出科学有效的常规公交车辆行车时刻表,实现常规公交车辆调度的智能化。作者认为,没有绝对正确、准确的公交车辆行车计划,只有更加科学、合理的车辆行车计划。本书涉及的常规公交车辆行车计划智能化编制及优化方法还太不全面,只能应用于提高特定情形下常规公交车辆的智能化调度水平。由于常规公交车辆行车计划智能化编制及优化工作的复杂性、灵活性和多样性,仅靠一两本教材专著是无法解决所有问题的。加之作者的水平和精力有限,书中难免有不妥之处,所取得的研究成果也可能存在诸多不足之处,有待进一步地扩展和深入研究,为此,提出以下研究展望:

(1) 对比中外常规公共交通的差异

由于我国城市常规公交车辆行车计划编制及优化的水平相比欧美等发达国家要落后很多年，所以目前很多专家学者在借鉴国外发达国家的公交车辆调度经验。学习他国先进技术，快速提升我国常规公交车辆行车计划编制及优化技术，这是非常有效的方法。但不得不注意：我国常规公共交通与国外常规公共交通的差异，例如在道路交通环境、公交公司运营模式、公交车辆调度模式等等方面的异同。故需要有针对性的学习他国经验，不能一味模仿，取其精华去其糟粕，方能真正地提高我国常规公交车辆行车计划智能化编制及优化水平。

(2) 建立符合我国国情的常规公交信息数据库

在研究公交车辆行车时刻表编制时，应用了国内的公交数据来分析模型和算法的正确性与有效性；当研究公交车辆行车计划的调整时，无法取得比较权威可信的国内公交数据加以验证，虽然有美国威斯康星州麦迪逊市的公交数据，但考虑到两个国家道路交通环境的不同，作者最终没有使用美国的公交数据来研究我国公交车辆的动态调度。在研究行车计划编制过程中的排班计划编制时，之所以选用了美国的公交数据，是因为配车方法的研究不受数据局限性的影响。综上所述，尽快建立符合我国国情的常规公交信息数据库是十分必要的。

(3) 由线路调度向区域调度转变的经济可行性分析与社会效益分析

在技术层面上，由线路调度向区域调度已成为一种趋势，因此其技术可行性方面毋庸置疑。但是在经济层面上是否可行，对于不同的城市可能会有不同的适应性，因此，编制由"线"至"面"的公交车辆调度经济可行性分析报告是非常有必要的。这也为交通运输规划与管理专业横向研究提供了一个新的研究领域。

此外，在书中已经提过，调度模式的转变相应的也要对调度组织形式、公交公司的管理体制进行改革。目前，我国城市公交智能化建设的资金主要依赖于政府投资，属于政府行为；且公交行业被定性为社会福利型行业，其发展会受到多方面制约。故从政府的角度出发，由线路调度向区域调度转变带来的社会效益怎样，如何进行分析，开展此类研究也是有实际意义的。

(4) 对模型假设的进一步松弛

为了较为方便地建立行车计划编制优化问题的模型，本书做了一些相应的假设，如何让模型更加贴近现实生活，即将这些假设逐步地完全松弛掉，这是一项非常具有挑战性的工作，期望以后能够将模型改进地更为实际化。

(5) 对常规公交车辆行车计划编制研究的扩展

本书针对区域调度中的单车场公交车辆的调度进行了研究，没有研究多车场区域公交车辆调度问题，主要原因有三点：①因为已有文献研究证明可以通过一些方法，如列生成法，将公交车辆的多车场区域调度问题转化为单车场区域调度问题，再进行求解；②在一些情况下公交车辆的单车场区域调度模型要比多车场区域调度模型的调度效果更好，已有学者（如美国马里兰大学的 Haghani 教授等）对此进行过相关研究；③目前我国大部分城市仍在采用线路调度，从线路调度向区域调度转变的过程中，考虑公交公司的管理体制因素，结合各公司控制某车场和多条线路的实际情形，公交车辆的单车场区域调度模式更容易尽快得到应用。在今后的研究中，将会开展公交车辆的多车场区域调度问题研究。

此外，本书仅是对公交车辆的行车计划编制及优化进行研究，在以后的研究中，再将司乘人员的智能化排班考虑进来，则可以完成对常规公交行车计划的整体编制及优化工作。这项工作如果完成，将会有更大的实用价值。

（6）对多车道情况下的公交车辆调度通信连通性的研究

在对常规公交车辆动态调度技术的探讨中，研究了单车道情况下公交车辆调度的无线通信连通性，当能够获取多车道情况下车辆的分布规律时，辅以先进的技术条件，研究多车道情况下的连通性是可以进一步开展的工作之一。

参 考 文 献

[1] 中华人民共和国国家统计局. 中国统计年鉴 2010 民用汽车拥有量[EB/OL]. http://www.stats.gov.cn/tjsj/ndsj/2010/indexch.htm

[2] 北京市发展和改革委员会. "十五"期间北京市城市交通改善对策研究[EB/OL]. http://www.bjpc.gov.cn/fzgh/qqyj/200508/t277.htm

[3] 李文权. 城市常规公共交通智能化运营调度研究[A]//2008 第四届中国智能交通年会论文集. 北京:人民交通出版社,2008:698-705

[4] 南京市建设委员会,南京市规划局,南京市交通规划研究所,等. 2007 南京城市道路交通发展年度报告[R]. 南京:南京市交通规划研究所,2008

[5] 南京市建设委员会,南京市规划局,南京市交通规划研究所,等. 2008 南京城市道路交通发展年度报告[R]. 南京:南京市交通规划研究所,2009

[6] 南京市建设委员会,南京市规划局,南京市交通规划研究所,等. 2009 南京城市道路交通发展年度报告[R]. 南京:南京市交通规划研究所,2010

[7] 刘波. 城市公共交通管理[M]. 北京:中国发展出版社,2007

[8] Rainville W S. Bus Scheduling Manual: Traffic Checking and Schedule Preparation [R]. Reprint 1982, America Public Transit Association, US Department of Transportation, DOT-1-82-23

[9] Randall Pine, James Niemeyer and Russell Chisholm. TCRP Report 30: Transit Scheduling: Basic and Advanced Manuals[M]. Transportation Research Board, National Academy Press. Washington, D.C. 1998

[10] Danie Boyle, John Pappas and Phillip Boyle, et al. TCRP Report 135: Controlling System Costs: Basic and Advanced Manuals and Contemporary Issues in Transit Scheduling [M]. Transportation Research Board, National Academy Press. Washington, D.C. 2009

[11] 柏海舰. 基于站点协调的公交车辆智能化调度方法[D]:[博士学位论文]. 南京:东南大学,2010

[12] 牛学勤. 城市公交车辆调度优化理论与方法[D]:[博士学位论文]. 南京:东南大学,2004

[13] 王静霞,张国伍,黎明. 城市智能公共交通管理系统[M]. 北京:中国建筑工业出版社,2008

[14] Ceder A, Stern H I. Deficit function bus scheduling with deadheading trip insertion for fleet size reduction[J]. Transportation Science, 1981, 15(4), 338-363

[15] Bodin L, Golden B and Assad A, et al. Routing and scheduling of vehicles and

crews: the state of the art[J]. Computer and Operations Research, 1983, 10(2): 63-211

[16] Furth P G. Alternating Deadheading in Bus Route Operation[J]. Transportation Science, 1985, 19(1): 13-28

[17] Koutsopoulos H N, Odoni A R and Wilson N H M. Determination of Headways as a Function of Time Varying Characteristics on a Transit Network [A]. In: (J M Rousseau, ed.) Proceedings of Computer Scheduling of Public Transport 2. Elsevier Science Amsterdam, the Netherlands. 1985: 391-413

[18] Bertossi A A, Carraresi P and Gallo G. On Some Matching Problems Arising in Vehicle Scheduling Models[J]. Networks, 1987, 17(3): 271-281

[19] Marlin P G, Nauess R M and Smith L D, et al. Computer support for operator assignment and dispatching in an urban transit system[J]. Transportation Research Part A, 1988, 22(1): 13-26

[20] Li Y-H, Wu F-J. Real-Time Scheduling on a Transit Bus Route [A]. In: Computer Scheduling of Public Transport[C]. Springer-Verlag, 1992: 213-225

[21] Carey M. Optimizing Scheduled Times Allowing for Behavioral Response [J]. Transportation Research Part B, 1998, 32(5): 329-342

[22] Van Oudheusden D L, Zhu W. Trip frequency scheduling for bus route management in Bangkok[J]. European Journal of Operational Research, 1995, 83(3): 439-451

[23] Eberlein X-J. Real-Time Control Strategies in Transit Operations: Model and Analysis[D]: [Ph. D. Dissertation]. Cambridge, MA. Massachusetts Institute of Technology, 1995

[24] Adamski A, Turnau A. Simulation support tool for real-time dispatching control in public transport[J]. Transportation Research Part A, 1998, 32(2): 73-87

[25] Dessouky M, Hall R, et al. Bus dispatching at timed transfer transit stations using bus tracking technology[J]. Transportation Research Part C, 1999, 7(4): 187-208

[26] Ceder A, Tal O. Designing synchronization into bus timetables[J]. Transportation Research Record, 2001, 1760: 3-9

[27] Banihashemi M, Haghani A. Optimization model for large-scale bus transit scheduling problems[J]. Transportation Research Record, 2000, 1733: 23-30

[28] Palma A, Lindsey R. Optimal timetables for public transportation[J]. Transportation Research Part B, 2001, 35(8): 789-813

[29] Haghani A, Banihashemi M. Heuristic approaches for solving large-scale bus transit scheduling problem with route time constraints[J]. Transportation Research Part A, 2002, 36(4): 309-333

[30] Valouxis C, Housos E. Combined bus and driver scheduling[J]. Computers and Operations Research, 2002, 29(3): 243-259

[31] Haghani A, Banihashemi M and Chiang K-H. A comparative analysis of bus transit

vehicle scheduling models[J]. Transportation Research Part B, 2003, 37(4): 301-322

[32] Zolfaghari S, Azizi N and Jaber M Y. A Model for Holding Strategy in Public Transit Systems with Real-time Information[J]. International Journal of Transport Management, 2004, 2(2): 99-110

[33] Gintner V, Kliewer N and Suhl L. Solving large multiple-depot multiple-vehicle-type bus scheduling problems in practice[J]. OR Spectrum, 2005, 27(4): 507-523

[34] Rodrigues M M, Souza C C and Moura A V. Vehicle and crew scheduling for urban bus lines[J]. European Journal of Operational Research, 2006, 170(3): 844-862

[35] Fattouche G. ImprovingHigh-Frequency Bus Service Reliability through Better Scheduling [D]: [Master Thesis]. Boston: Massachusetts Institute of Technology, 2007

[36] Guihaire V, Hao J-K. Transit network design and scheduling: A global review[J]. Transportation Research Part A, 2008, 42(10): 1251-1273

[37] Laurent B, Hao J-K. List-graph colouring for multiple depot vehicle scheduling[J]. International Journal of Mathematics in Operational Research, 2009, 1(2): 228-245

[38] Michaelis M, Schöbel A. Integrating line planning, timetabling, and vehicle scheduling: a customer-oriented heuristic[J]. Public Transport, 2009, 1(3): 211-232

[39] Guihaire V, Hao J-K. Transit network timetabling and vehicle assignment for regulating authorities[J]. Computers & Industrial Engineering, 2010, 59(1): 16-23

[40] Schéele S. A supply model for public transit services[J]. Transportation Research Part B, 1980, 14(1-2): 133-146

[41] Furth P G, Wilson N H M. Setting frequencies on bus routes: Theory and practice [J]. Transportation Research Record, 1981, 818: 1-7

[42] Ceder A. Bus frequency determination using passenger count data[J]. Transportation Research Part A: General, 1984, 18(5-6): 439-453

[43] Koutsopoulos H, Odoni A and Wilson N H M. Determination of headways as function of time varying characteristics on a transit network[J]. Computer scheduling of public transport, 1985, 2: 391-414

[44] Banks J H. Optimal headways for multiroute transit systems[J]. Journal of Advanced Transportation, 1990, 24(2): 127-155

[45] Shih M C, Mahmassani H S. Vehicle Sizing Model for Bus Transit Networks[J]. Transportation Research Record, 1994: 35-35

[46] Wirasinghe S C. Initial planning for urban transit systems[J]. Advanced Modeling for Transit Operations and Service Planning, 2003: 1-29

[47] Ceder A, Golany B and Tal O. Creating bus timetables with maximal synchronization [J]. Transportation Research Part A, 2001, 35(10): 913-928

[48] Cevallos, Fabian and Zhao Fang. A genetic algorithm for bus schedule synchronization[C]. Chicago: AATT. 2006, 737-742

[49] Salzborn F J M. Optimum Bus Scheduling[J]. Transportation Science, 1972, 6(2), 137-148

[50] Vijayaraghavan T A S. Vehicle scheduling in urban transportation with quick and cut trip insertions for fleet size reduction[J]. Transportation Planning and Technology, 1988, (2): 105-120

[51] Vijayaraghavan T A S, Ananthar Amaiah K M. Fleet assignment strategies in urban transportation using express and partial services[J]. Transportation Research, 1995, 29A(2): 157-171

[52] Freling R, Huisman D and Wagelmans A P M. Applying an integrated approach to vehicle and crew scheduling in practice[A]. In: S Voss S and J R Daduna, eds. Computer-aided Scheduling of Public Transport. Lecture Notes in Economics and Mathematical Systems, Springer-Verlag, 2001, 505, 73-90

[53] Huisman D, Freling R and Wagelmans A O M. Models and algorithms for integration of vehicle and crew scheduling[J]. Transportation Science, 2005, 39, 491-502

[54] Gavish B, Shifler E. An approach for solving a class of transportation scheduling problems[J]. European Journal of Operation Research, 1978, 3, 122-134

[55] Desrosiers J, Dumas Y and Solomon M M, et al. Time constrained routing and scheduling[A]. In: M O Ball, T L Mananti, C L Monma and G L Nemhauser eds. Network Routing, Handbooks in Operation Research and Management Science, Elsevier Science, Amsterdam, 1995, 8, 35-139

[56] Kwan R S K, Rahin M A. Object oriented bus vehicle scheduling - the BOOST system[A]. In: N H Wilson, ed. Computer-Aided Transit Scheduling. Lecture Notes in Economics and Mathematical Systems, Springer-Verlag, 1999, 471, 177-191

[57] Fring R, Wagelmans A P M. and Paixao J M P. Models and algorithms for single-depot vehicle scheduling[J]. Transportation Science, 2001, 35(2), 165-180

[58] Hasse K, Desauliniers G and Desrosiers J. Simultaneous vehicle and crew scheduling in an urban mass transit system[J]. Transportation Science, 2001, 35(3), 286-303

[59] Bertossi A A, Carraresi P and Gallo G. On some matching problems arising in vehicle scheduling models[J]. Network, 1987, 17(3): 271-281

[60] Dell Amico M, Fischett M and Toth P. Heuristic algorithms for the multiple depot vehicle scheduling problem[J], Management Science, 1993, 39(1), 115-123

[61] Mingozzi A, Bianco L and Ricciardelli S. An exact algorithm for combining vehicle trips[A]. In:J R Daduna, I Branco, J M P Paixão, P Carraresi, eds. Computer-Aided Transit Scheduling, Lecture Notes in Economics and Mathematical Systems, 1995, 430: 145-172

[62] Löbel A. Vehicle scheduling in public transit and lagrangean pricing[J]. Management Science, 1998, 44(12), 1637-1649

[63] Löbel A. Solving large-scale multiple-depot vehicle scheduling problems[A]. In: N H M Wilson, ed. Computer-Aided Transit Scheduling. Lecture Notes in Economics

and Mathematical Systems, Springer-Verlag, 1999, 471, 192-220

[64] Mesquita M, Paixao J M P. Exact algorithms for the multi-depot vehicle scheduling problem based on multicommodity network flow type formulations[A]. In: N H M Wilson, ed. Computer-Aided Transit Scheduling. Lecture Notes in Economics and Mathematical Systems, Springer-Verlag, 1999, 471, 221-243

[65] Huisman D, Freling R and Wagelmans A O M. Models and algorithms for integration of vehicle and crew scheduling[J]. Transportation Science, 2005, 39, 491-502

[66] Haghani A, Banihashemi M and Chiang K H. A comparative analysis of bus transit vehicle scheduling models[J]. Transportation Research Part B, 2003, 37(4): 301-322

[67] 马庆国,徐一勤,王文莲. 城市公交行车计划模型[J]. 系统工程,1987,5(4):41-48

[68] 张德欣. 计算机辅助编制公交行车时刻表的研究[D]:[硕士学位论文]. 北京:北方交通大学,2002

[69] 张铁梁. 基于计算机模拟技术编制公交行车计划应用研究[D]:[硕士学位论文]. 北京:北方交通大学,2003

[70] 肖挺. 计算机辅助编制公交行车计划应用研究[D]:[硕士学位论文]. 北京:北京交通大学,2004

[71] 邹迎. 公交区域调度行车计划编制方法研究[J]. 交通运输系统工程与信息,2007,7(3):78-82

[72] 陈少纯,曹海霞. 智能公交系统中的行车计划自动排列算法的研究[J]. 科技信息(学术版),2007,(15):94-96

[73] 杨柳. 计算机编制公交行车时刻表方法研究[D]:[硕士学位论文]. 北京:北京交通大学,2008

[74] 张学炜. 集成化的公交运营计划编制方法研究[D]:[硕士学位论文]. 北京:北京交通大学,2008

[75] 徐竞琪. 基于客流信息的单线路公交行车计划优化研究[D]:[硕士学位论文]. 上海:同济大学,2009

[76] 肖倩. 基于GPS数据的公交行车计划研究[D]:[硕士学位论文]. 北京:北京交通大学,2009

[77] 梁媛媛. 公共交通行车计划一体化编制方法研究[D]:[硕士学位论文]. 北京:北京交通大学,2009

[78] 李桂萍. 多场站公交行车计划编制模型与算法研究[D]:[硕士学位论文]. 北京:北京交通大学,2010

[79] 孙芙灵. 公交调度中发车间隔的确定方法的探讨[J]. 西安公路交通大学学报,1997,17(2B):44-48

[80] 黄溅华,关伟,张国伍. 公共交通实时调度控制方法研究[J]. 系统工程学报,2000,15(3):277-280

[81] 黄溅华,张国伍. 公共交通实时放车调度方法研究[J]. 系统工程理论与实践,2001,21(3):107-111

[82] 张飞舟,晏磊,范跃祖,等.智能交通系统中的公交车辆动态调度研究[J].公路交通科技,2002,19(3):123-126

[83] 邹迎,黄溅华.公共交通调度实时发快车模型研究[J].数学的实践与认识,2002,32(6):961-963

[84] 胡坚明,宋靖雁,杨兆升,等.公交智能化调度系统实时调度形式确定方法研究[J].公路交通科技,2003,20(6):113-117

[85] 陈茜,牛学勤,陈学武,等.公交线路发车频率优化模型[J].公路交通科技,2004,21(2):103-105

[86] 祝付玲,邓卫,葛亮.公交线路运力配备方法研究[J].交通运输工程与信息学报,2005,3(1):93-97

[87] 宋瑞,赵航.基于机会约束的公交调度研究[J].数学的实践与认识,2005,35(1):89-95

[88] 李铭,李旭宏.公交枢纽内多线路车辆实时调度优化方法研究[J].公路交通科技,2006,23(10):108-112

[89] 滕靖,杨晓光.APTS下快速公交实时控制-调度方法研究[J].系统工程理论与实践,2006,26(2):138-143

[90] 宋瑞,何世伟,杨永凯,等.公交时刻表设计与车辆运用综合优化模型[J].中国公路学报,2006,19(3):70-76

[91] 冯岩,裴玉龙,徐大伟.智能公共交通系统动态调度模型研究[J].哈尔滨工程大学学报,2007,28(3):273-276

[92] 刘志刚,申金升.区域公交时刻表及车辆调度双层规划模型[J].系统工程理论与实践,2007,(11):135-141

[93] 何迪.APTS下公交车辆区域调度问题研究[D]:[博士学位论文].成都:西南交通大学,2009

[94] 张飞舟.公交车辆智能调度研究[J].交通运输系统工程与信息,2001,1(1):73-80

[95] 李跃鹏,安涛,黄继敏,等.基于遗传算法的公交车辆智能排班研究[J].交通运输系统工程与信息,2003,3(1):41-44

[96] 刘闯,韩印.基于遗传算法的智能化公交网络优化方法研究[J].计算机工程与应用,2003,34:208-209

[97] 童刚.遗传算法在公交调度中的应用研究[J].计算机工程与应用,2005,31(13):29-31

[98] 任传祥,张海,范跃祖.混合遗传-模拟退火算法在公交智能调度中的应用[J].系统仿真学报,2005,17(9):2075-2077

[99] 王海星.公交车辆区域调度理论与方法研究——以电动车为背景[D]:[博士学位论文].北京:北京交通大学,2007

[100] 耿金花,高齐圣.序贯均匀设计在公交优化调度问题中的应用[J].青岛科技大学学报:自然科学版,2007,28(3):263-266

[101] 白子建,宋瑞,贺国光,等.快速公交线路组合频率优化的禁忌模拟退火算法仿真[J].计算机应用研究,2008,25(2):355-358

[102] 付阿利,雷秀娟.粒子群优化算法在公交车智能调度中的应用[J].计算机工程与应用,2008,44(15):239-241

[103] 陈鹏.基于 BP 神经网络的公交智能实时调度模型研究及系统实现[D]:[硕士学位论文].北京:北京交通大学,2008

[104] 杨智伟,赵骞,赵胜川.基于人工免疫算法的公交车辆调度优化问题研究[J].武汉理工大学学报:交通科学与工程版,2009,33(5):1004-1007

[105] 牛学勤,陈茜,王炜.城市交通线路调度发车频率优化模型[J].交通运输工程学报.2003,3(4):68-72

[106] 杨兆升.城市智能公共交通系统理论与方法[M].北京:中国铁道出版社,2004

[107] 陈云新,谭汉松.公交车线路运营调度及评估系统的研究与实现[J].武汉理工大学学报.2005,27(9):97-100

[108] 于滨,杨忠振,程春田,左志.公交线路发车频率优化的双层规划模型及其解法[J].吉林大学学报(工学版),2006,36(5):664-668

[109] 晏烽,广晓平.基于双层规划的公交车调度问题的模型与算法[J].兰州交通大学学报,2008,27(6):75-79

[110] 杨晓光,周雪梅,臧华.基于 ITS 环境的公共汽车交通换乘时间最短调度问题研究[J].系统工程,2003,21(2):56-59

[111] 周雪梅,杨晓光.基于 ITS 的公共交通换乘等待时间最短调度问题研究[J].中国公路学报,2004,17(2):82-84

[112] 石琴,覃运梅,黄志鹏.公交区域调度的最大同步换乘模型[J].中国公路学报,2007,20(6):90-94

[113] 刘颖杰.区域公交发车计划优化研究[D]:[硕士学位论文].广州:华南理工大学,2010

[114] 冯树民,陈洪仁.公交车辆配置辆计算方法研究[J].交通运输系统工程与信息,2006,6(3):79-81

[115] 胡兴华.公交线路运力配置方法研究[D]:[硕士学位论文].成都:西南交通大学,2007

[116] 刘志刚,申金升,杨威.基于禁忌搜索的公交区域调度配车模型研究[J].交通运输信息与工程学报,2007,5(4):63-67

[117] 王大勇,臧学运,王海星.公交区域车辆调度优化研究现状及发展[J].北京交通大学学报,2008,32(3):42-45

[118] Amteam.org.走进奥运:SynchroFLOW 服务于北京公交运营调度系统[EB/OL].http://www.amteam.org/k/CIO/2007-12/604968.html,2007-12-12

[119] 朱中,管德永,黄凯.海信智能公交行车计划编制系统[J].中国交通信息产业,2004,(9):58-60

[120] 张国伍.北京市公共交通智能化调度管理系统的建设与开发[J].北方交通大学学报,1999,23(5):1-6

[121] 张飞舟,范跃祖,孙先仿.智能交通系统中的智能化公共交通系统[J].系统工程,1999,17(4):5-10

[122] 杨新苗,王炜.基于准实时信息的公交调度优化系统[J].交通与计算机,2000,18(5):12-15

[123] 陈茜,王炜,潘俊卿.公共交通智能调度系统仿真模型[J].交通与计算机,2005,23(3):63-66

[124] 张宁,丁建明,黄卫.城市公共交通系统集成调度构想[J].公路交通科技,2006,23(1):143-146

[125] 刘波.智能城市公共交通运输调度系统的设计与实现[D]:[硕士学位论文].太原:太原科技大学,2009

[126] 东南大学交通学院,常州市建设局,常州市规划局,等.常州市公交线网优化方案研究成果报告[R].2009

[127] 朱晓宏,丁卫东,孙泰屹.公交客流信息采集技术研究[J].城市车辆,2005,(1):55-56

[128] 高玉龙.公交计数系统设计与实现[J].应用科技,2004,31(3):6-8

[129] 赵敏.基于多目标识别的自动乘客计数技术研究[D]:[硕士学位论文].重庆:重庆大学,2006

[130] 袁绍松.叩响智能交通之门——建设中的北京市智能公交[J].中国交通信息产业,2003,(2):105-107

[131] 戴霄.基于公交IC信息的公交数据分析方法研究[D]:[硕士学位论文].南京:东南大学,2006

[132] 中国国家质量监督检验检疫总局.客车装载质量计算方法(GB/T 12428-2005)[S].北京:中国标准出版社,2005

[133] 中国国家质量监督检验检疫总局.机动车运行安全技术条件(GB 7258—2004)[S].北京:中国标准出版社,2004

[134] 富立,范耀祖.车辆定位导航系统[M].北京:中国铁道出版社,2004

[135] 田增山,刘丽川,黄顺吉.移动电话定位技术及其应用[J].电信科学,2001,(1):23-26

[136] 金慧琴,鞠建波.蜂窝移动电话定位技术[J].电讯技术,2001,41(2):52-54

[137] 王斌.基于多手机定位的公交车辆定位研究[D]:[硕士学位论文].重庆:重庆大学,2006

[138] 孙泰屹,丁卫东,朱晓宏,柳祖鹏.适用于公交车辆的定位技术研究[J].城市车辆,2004,(6):62-64

[139] 葛宏伟.城市公交停靠站点交通影响分析及优化技术研究[D]:[博士学位论文].南京:东南大学,2006

[140] 陈宽民,严宝杰.道路通行能力分析[M].北京:人民交通出版社,2003

[141] Kittelson & Associates, et al. TCRP Report 100: Transit Capacity and Quality of Service Manual, 2nd Edition[R]. Transportation Research Board, National Academy Press. Washington, D.C. 2003

[142] Zhang Jian, Li Wenquan and Zhao Jinhuan. Estimation of original-destination matrices for public traffic passenger flow[A]. In: Proceeding of the 9th International Conference of Chinese Transportation Professionals, 2009, 358: 1762-1768

[143] 赵锦焕,李文权,张健,等.公交客流OD矩阵推算[J].交通运输工程与信息学报,2009,7(4):124-128

[144] 李铁柱,刘勇,卢璨,等.城市公共交通首末站综合评价[J].交通运输工程学报,2005,5(1):86-91

[145] 刘聪,顾建,吴国平,等.基于GPRS的远程气象观测数据实时采集传输系统及其应用

[J]. 应用气象学报,2004,15(6):712-718

[146] 王炜,杨新苗,陈学武. 城市公共交通系统规划方法与管理技术[M]. 北京:科学出版社,2006

[147] 莫露全,刘毅,蓝相格. 城市公共交通运营管理[M]. 北京:机械工业出版社,2007

[148] 刘欢,李文权. 城市公交调度中满载率问题的研究[J]. 交通运输工程与信息学报,2008,6(4):104-109

[149] 刘欢. 公交线路行车时刻表编制技术[D]:[硕士学位论文]. 南京:东南大学,2009

[150] Ceder A. Urban Transit Scheduling: Framework, Review and Examples[J]. Journal of Urban Planning and Development, 2002, 128(4): 225-244

[151] Dubois D, Bel G and Llibre M. A set of methods in transportation network synthesis and analysis[J]. Journal of the Operational Research Society, 1979, 30(9): 797-808

[152] Ceder A, Wilson N H M. Bus network design[J]. Transportation Research Part B, 1986, 20(4): 331-344

[153] Baaj M H, Mahmassani H S. Hybrid route generation heuristic algorithm for the design of transit networks[J]. Transportation Research Part C, 1995, 3(1): 31-50

[154] Zhang Jian, Li Wenquan. Bi-level programming model and algorithm for optimizing headway of public transit line [J]. Journal of Southeast University (English Edition), 2010, 26(3): 471-474

[155] 覃运梅. 城市公交调度优化方法研究[D]:[硕士学位论文]. 合肥:合肥工业大学,2006

[156] 王小平,曹立明. 遗传算法——理论、应用与软件实现[M]. 西安:西安交通大学出版社,2002

[157] 张健,李文权. 公交线网优化的算法研究[J]. 交通运输工程与信息学报,2008,6(3):102-108

[158] 雷英杰,张善文,李续武,等. MATLAB 遗传算法工具箱及应用[M]. 西安:西安电子科技大学出版社,2005

[159] 常州统计信息网[EB/OL]. http://www.cztjj.gov.cn/node/Tjsj_Ndgb/2009-6/24/15_34_29_800.html

[160] Sheffi Yosef. Urban Transportation Networks: Equilibrium Analysis with Mathematical Programming Methods[M]. Englewood Cliffs, New Jersey, United States of America: Prentice-Hall Inc., 1985

[161] 陈石. 区域公交时刻表生成的模型与方法研究[D]:[硕士学位论文]. 北京:北京交通大学,2009

[162] Ceder A,著;关伟,等,译. 公共交通规划与运营——理论、建模及应用[M]. 北京:清华大学出版社,2010

[163] Fischetti M, Martello S and Toth P. The fixed job scheduling problem with spread-time constrains[J]. Operation Research, 1987, 35: 849-858

[164] Fischetti M, Martello S and Toth P. The fixed job scheduling problem with working-time constrains[J]. Operation Research, 1989, 37: 395-403

[165] Fischetti M, Martello S and Toth P. Approximation algorithm for fixed job schedule problem[J]. Operation Research, 1992, 35: 96-108

[166] Jansen K. An approximation algorithm for the license and shift class design problem[J]. European Journal Operational Research, 1994, 73: 127-131

[167] Gabrel V. Scheduling jobs with time windows on identical parallel machines: new model and algorithms[J]. European Journal Operational Research, 1995, 83: 320-329

[168] 李文权. 铁路区段站日工作计划优化模型及算法的研究[D]: [博士学位论文]. 成都: 西南交通大学, 1997

[169] 孙宏, 杜文. 航空公司飞机排班计划的优化模型及算法设计[M]. 成都: 电子科技大学出版社, 2004

[170] 文军, 孙宏, 徐杰, 等. 基于排序算法的机场停机位分配问题研究[J]. 系统工程, 2004, 22(7): 102-106

[171] Gupta U I, Lee D T and Leung Y T. An optimal solution for the channel-assignment problem[J]. IEEE Transactions computer, 1979, C-28: 807-810

[172] Kovalyov M Y, Ng C T and Cheng T C E. Fixed interval scheduling: Models, applications, computational complexity and algorithms[J]. European Journal of Operational Research, 2007, 178: 331-342

[173] 宣竞. 带周期性维护时间的平行机排序问题研究[D]: [硕士学位论文]. 杭州: 浙江大学, 2007

[174] Heady R B, Zhu Z. Minimizing the sum of job earliness and tardiness in a multimachine system[J]. International Journal of Production Research, 1998, 36(6): 1619-1632

[175] Balakrishnan N, Kanet J J and Sridharan, 'Sri' V. Early/tardy scheduling with sequence dependent setups on uniform parallel machines[J]. Computers and Operations Research, 1999, 26(2): 127-141

[176] Sivrikaya-Serifoglu F, Ulusoy G. Parallel machine scheduling with earliness and tardiness penalties[J]. Computers & Operations Research, 1999, 26(8): 773-787

[177] Hiraishi K, Levner E and Vlach M. Scheduling of parallel identical machines to maximize the weighted number of just-in-time jobs[J]. Computers & Operations Research, 2002, 29(7): 841-848

[178] Lann A, Mosheiov G. A note on the maximum number of on-time jobs on parallel identical machines[J]. Computers & Operations Research, 2003, 30(11): 1745-1749

[179] 李文权, 杜文. 铁路技术站调机运用模型及算法[J]. 系统工程学报, 2000, 15(1): 38-43

[180] 孙宏. 应用网络流模型解决航班衔接问题[J]. 西南交通大学学报, 2002, 37(2): 223-226

[181] Yannakakis M, Gavril F. The maximum k-colorable subgraph problem for chordal

graphs[J]. Information Processing Letters, 1987, 24(2): 133-137

[182] Faigle U, Nawijn W M. Note on scheduling intervals on-line[J]. Discrete Applied Mathematics, 1995, 58(1): 13-17

[183] Bouzina K I, Emmons H. Interval scheduling on identical machines[J]. Journal of Global Optimization, 1996, 9(3): 379-393

[184] Carlisle M C, Lloyd E L. On the k-coloring of intervals[J]. Discrete Applied Mathematics, 1995, 59(3): 225-235

[185] Brucker P, Nordmann L. The k-track assignment problem[J]. Computing, 1994, 52(2): 97-122

[186] Garey M R, Johnson D S and Miller G L, et al. The complexity of coloring circular arcs and chords[J]. SIAM Journal on Algebraic Discrete Method, 1980, 1(2), 216-227

[187] Faigle U, Kern W and Nawijin W M. A greedy on-line algorithm for the k-track assignment problem[J]. Journal of Algorithm, 1999, 31(1), 196-210

[188] Arkin E M, Silverberg E L. Scheduling jobs with fixed start and finish time[J]. Discrete Applied Mathematics, 1987, 18(1): 1-8

[189] Woeginger G J. On-line scheduling of jobs with fixed start and end times[J]. Theoretical Computer Science, 1994, 130(1), 5-16

[190] Boyar J, Larsen K S. The seat reservation problem[J]. Algorithmica, 1999, 25(4): 403-417

[191] Bach E, Boyar J and Epstein L, et al. Tight bounds on the competitive ratio onaccommodating sequences for the seat reservation problem[J]. Journal of Scheduling, 2003, 6(2): 131-147

[192] Dijkstra M C, Kroon L G and Van Numen J A E E, et al. A DSS for capacity planning of aircraft maintenance personnel[J]. International Journal of Production Economics, 1991, 23(1-3): 69-78

[193] Gabrel V. Scheduling jobs within time windows on identical parallel machines: New model and algorithm[J]. European Journal of Operation Research, 1995, 83(2): 320-329

[194] Ng C T, Kovalyov M Y and Cheng T C E. A graph-theoretic approach to interval scheduling on dedicated unrelated parallel machines[J]. Journal of the Operational Research Society, 2013 (In Press)

[195] Gertsbach I, Gurevich Y. Constructing an optimal fleet for transportation schedule [J]. Transportation Science, 1977, 11(1), 20-36

[196] 华思炜.具有多处理器任务的固定工件在线排序问题研究[D]:[硕士学位论文].上海:复旦大学,2008

[197] 王梅.公交运营异常情况下的车辆调度研究[D]:[硕士学位论文].南京:东南大学,2010

[198] 杨明.城市公共交通动态调度的研究[D]:[硕士学位论文].锦州:辽宁工学院,2007

[199] 傅佳. 智能公交车队调度与道路拥塞预测研究[D]:[硕士学位论文]. 北京:北京交通大学,2007

[200] 陈立家,江昊,吴静,等. 车用自组织网络传输控制研究[J]. 软件学报,2007,18(6):1477-1490

[201] 刘刚,周兴社,谷建华,等. 自组织、自适应无线传感器网络理论研究[J]. 计算机应用研究,2005,22(5):30-33

[202] 黎宁,韩露. 无线自组织网络退避算法综述[J]. 计算机应用,2005,25(6):1244-1247

[203] 赵华,于宏毅. 一种新型的基于自组网车载通信系统MAC协议[J]. 微计算机信息,2005,21(09Z):112-114

[204] 常促宇,向勇,史美林. 车载自组网的现状与发展[J]. 通信学报,2007,28(11):116-126

[205] 陈晓静,何荣希. 车载AdHoc网络MAC协议研究[J]. 计算机工程与设计,2008,29(12):3071-3074

[206] 但雨芳,马庆禄. RFID,GPS和GIS技术集成在交通智能监管系统中的应用研究[J]. 计算机应用研究,2009,26(12):4628-4631

[207] 刘亮,夏玮玮,沈连丰. 车辆自组网车载单元的设计与实现[A]//2009通信理论与技术新发展——第十四届全国青年通信学术会议论文集. 北京:电子工业出版社,2009:629-634

[208] 熊炜,李清泉. 高速公路场景中车用自组织网络1-连通的必要条件[J]. 软件学报,2009:1-14

[209] 刘富强,单联海. 车载移动异构无线网络架构及关键技术[J]. 中兴通讯技术,2010,16(3):47-51

[210] 黄爱蓉,向郑涛,张涛,等. 车辆信息实时监视系统的设计和实现[J]. 计算机工程与设计,2010,31(8):1839-1843

[211] Hedrick J K, Tomizuka M and Varaiya P. Control issues in automated highway systems[J]. IEEE Control Systems Magazine, 1994. 14(6):21-32

[212] Gehring O, Fritz H. Practical results of a longitudinal control concept for truck platooning with vehicle to vehicle communication[A]. In:Proceedings of the 1st IEEE Conference on Intelligent Transportation System (ITSC'97), 1997, 117-122.

[213] Werner J. USDOT outlines the new VII initiative at the 2004 TRB Annual Meeting [A]. In: Newsletter of the ITS Cooperative Deployment Network, Washington D. C. , USA, 2004

[214] Nadeem T, Dashtinezhad S and Liao C, et al. Traffic View:Traffic data dissemination using car-to-car communication[J]. ACM SIGMOBILE Mobile Computing and Communications Review, 2004, 8(3):6-19

[215] Safe Spot Integrated Project[EB/OL]. http://www.safespot-eu.org/

[216] Franz W, Eberhardt R and Luckenbach T. Fleetnet-internet on the road[A]. In: Proceedings of the 8th World Congress on Intelligent Transportation Systems (ITS 2001), Sydney, Australia, October 2001

[217] Network on Wheels (NoW) [EB/OL]. http://www.network-on-wheels.de/

[218] The Prevent Project[EB/OL]. http://www.prevent-ip.org/

[219] Reichardt D, Miglietta M and Moretti L, et al. CarTALK 2000: safe and comfortable driving based upon inter-vehicle-communication[J]. IEEE Intelligent Vehicle Symposium, 2002: 545-550

[220] Car2Car Communication Consortium[EB/OL]. http://www.car-2-car.org/

[221] Shiraki Y, Ohyama T and Nakabayashi S, et al. Development of an Inter-vehicle communications system[J]. Special Edition on ITS (Intelligent Transportation Systems), 2001, 68: 11-13

[222] Seki K. Applications of DSRC in Japan[Z]. ITS Center, Japan Automobile Research Institute, 2002

[223] Internet ITS Project[EB/OL]. http://www.internetits.org/

[224] EI Defrawy K, Tsudik G. PRISM: Privacy-friendly routing in suspicious MANETs (and VANETs)[A]. In: Proceedings of the International Conference of Network Protocols, 2008, 258-267

[225] Jin W-L, Recker W W. Instantaneous information propagation in a traffic stream through inter-vehicle communication[J]. Transportation Research Part B, 2006, 40(3): 230-250

[226] Recker W W, Jin W-L and Yang X, et al. Autonet: Inter-vehicle communication and network vehicular traffic[J]. International Journal of Vehicle Information and Communication Systems, 2008, 1(3-4): 306-319

[227] 车载无线自组织网络的介质访问控制协议研究[EB/OL]. http://blog.csdn.net/mmpire/archive/2009/06/04/4243539.aspx

[228] Jiang D, Delgrossi L. IEEE 802.11p: Towards an International Standard for Wireless Access in Vehicular Environments[A]. In: IEEE Vehicular Technology Conference, VTC Spring 2008, Singapore, 11-14 May, 2008, 2036-2040

[229] Borgonovo F, Capone A and Cesana M, et al. ADHOC MAC: a new MAC architecture for ad hoc networks providing efficient and reliable point-to-point and broadcast services[J]. ACM Wireless Networks (WINET), 2004, 10(4): 359-366

[230] Bana S V, Varaiya P. Space division multiple access (SDMA) for robust ad hoc vehicle communication networks[A]. In: Proceedings of 4th IEEE International Conference on ITS (ITSC), 2001, 962-967

[231] Blum J J, Eskandarian A. A Reliable Link-Layer Protocol for Robust and Scalable Intervehicle Communications[J]. IEEE Transactions on ITS, 2007, 8(1): 4-13

[232] Young-Bae Ko, Shankarkumar V and Vaidya N H. Medium Access Control Protocols Using Directional Antennas in Ad Hoc Networks[A]. In: Proceedings of the 9th Annual Joint Conference of the IEEE Computer and Communications Societies, 2000, 1: 13-21

[233] Nasipuri A, Ye S and You J, et al. A MAC Protocol for Mobile Ad Hoc Networks

Using Directional Antennas[A]. In: Proceedings of the Wireless Communications and Networking Conference, 2000, 1: 1214-1219

[234] Navda V, Subramanian A P and Dhanasekaran K, et al. MobiSteer: Using Steerable Beam Directional Antenna for Vehicular Network Access[A]. In: Proceedings of the 5th International Conference on Mobile Systems, Applications and Services, San Juan, Puerto Rico, USA, June 11-14, 2007, 16-22

[235] Chigan C, Oberoi V and Li J. Rpb-macn: A Relative Position Based Collision-free Mac Nucleus for Vehicular Ad Hoc Networks[A]. In: IEEE Global Telecommunications Conference 2006, GLOBECOM '06, Nov. 27-Dec. 1, 2006, 1-6

[236] 王哲. 交通流中的车—车间无线通信系统的通信性能分析[D]: [硕士学位论文]. 合肥: 中国科学技术大学, 2009

[237] 王则柯, 凌志英. 拓扑理论及其应用[M]. 北京: 国防工业出版社, 1999

[238] Yang X, Recker W W. Simulation studies of information propagation in a self-organizing distributed traffic information system[J]. Transportation Research Part C, 2005, 13(5-6): 370-390

[239] Yang Xu. Assessment of a Self-Organizing Distributed Traffic Information System: Modeling and Simulation[D]: [Ph. D. Dissertation]. Irvine: University of California at Irvine, 2003

[240] Jin W-L, Recker W W. An Analytical Model of Multihop Connectivity of Inter-Vehicle Communication Systems[J]. IEEE Transactions on Wireless Communications, 2010, 9(1): 106-112

[241] Jin W-L, Recker W W. Instantaneous connectivity of one-dimensional inter-vehicle communication networks with general traffic conditions[A]. In: Proceedings of Transportation Research Board Annual Meeting, 2009

[242] 田记. 多台平行批处理机在线排序和带有运输时间的在线排序[D]: [博士学位论文]. 郑州: 郑州大学, 2009

[243] 康宁, 常会友, 王凤儒. 浅谈排序问题的理论与实践[J]. 黑龙江自动化技术与应用, 1999, 18(2): 4-9

[244] 唐国春. 排序问题的定义、分类和在国内的某些研究进展[J]. 运筹学杂志, 1990, 9(3): 64-74

[245] 唐国春, 张峰, 罗守成, 等. 现代排序论[M]. 上海: 科学普及出版社, 2003

[246] Complexity results for scheduling problems[EB/OL]. http://www.mathematik.uni-osnabrueck.de/research/OR/class/

[247] Conway R W, Maxwell W L and Miller L M. Theory of Scheduling [M]. Massachusetts, USA: Addison-Wesley Publishing Company, 1967

[248] Graham R L, Lawler E L and Lenstra J K, et al. Optimization and approximation in deterministic sequencing and scheduling: A survey [J]. ADM, 1979, 5: 287-326

[249] 周仲良, 郭镜明. 美国数学的现在与未来[M]. 上海: 复旦大学出版社, 1986

[250] 唐国春. 国内排序研究概况[J]. 数学的实践与认识, 1993, (1): 69-73

[251] 越民义,韩继业. n 个零件在 m 台机床上的加工顺序问题(I)[J]. 中国科学,1975,(5):462-470

[252] 王宇平,何文章. $m \times n$ 排序问题再实际中的应用[J]. 数学的实践与认识,1990,20(4):1-5

[253] 越民义,韩继业. 排序问题中的一些数学问题(I)[J]. 数学的实践与认识,1976,(3):59-70

[254] 越民义,韩继业. 排序问题中的一些数学问题(II)[J]. 中国科学,数学的实践与认识,1976,(4):62-77

[255] 越民义,韩继业. 同顺序 $m \times n$ 排序问题的一个新方法[J]. 科学通报,1979,18,821-824

[256] 林治勋. 动态规划与序贯最优化[M]. 郑州:河南大学出版社,1997

[257] 常庆龙. 排序与不等式[M]. 南京:东南大学出版社,1994

[258] Baker K R. Introduction to Sequencing and Scheduling[M]. New York:John Wiley & Sons,1974

[259] Chen B, Potts C N and Woeginger G J. A review of machine scheduling: complexity, algorithms and approximability[A]. In: Du D-Z and Pardalos P M. Handbook of Combinatorial Optimization,3,1998,21-169

附录1 GPS数据处理程序

```csharp
Using System;
Using System.Collections.Generic;
Using System.ComponentModel;
Using System.Data;
Using System.Text;
Using System.Windows.Forms;
Using System.Data.OleDb;
Using System.IO;
    public class FormOfGps: Form
    {
        //地球半径
        private const double EARTH_RADIUS=6378137;
        //GPS信号接收时间间隔
        private double interval;
        //轨迹测量开始时间
        private DateTime startTime;
        //数据集
        DataSet dataset;
        /// <summary>
        ///构造函数
        /// </summary>
        public FormOfGps()
        {
            dataset = new DataSet();
            //默认间隔为s
            inteval = 1;
            InitializeComponent();
            dateTimePicker1.Value = DateTime.Now;
        }
        //角度转化为弧度
        private static double rad(double d)
        {
            return d * Math.PI/180.0;
        }
```

```csharp
/// <summary>
///根据经纬度计算距离
/// </summary>
/// <param name="lat1">第一点的纬度</param>
/// <param name="lng1">第一点的经度</param>
/// <param name="lat2">第二点纬度</param>
/// <param name="lng2">第二点经度</param>
/// <returns>平面距离</returns>
 public static double GetDistance(double lat1, double lng1, double lat2, double lng2)
{
    double radLat1 = rad(lat1);
    double radLat2 = rad(lat2);
    double a = radLat1 - radLat2;
    double b = rad(lng1) - rad(lng2);
    double s = 2 * Math.Asin(Math.Sqrt(Math.Pow(Math.Sin(a / 2), 2) +
        Math.Cos(radLat1) * Math.Cos(radLat2) * Math.Pow(Math.Sin(b / 2), 2)));
    s = s * EARTH_RADIUS;
    s = Math.Round(s * 10000) / 10000;
    return s;
}
//计算速度、加速度
private void buttonOfIn_Click(object sender, EventArgs e)
{
    //从access中读取坐标记录
    OpenFileDialog dlg = new OpenFileDialog();
    dlg.Filter = "Mic Access files (*.mdb)|*.mdb|All files (*.*)|*.*";
    dlg.Title = "数据文件";
    DialogResult result = dlg.ShowDialog();
    if (result == DialogResult.OK)
    {
        //连接数据库 filrPath 为数据文件路径字符串
        string str = @"Provider=Microsoft.Jet.OleDb.4.0;Data Source=" + filePath + ";";
        OleDbConnection conn = new OleDbConnection();
        conn.ConnectionString = str;
        try
        {
```

```csharp
            conn.Open();
        }
    catch (Exception err)
    {
    MessageBox.Show(err.Message,"数据库连接提示",MessageBoxButtons.OK,
        MessageBoxIcon.Error);
        }
    //绑定表格
     OleDbCommand selectCMD = new OleDbCommand("select * from [Road-Line]", conn);
        selectCMD.CommandTimeout = 30;
        OleDbDataAdapter adapter = new OleDbDataAdapter();
        adapter.SelectCommand = selectCMD;
        adapter.Fill(dataset,"inputTable");
    //生成输出的表
        DataTable outputTable = dataset.Tables.Add("outputTable");
        outputTable.Columns.Add("时间 s", typeof(string ));
        outputTable.Columns.Add("累计行程 m", typeof(double));
        outputTable.Columns.Add("速度 m/s", typeof(double));
         DataColumn column = outputTable.Columns.Add("加速度 m/s2", typeof(double));
        column.AllowDBNull = true;
        }
    }
    private void buttonCaculate_Click(object sender, EventArgs e)
    {
        DataTable outputTable = dataset.Tables["outputTable"];
        //循环计算速度
        DataRowCollection rowCollection=dataset.Tables["inputTable"].Rows;
        double lat1;
        double lat2;
        double lng1;
        double lng2;
        double v;
        double d;
        double s = 0;
        DateTime time=startTime;
        DataRow row=null;
        for(int i=0;i<rowCollection.Count-1;i++)
```

```csharp
        {
            row=rowCollection[i];
            lat1 = Convert.ToDouble(row["Longitude"]);
            lng1 = Convert.ToDouble(row["Latitude"]);
            row = rowCollection[i + 1];
            lat2 = Convert.ToDouble(row["Longitude"]);
            lng2 = Convert.ToDouble(row["Latitude"]);
            d = GetDistance(lat1, lng1, lat2, lng2);
            s += d;
            v = d / inteval;
            time = time.AddSeconds(inteval);
            row = outputTable.NewRow();
            row["累计行程 m"] =Math.Round( s, 4);
            row["时间 s"] = time.ToString("yyyy 年 MM 月 dd 日 hh:mm:ss");
            row["速度 m/s"] =Math.Round( v, 4);
            outputTable.Rows.Add(row);
        }
//循环计算加速度
    rowCollection = dataset.Tables["outputTable"].Rows;
    double v1;
    double v2;
    double a;
    for (int j = 0; j < rowCollection.Count-1;j++)
    {
      row = rowCollection[j];
      v1 = Convert.ToDouble(row["速度 m/s"]);
      row = rowCollection[j + 1];
      v2 = Convert.ToDouble(row["速度 m/s"]);
      a = (v2-v1)/ inteval;
      row = rowCollection[j];
      row["加速度 m/s2"] =Math.Round( a, 4);
    }
    if (row == null)
    return;
    //最后时刻加速度设置为
    row = rowCollection[rowCollection.Count-1];
    row["加速度 m/s2"] =0;
  }
}
```

附录2 LINGO 软件编程代码

model：
data：
　　t1＝4；
　　t2＝6；
　　t3＝8；
　　t4＝10；
enddata

min＝25＊(((15＋x4)－(6＋x2)－1)＋((15＋x4)－(14＋x2)－1)＋((30＋x4)－(22＋x2)－1)＋((30＋x4)－(30＋x2)－1)＋((45＋x4)－(38＋x2)－1)＋((60＋x4)－(46＋x2)－1)＋((60＋x4)－(54＋x2)－1))＋32＊(((22＋x2)－(15＋x4)－1)＋((38＋x2)－(30＋x4)－1)＋((46＋x2)－(45＋x4)－1))＋19＊(((15＋x3)－(13＋x2)－1)＋((30＋x3)－(21＋x2)－1)＋((30＋x3)－(29＋x2)－1)＋((45＋x3)－(29＋x2)－1)＋((45＋x3)－(37＋x2)－1)＋((60＋x3)－(45＋x2)－1)＋((60＋x3)－(53＋x2)－1))＋23＊(((21＋x2)－(15＋x3)－1)＋((37＋x2)－(30＋x3)－1)＋((53＋x2)－(45＋x3)－1)＋((61＋x2)－(60＋x3)－1))＋12＊(((18＋x3)－(12＋x1)－1)＋((18＋x3)－(17＋x1)－1)＋((28＋x3)－(22＋x1)－1)＋((28＋x3)－(27＋x1)－1)＋((38＋x3)－(32＋x1)－1)＋((38＋x3)－(37＋x1)－1)＋((48＋x3)－(42＋x1)－1)＋((58＋x3)－(52＋x1)－1))＋19＊(((12＋x1)－(8＋x3)－1)＋((22＋x1)－(18＋x3)－1)＋((32＋x1)－(28＋x3)－1)＋((42＋x1)－(38＋x3)－1)＋((52＋x1)－(48＋x3)－1)＋((62＋x1)－(58＋x3)－1))＋20＊(((21＋x4)－(12＋x1)－1)＋((21＋x4)－(17＋x1)－1)＋((36＋x4)－(22＋x1)－1)＋((36＋x4)－(27＋x1)－1)＋((51＋x4)－(32＋x1)－1)＋((51＋x4)－(37＋x1)－1)＋((51＋x4)－(42＋x1)－1))＋26＊(((12＋x1)－(6＋x4)－1)＋((22＋x1)－(21＋x4)－1)＋((37＋x1)－(36＋x4)－1)＋((52＋x1)－(51＋x4)－1))＋27＊(((21＋x4)－(8＋x3)－1)＋((21＋x4)－(18＋x3)－1)＋((36＋x4)－(28＋x3)－1)＋((51＋x4)－(48＋x3)－1))＋28＊(((8＋x3)－(6＋x4)－1)＋((28＋x3)－(21＋x4)－1)＋((38＋x3)－(36＋x4)－1)＋((58＋x3)－(51＋x4)－1))；

x1＜＝t1/2；
－t1/2＜＝x1；

x2＜＝t2/2；

$-t2/2<=x2$;

$x3<=t3/2$;
$-t3/2<=x3$;

$x4<=t4/2$;
$-t4/2<=x4$;
@gin(x1);@gin(x2);@gin(x3);@gin(x4);

end

附录3 排序理论介绍

本附录主要介绍排序的理论和方法,为本书第7章节应用排序理论分析、处理实际问题服务。具体内容包括:排序问题的定义、相关术语、分类、表示方法,排序问题研究的发展历程,以及解决排序问题的途径等。

附录3.1 排序问题概述

附录3.1.1 排序问题的定义

排序,是安排时间表的简称,指在一定条件下分配有限的资源合理地去完成任务,使得一个或多个目标达到最优[242]。排序是决策的一种形式,它在制造业和服务业中已经得到了比较广泛的应用。排序理论又称为时间表理论,其作为一门应用科学,有着深刻的实际背景和广阔应用前景。排序理论及其算法是组合优化中的一个重要分支。

所谓排序问题,是指若干个工件(Job)在一些机器(Machine)上进行加工,如何安排机器和工件,使某些要求(目标函数)达到最优[243]。因为排序问题最早是在机器制造中提出的,所以沿用机器制造的术语是可以理解的,但这并不意味着仅仅在机器制造中才能得以应用。实际上,它在编制作业计划、企业管理、航空航天、医疗卫生等各个领域都有广泛的应用[244]。

对 m 台机器和 n 件工件进行安排的排序问题,通常地,用 M_i($i=1,2,\cdots,m$)表示第 i 台机器,用 $M=\{M_1,\cdots,M_m\}$ 表示这 m 台机器的集合;用 J_j($j=1,2,\cdots,n$)表示第 j 个工件,用 $J=\{J_1,\cdots,J_n\}$ 表示这 n 个工件的集合,在不至于混淆的情况下,有时用工件 J_j 的下标 j 来表示这个工件,用 $J=\{1,\cdots,n\}$ 或 $N=\{1,\cdots,n\}$ 表示 n 个工件的集合。

附录3.1.2 排序问题相关术语

附录3.1.2.1 排序涵义[245]

在排序理论中,安排时间表(Scheduling)是在一定的约束条件下对工件和机器按时间进行分配和安排次序,使某一个或某一些目标达到最优。安排次序(Sequencing)是一种特殊的安排时间表问题,是只要确定工件的次序就能完全确定工件的加工。

Scheduling 既有"分配"(Allocation)的作用,把被加工的对象"工件"分配给提供加工的对象"机器"以便进行加工;又有"排序"的功能,有被加工的对象"工件"的次序和提供加工的对象"机器"的次序这两类次序的安排;还有"调度"的效果,是在于把"机器"和"工件"按时间进行调度。"工件"何时就绪,何时安装,何时开始加工,何时中断加工(Preempt),何时更换

"工件",何时再继续加工原"工件",直到何时结束加工;"机器"何时就绪,何时进行加工,何时空闲(Idle),何时更换"机器"等等。这些都是按时间进行"分配"、"排序"和"调度"。

单纯的分配问题,即单纯地把"工件"分配给"机器"以便进行加工,是一个数学规划问题。单纯的次序安排问题是 Sequencing 问题。现在把 Sequencing 和 Scheduling 都称为排序,是尊重使用的习惯和方便。

因此,排序有两种涵义:狭义的是 Sequencing,是安排次序;广义的是 Scheduling,是安排时间表。Timetabling 也是安排时间表,但更多的是安排课程表,安排(火车或飞机)时刻表等。与作为最优化问题的 Scheduling 不同,Timetabling 要解决的是"存在性"问题,是判别和设计是否存在符合某些要求的时间表。

附录3.1.2.2　其他相关术语

在英文文献中有时使用 Processor(处理机)而不使用 Machine(机器);使用 Task(任务)而不使用 Job(工件),不过明显的趋势是越来越多的文献中使用"机器"和"工件"这两个术语。早在 1974 年 Baker 就指出:"排序领域内许多早期的工作是在制造业推动下发展起来的",所以在描述排序问题时很自然会使用制造业的术语。虽然排序问题在许多非制造业的领域内取得了相当有意义的成果,但是制造业的术语仍然经常在使用。因而,往往把资源(Resource)称为机器,把任务(Task)称为工件。有时工件可能是由几个先后次序约束相互联系着的基本任务(Elementary Tasks)所组成,这种基本任务称为工序(Operations)。

例如,对门诊病人到医疗诊所看病的排序问题也描述成为"工件"在"机器"上"加工"的过程。排序理论中的"机器"和"工件"已经不是机器制造业中的"车床"和"车床加工的螺丝",已从"车床"和"螺丝"等具体事物中抽象出来,是抽象的概念。"机器"和"工件"与"车床"和"螺丝"的关系是"一般"与"特殊"、"抽象"与"具体"、"理性"与"感性"、"理论"与"经验"、"概念"与"感觉"的关系。正好比"水果"是从"香蕉"、"苹果"等具体事物中抽象出来,"水果"可以是"香蕉"、"苹果"等。排序理论中的"机器"可以是数控机床、计算机 CPU、医生、机场跑道等,"工件"可以是零件、计算机终端、病人、降落的飞机等。例如,计算机科学并行计算机的出现,促进排序理论中对多台平行机的深入研究;反过来,排序论中的平行机可以应用到具体的计算机科学并行计算机中去,平行机排序的成果在一定程度上又推动并行计算机的发展。

1. 机器

在排序理论中,机器是提供加工的对象、是完成任务所需要的资源。机器可以分成两大类:平行(Parallel)机和串联(Dedicated)机。所谓平行机,即只需这若干机器之一加工完一个工件,这个工件就无需其他机器再加工,机器之间的关系是平行关系;而串联机,则需要这若干个机器都加工完这同一工件,方才认为这一工件加工完毕,机器间的关系是串联关系。平行机又可分成三类:具有相同加工速度的同型(号)(Identical)机,又称为恒同机器;具有不同加工速度但此速度不依赖于工件的同类(别)(Uniform)机,又称为一致机器;以及随加工工件不同其加工速度也不同的非同类(Unrelated)机,也称为无关机器。串联机也可分为三类:每一工件以同样次序被所有机器依次加工的流水作业(Flow Shop)、每一工件依次被所有机器加工但加工的顺序并不指定(可以任意)的自由作业(Open Shop)和每一工件被特定机器(不要求所有机器)以特定顺序加工的异序作业(Job Shop)。

2. 工件工序

在排序理论中,工件是被加工的对象,是要完成的任务。对于不允许中断加工的情况来讲,一个工件在 m 台串联机上的加工是需要在这 m 台机器中的每一台机器上都加工一次。我们把工件 J_j 在一台串联机上的加工称为工序,并记为 O_{ij}。对流水作业而言,不妨假设每一个工件 J_j 的工序 O_{ij} 都是在机器 M_i 上进行的。对自由作业而言,工件 J_j 的加工也可分为 m 个工序,但这 m 个工序具体是在哪台机器上加工并不指定,是可以任意选择的。对异序作业而言,每个工件 J_j 工序的数目 m_i 和顺序都可以不同,但都是事先已经给定的。流水作业是一种特殊的异序作业,而自由作业则可以理解成"松弛"的异序作业。

3. 相关输入参数

3.1 加工时间(Processing Time)、服务时间(Service Time)或执行时间(Execution Time):三者均是指工件 J_j($j=1,2,\cdots,n$)在机器 M_i 上加工所需的(非负的)时间,可以用 p_{ij} 来表示。对于同型号机,有 $p_{ij}=p_j$($i=1,2,\cdots,m$)。对于同种类机,有 $p_{ij}=p_j/s_i$($i=1,2,\cdots,m$),其中 p_j 是工件 J_j 的标准工时(通常是指在速度最慢的机器上的加工时间),s_i 是机器 M_i 的"速度"。对于同一个工件 J_j,如果机器 M_i 的 s_i 越大,那么加工时间 $p_{ij}=p_j/s_i$ 越小,表示机器 M_i 加工这个工件 J_j 越快。

3.2 就绪(到达)时间(Arrive Time)、准备(Ready)或释放(放行)时间(Release Time):都是指工件 J_j 可以开始加工的时间,可以用 r_j 来表示。如果所有工件都同时就绪,可以认为 $r_j=0$($j=1,2,\cdots,n$)。

3.3 截止期限(Deadline):表示工件 J_j 所有工序的加工应该结束的时刻,记为 d_j。

3.4 权(权值)(Weight):表示工件 J_j 的重要性(Importance 和 Priority),并包含相应的物理量纲,记为 w_j。

4. 相关输出数据

在机器和工件的一种安排下,即对应于一个排序或一张时间表的输出数据有:

4.1 完工时间(Completion Time):C_j 是工件 J_j 的最后一道工序加工结束的时刻。

4.2 流程时间(Flow Time):$F_j=C_j-r_j$。

4.3 滞后时间(Lateness Time):$L_j=C_j-d_j$。

4.4 延误时间(Tardiness Time):$T_i=\max\{L_j,0\}$。

4.5 超前时间(Earliness Time):$E_i=\max\{-L_j,0\}$。

4.6 等待时间(Waiting Time):W_{jk} 是工件 J_j 的第 $k-1$ 个工序加工结束到第 k 个工序开始加工之前,此工件在等待进行加工的时间;当 $k=1$ 时,就是工件 J_j 的准备时间 r_j。

附录 3.1.3 排序问题的分类

依据不同的分类标准,可将排序问题分为不同种类。

附录 3.1.3.1 按研究发展历程划分

从排序问题研究的发展历程来看,可将排序问题分为两类:经典排序(Classical Scheduling)和现代排序(Modern Scheduling)。

Brucker 和 Knust 在"Complexity results of scheduling problems"[246]中使用 Classical 和 Extended 两个词来区别经典的和非经典的(推广的)排序问题,也用 New Classes of Scheduling Problems(新型排序)来表示非经典的排序问题。因此,现代排序就是非经典的,

也是新型的排序。现代排序或新型排序是相对经典排序而言的,其特征是突破经典排序的基本假设。根据 1993 年 E. L. Lawler,J. K. Lenstra,A. H. G. Rinnooy Kan 和 D. B. Shmoys 等的观点,经典排序有四个基本假设。

1. 资源的类型。机器是加工工件所需要的一种资源。经典排序假设,一台机器在任何时刻最多只能加工一个工件;同时还假设,一个工件在任何时刻至多在一台机器上加工。作为这个基本假设的突破,有成组分批排序、同时加工排序、不同时开工排序和资源受限排序等。

2. 确定性。经典排序假设决定排序问题的一个实例的所有(输入)参数都是事先知道的和完全确定的。作为这个基本假设的突破,有可控排序、随机排序、模糊排序和在线排序等。

3. 可运算性。经典排序是在可以运算、计算的程度上研究排序问题,而不去顾及诸如如何确定工件的交货期,如何购置机器和配备设备等技术上可能发生的问题。如果考虑实际应用中有关的情况和因素,就是应用排序(Applied Scheduling)问题。如人员排序(Employee Scheduling)和智能排序(Intelligent Scheduling)等。

4. 单目标和正则性。经典排序假设排序的目的是使衡量排序结果好坏的一个一维目标函数的函数值为最小,而且这个目标函数是工件完工时间的非降函数,这就是所谓正则目标。多目标排序、准时排序和窗时排序等是这个假设的突破。

因此,上述 10 种经过推广的排序(可控排序、成组分批排序、在线排序、同时加工排序、准时排序、窗时排序、不同时开工排序、资源受限排序、随机排序、模糊排序、多目标排序等)构成了现代排序论的主要内容。当然,这 10 种排序不可能包括层出不穷、不断涌现的新型排序,没有涉及的新型排序有 Scheduling with Transportation(Communication)Delays(带有传输时间的排序)、Scheduling Multiprocessor Jobs(多台机器同时加工工件的排序)和工件加工时间随加工次序变动的排序等等。

附录 3.1.3.2 按参数的可知性划分

排序问题从其参数的可知性上划分可分为三类:随机性排序问题、模糊性排序问题、确定性排序问题。

1. 从机器角度划分

着重介绍下确定性排序问题:对于确定性排序问题,从机器数量上可分为单机排序问题(Single-machine Scheduling Problems)和多机排序问题(Multi-machine Scheduling Problems)。

对于多机排序问题,根据机器间的相互关系,可分为平行机排序(Scheduling on Parallel Machines)和串联机排序(Scheduling on Dedicated Machines)。

对于平行机排序问题,可分为同型号(恒同)机器排序问题、同种类(一致)机器排序问题,以及非同类(无关)机器排序问题。

对于串联机排序问题,按工件被机器加工的先后顺序,则可分为:流水作业车间排序问题,即每一工件以同样次序被所有机器依次加工(作业);异序作业车间排序问题,即每一工件被特定机器(不一定是全部机器)的特定顺序加工;以及自由作业车间(Open Shop)排序问题,即每一工件都被所有机器加工,但加工的顺序可以不一样。

2. 从工件角度划分

从工件被加工时,是否允许中断后再继续加工,工件间是否有先后次序约束,工件加工时间是否受限制,工件是否有达到时间限制,工件是否有完工工期等方面划分排序问题又可以划分为若干类。

3. 从目标角度划分

从目标上划分,排序问题可以划分为数量化目标、可行性目标两类。数量化目标排序问题又可以划分为最大化与最小化、是否加权最大化或加权最小化排序问题。

附录 3.1.3.3 按计算的复杂性划分

从复杂性的角度来看,排序问题一般可以分为两类:P 问题和 NP—hard 问题。

前者是指存在多项式时间算法的排序问题,而后者则是指目前并不知道是否存在多项式时间算法的排序问题,但是如果这类问题中的一个能够在多项式时间内解决,那么所有的这类问题都可以在多项式时间内解决。

附录 3.1.3.4 按掌握信息程度划分

在现实生活中,经典排序的确定性假设较难实现。根据排序者在排序时掌握工件信息的多少可以把排序问题分为三类:离线(Offline)、在线(Online)、和半在线(Semi-online)。

在离线排序问题中,全部工件的所有信息都已知,排序者可以充分利用上述信息对工件进行安排。在线排序问题有两条基本假设:①工件的信息是逐条释放的,排序者只有在对前面工件做出安排后才能获悉后面工件的信息;②工件加工不能改变,即一旦排序者将公交安排给某台机器加工,在其后的任何阶段不能以任何方式加以改变。半在线排序问题是介于离线问题和在线问题之间的排序问题,即除了知道当前到达的工件及之前的工件的信息,还可以预先知道工件的部分信息,但是仍不允许对任何已经安排的工件进行重新排序。

此外,排序问题还可以按静态(Static)和动态(Dyn AMic)、确定性(Deterministic)和非确定性(Non-deterministic)划分为四大类:静态确定性排序问题、动态确定性排序问题、静态非确定性排序问题和动态非确定性排序问题。

以上介绍只是排序问题的几种典型分类,若从更为严格的意义上讲,这里所涉及的仅仅是机器排序(Machine Scheduling)。除此之外,还有项目排序(Project Scheduling)和数据排序。项目排序包括 C PM(关键路线法)和 PERT(计划评审技术)等。数据排序又称为整序(Sorting),是更为特殊的一类 Sequencing 问题,仅仅是一些"元素"(即"工件")按照某种要求重新安排次序的问题,并不涉及"机器"的因素,例如冒泡整序和快速整序等等。由于不是本书重点,就不再累述了。

附录 3.2 排序问题的表示法

本节介绍排序问题的三参数表示法,这是了解和研究现代排序理论的工具。1967 年 Conway[247] 等人首先提出用四个参数来表示排序问题。对于(但不局限于)静态确定性排序问题,1979 年 Grah AM 等人提出改用三参数表示法[248]。下面介绍目前国际上通用的三参数 $\alpha \mid \beta \mid \gamma$ 表示法,其中,记号"·"表示空集,可以省略。

附录 3.2.1　机器环境(Machine Environment)

参数 $\alpha = \alpha_1\alpha_2$ 用来描述机器的类型、机器的数量及不同机器之间的关系。

附录 3.2.1.1　参数 $\alpha_1 \in \{\cdot, P, Q, R, O, F, J\}$ 描述机器的类型：

$\alpha_1 = \cdot$ 表示单台机器，此时 $p_{1j} = p_j$，

$\alpha_1 = P$ 表示同型(号)机，

$\alpha_1 = Q$ 表示同类(别)机，

$\alpha_1 = R$ 表示无关机，

$\alpha_1 = O$ 表示串联机器环境下自由作业机器，

$\alpha_1 = F$ 表示串联机器环境下流水作业机器，

$\alpha_1 = J$ 表示串联机器环境下异序作业机器。

附录 3.2.1.2　参数 $\alpha_2 \in \{\cdot, m\}$ 反映机器的数目：

$\alpha_2 = \cdot$ 表示机器的数目不指定，可以是任意正整数，

$\alpha_2 = m$ 表示有 m 台机器。

附录 3.2.2　工件特征(Job Characteristics)

参数 $\beta = \beta_1\beta_2\beta_3\beta_4\beta_5\beta_6$ 用来描述工件是否在线、就绪时间、是否有截止期限、是否可以中断、先后约束、加工时间与其他的特别情况。

1. 参数 $\beta_1 \in \{\cdot, pmtn\}$ 描述工件是否可以允许被抢先而暂时中断：

   $\beta_1 = \cdot$（$\cdot$ 可以省略）表示不允许中断抢先加工，

   $\beta_1 = pmtn$ 表示允许中断抢先加工，其中 $pmtn$ 是英文 preemption 的一种简记法。

2. $\beta_2 \in \{\cdot, res\lambda\sigma\rho\}$ 描述工件对机器以外别的资源的要求：

   $\beta_2 = \cdot$（$\cdot$ 可以省略）表示工件对其他资源没有要求，

   $\beta_2 = res\lambda\sigma\rho$ 表示工件对其他资源有要求，其中，参数 $\lambda, \sigma, \rho \in \{\cdot, k\}$ 分别代表资源种类的个数，每种资源的总量和每个工件要求某种资源的数量。"$\lambda, \sigma, \rho = \cdot$"表示相应的资源个数，每种资源的总量和每个工件要求某种资源的数量可以是任意的；"$\lambda, \sigma, \rho = k$"分别表示有 k 种别的资源，每种资源的总量是 k，每个工件至多要求 k 个单位资源。

3. $\beta_3 \in \{\cdot, intree, outtree, tree, chain, uan, prec\}$ 描述工件的先后约束：

   $\beta_3 = \cdot$（$\cdot$ 可以省略）表示独立工件，即工件之间不存在先后关系，

   $\beta_3 = intree$ 表示先后关系是内收树(或称为入树)的形状，

   $\beta_3 = outtree$ 表示先后关系是外放树(或称为出树)的形状，

   $\beta_3 = tree$ 表示先后关系是有根树的形状，可以是内收树也可以是外放树，

   $\beta_3 = chain$ 表示先后关系是链状的，

   $\beta_3 = uan$ 表示工件之间存在单链的网络(Unconnected Activity Networks)先后关系，

   $\beta_3 = prec$ 表示工件之间存在某种先后优先关系(Precedence Relation)。

4. 参数 $\beta_4 \in \{\cdot, r_j\}$ 描述工件的准备时间：

   $\beta_4 = \cdot$（$\cdot$ 可以省略）表示工件的准备时间都相同，

   $\beta_4 = r_j$ 表示对于不同工件 J_j 有不同的准备/到达时间。

5. 参数 $\beta_5 \in \{\cdot, m_j \leqslant \overline{m}\}$ 描述有序作业时工件工序的数目：

$\beta_5 = \cdot$（·可以省略）表示每一工件的工序数目（被若干机器加工的次数）是任意的。

$\beta_5 = (m_j \leqslant \bar{m})$ 表示有序作业时工件的工序数目为 m_j，不能超过 $\bar{m}$。

6. 参数 $\beta_6 = \{\cdot, p_j = p, \underline{p} \leqslant p_j \leqslant \bar{p}\}$ 描述工件的加工时间：

$\beta_6 = \cdot$（·可以省略）表示加工时间的数值不指定，可以是任何非负值。

$\beta_6 = (p_j = p)$ 表示所有工件的加工时间都是 p 个单位时间。

$\beta_6 = (\underline{p} \leqslant p_j \leqslant \bar{p})$ 表示工件 J_j 的加工时间是 p_j 取值于 $[\underline{p}, \bar{p}]$，即工件不可能在 $\underline{p}$ 之前与 $\bar{p}$ 之后进行加工。

参数 β 还可以反映工件别的情况，例如 $\beta \in \{\cdot, \bar{d}_j\}$，它刻画了系统工件是否有截止期限，若工件超过截止期限，将会引起灾难性损失。$\beta = \cdot$ 表示系统工件无截止期限限制；$\beta = \bar{d}_j$ 则表示系统工件 J_j 的加工时间期限不允许超过 $\bar{d}_j$。

附录 3.2.3 目标函数（Objective Function）

参数 γ 表示"优化的目标"。

作为一个最优化问题，排序的优化目标是一个一维实数，通常是考虑所谓正则的（Regular）目标，其满足两个条件：①目标函数是求最小值，②至少有一个工件的完工时间增加时，则目标函数值才会增加，即目标函数是完工时间的单调非降函数。正则的目标使排序问题只需要在可行集（可行排序的全体）中的一个优势（Dominant）子集中搜索就够了。例如，可以证明，对单台机器问题，就不必考虑加工中断，也不必考虑机器有空闲的情况，因为对单台机器问题而言，加工不中断，机器不空闲的排序对正则目标来讲都是组成优势集。

这类正则的目标可分为两类："使最大的费用为最小"和"使总的费用为最小"，也就是 $\gamma \in \{f_{\max}, \sum f_j\}$，其中 $f_{\max} = \max\{f_j \mid j = 1, 2, \cdots, n\}$，$\sum f_j = f_1 + f_2 + \cdots + f_n$，$f_j$ 是 t 的单调非降实函数 $f_j(t)$，表示工件 J_j 在时刻 t 完工时的函数值（费用）。这两类目标函数相应的排序问题分别称为最大费用排序问题和总费用排序问题。

在这两类目标函数中前一类是着眼于最"坏"的情况，后一类是兼顾各种情况。例如，当 $f_j(C_j) = C_j$，或 L_j，$f_{\max}$ 分别为 $C_{\max}$ 或 $L_{\max}$；当 $f_j(C_j) = C_j, w_j C_j, T_j, w_j T_j, U_j, w_j U_j$ 时，$\sum f_j$ 分别为 $\sum C_j, \sum w_j C_j, \sum T_j, \sum w_j T_j, \sum U_j, \sum w_j U_j$。需要注意的是 $\sum w_j C_j$ 和 $\sum w_j L_j$ 相差一个常数 $\sum w_j d_j$，因而，很少去研究目标函数 $\sum w_j L_j$。此外，任何使 $L_{\max}$ 取最小的排序也将使 $T_{\max}$ 和 $U_{\max}$ 为最小，但反之不尽然。

上述 11 个目标函数 $\gamma \in \{f_{\max}, C_{\max}, L_{\max}, T_{\max}, \sum f_j, \sum C_j, \sum w_j C_j, \sum T_j, \sum w_j T_j, \sum U_j, \sum w_j U_j\}$ 是经典排序中常用的目标函数。

附录 3.2.4 三参数表示法示例

$1 \mid prec \mid C_{\max}$：工件间有序约束、以最大完工时间最小化为目标的单台机器排序问题。

$R \mid pmtn \mid \sum C_j$：工件允许中断、以总完工时间最小化为目标的机器数目不定的无关平行机排序问题。

$J_3 \mid \underline{p} \leqslant p \leqslant \bar{p} \mid C_{\max}$：工件加工时限受时间窗口 $[\underline{p}, \bar{p}]$ 限制、以最大完工时间最小化为目标的 3 台异序串联机的排序问题。

附录 3.3　排序问题研究的发展沿革

题为《美国国防部与数学科学研究》的报告认为，20 世纪 90 年代以至整个 21 世纪数学发展的重点，将从连续的对象转向离散的对象，并且组合最优化将会有很大的发展，因为"在这个领域内存在大量亟须解决而又极端困难的问题，其中包括如何对各个部件进行分隔、布线和布局的问题"，这"分隔、布线和布局"就与排序有关。同时，排序问题与计算机科学和离散组合数学存在密切的联系。近十几年来，排序理论取得了长足发展，特别是新型排序的丰硕成果，使排序理论已经成为发展最迅速、研究最活跃、成果最丰硕、前景最诱人的学科领域之一[249]。

从 20 个世纪 50 年代以来，排序作为一类重要的组合优化问题在运筹学研究中发展非常迅速。普遍认为 1954 年 S. M. Johnson 发表在《Naval Research Logistics》上的论文"Optimal two- and three-stage production schedules with setup times included"是第一篇经典排序，它提出了求解流水车间、两台机器下使最终完工时间最小排序问题 $F_2 \parallel C_{\max}$ 的好算法，揭开了排序问题研究的序幕。其后几年里，人们对一些排序问题，如 $1 \parallel T_{\max}$ 和 $1 \parallel \sum w_j C_j$，找到了一些最优算法。

到了 20 个世纪 60 年代，许多实际背景更为强烈的排序问题被发现，然而研究成果收获很少，在此期间出现了解 $1 \parallel \sum U_j$ 的 Moore 算法。同时，由于 20 世纪 50 年代解决线性规划问题的单纯形法的出现，人们认为总能找到一个类似的解决整数规划问题的有力工具，这促使人们将一些组合优化问题，显然包括排序问题转化成整数规划问题进行求解。这时产生了两个新的困难：一是即使是相对较小的排序问题转化成整数规划问题之后，亦需成百个 0~1 变量和约束条件；二是解决整数规划问题的有效算法一直没有出现。在这种情况下，大部分人对所研究的最优算法进行探索，希望能够得到多项式时间内的最优算法；而迫于实际需求，有些人转向研究这些问题的近似算法。

20 世纪 70 年代，随着计算机科学技术的发展，特别是 60 年代以来对排序问题研究经验的积累，排序问题研究有了质的发展。尤其是算法复杂性理论的问世，给排序问题研究注入了强大动力。人们发现那些困惑人们多年的"难题"不大会有好的算法，因为一旦其中一个有好算法，则此算法能够解决这一类"难题"，从而引导了一些学者将排序问题依据计算的复杂性进行分类。通过分类，人们惊喜地发现排序问题有一个显著特点，即从容易问题 P 类到困难问题 NP-hard 类过渡得十分明显，如表附 3.1 所列问题。这使得排序问题研究在计算复杂性理论中占据了一个重要位置。二战之后，伴随着大型制造业的兴起，人们也逐渐意识到排序问题研究的重要性。从 1954 年到现在，有关排序的文献已超过 3 000 余篇，有关排序方面的专著也有近百种。今天，排序问题的研究不仅仅局限于工业生产制造业，而且被广泛应用于管理科学、信息科学、计算机处理系统等诸多领域。排序理论在应用于工业制造生产和科学管理的同时，也形成了自身理论研究的体系。

表附 3.1　P 问题与 NP 问题列表

P 问题	NP-hard 问题	P 问题	NP-hard 问题
$1\|\|\sum C_j$	$1\|r_j\|\sum C_j$	$1\|\|\sum U_j$	$1\|\|\sum w_j U_j$
$1\|\|T_{\max}$	$1\|r_j\|T_{\max}$	$F_2\|\|C_{\max}$	$F_3\|\|C_{\max}$

排序问题研究在我国出现的稍晚一些[250]。20 世纪 60 年代,中国科学院越民义注意到排序问题的重要性和在理论上的难度。1966 年,他编写了国内第一本排序理论讲义。70 年代初,越民义和韩继业一起研究同顺序流水作业(同序作业)排序问题。他们发表在《中国科学》上的著名论文[251]开创了中国研究排序理论的先河。在他们两位的倡导和带动下,国内排序理论研究和应用研究有了较大的开展。例如,王宇平和何文章[252]是在实际生产中应用越民义和韩继业[253-255]的理论成果提高生产率的成功例子。越民义出版《组合优化导论》,精心撰写许多著名的多项式时间可解的排序问题。1987 年陈荣秋编著的《排序的原理与方法》是国内第一本正式出版的排序理论著作。1992 年 7 月中国运筹学会排序专业委员会在桂林举办生产作业计划与机器加工顺序(排序)研讨班,桂林研讨班编印的《排序论讲义》凝聚排序专业委员会各位委员的研究成果和国内外最新发展。在这次研讨班上,张正铀介绍他 1982 年提出的散列排序,这种数据排序的方法是构造一个映射函数来决定数据在排序中新的位置,这个方法引起国际上的关注。秦裕瑗从抽象的观点研究排序问题,林诒勋揭示排序问题的结构性质,都取得很有意义的成果。1997 年林诒勋[256]编著《动态规划与序贯最优化》,不但把经典排序的主要成果概括进去了,而且有许多独到的见地,令人耳目一新。常庆龙也较早涉足排序研究,其著作《排序与不等式》[257]用通俗易懂的语言介绍排序论的一些最基本的模型和算法,介绍华罗庚先生在《全国中学数学竞赛题解》"前言"中提出的引理——"排序原理"——及其在不等式上的应用。Baker[258]在那本著名的排序教材《Introduction to Sequencing and Scheduling》中用两个方法证明 SPT(Shortest Processing Time)序的最优性。一是用相邻交换法,一是用向量的数量积,后一种方法用的就是"排序原理"。这里"排序原理"中的"排序"是 Sequencing。1998 年陈礴等[259]的论文是迄今为止对排序研究最为完整的综述,介绍 574 篇论文的成果。

附录 3.4　排序问题的解决途径

对于一个排序问题,自从计算复杂性理论问世后,通常依下列途径分析解决:

首先根据该问题的特色,确定其复杂性是 P 类还是 NP-hard 类,然后根据其复杂性分别进行求解。

若该问题是 P 类问题,则解决该问题一切实例的多项式时间算法肯定存在。这时应尽量找到阶数最低的多项式时间算法,若找到的多项式时间算法的时间阶数不太低时,也可以考虑平均行为好的非多项式时间算法。

若该问题是 NP-hard 类问题,则该问题不大可能有多项式时间算法,通常按下列方式解决。首先,对原问题进行一些松弛,将松弛后的新问题的解作为原问题的近似解。一般松弛方法有:①将某一参数视为常量;②将不允许中断的加工方式改为允许中断;③将工件间任意先后约束关系改为树状或链状约束。其次寻求精确算法为近似算法,并作相应的算法分析。

大多数的排序问题都是 NP-hard 问题。在实际应用中由于 NP-hard 问题的最优解很难在多项式时间内找到,所以往往寻求特殊情形下的最优解或者一般情形下的近似解,这就产生了近似算法的概念。

衡量近似算法的优劣可从两个方面来看,一是算法的时间复杂性,二是算法得到的解与最优解的接近程度。算法的时间复杂性由算法解某个可能输入长度的最坏可能实例所需要的基本运算次数来衡量。算法解与最优解的接近程度常用"竞争比分析"(Competitive Analysis)来衡量(尤其是在在线算法中)。

设有一个在线算法 A。对于实例 I,$V_A(I)$ 和 $V_{OPT}(I)$ 分别表示算法 A 所得排序的目标函数值与最优的离线目标函数值(不妨设为最小化的目标函数)。若对于问题的所有实例 I,存在 $V_A(I) \leqslant c * V_{OPT}(I)$,$c_A$ 的下确界就是算法 A 的竞争比或最坏情况比(Competitive Ratio, Worst Case Ratio),称 A 为 c_A-竞争的。即

$$c_A = \inf_c \{c \geqslant 1 \mid V_A(I) \leqslant c * V_{OPT}(I), \forall I\}$$

如果对一个在线问题不存在竞争比小于 c 的在线算法,称 c 为该问题的下界(常用实例来寻找)。若 $c_A = c$,则称 A 为最优(Best Possible, Optimal)算法。

综上所述,排序问题的解决途径如图附录 3.1 所示。

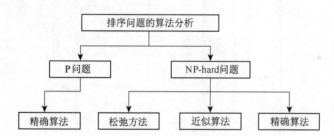

图附录 3.1 排序问题解决途径示意图

附录 4　University of Wisconsin-Madison 校园公交线路图

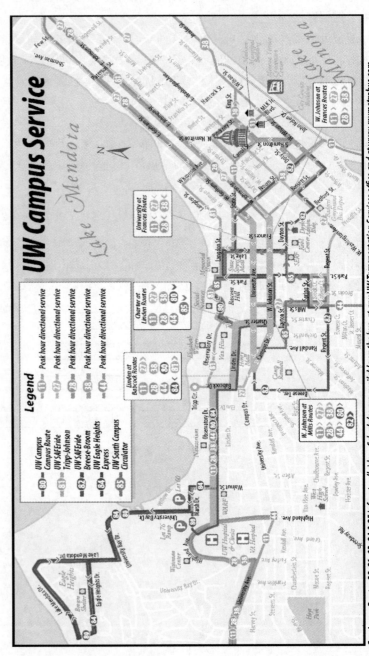

附录 5 Access 数据库中数据处理的 Java 软件编程

附录 5.1 Trip

```java
import java.util.ArrayList;
import java.util.List;


public class trip {

    private String TripID;
    private String TripRouteNo;
    private float TripTime;
    private int pcnt;
    List<tripInfo> TripInfoList= new ArrayList<tripInfo>();

    public trip (String time, String route){
            this.TripID = time+route;
            this.TripRouteNo = route;
            this.TripTime = Float.valueOf(time);
            pcnt=0;
    }


    public String getTripID() {
        return TripID;
    }

    public float getTripTime() {
        return TripTime;
    }

    public String getTripRouteNo() {
        return TripRouteNo;
```

```
    }

    public void AddTripInfo(tripInfo in) {
        TripInfoList.add(in);
    }

    public tripInfo getTripInfo(int tripNo) {
        return TripInfoList.get(tripNo);
    }

    public int getTripInfoNo() {
        return TripInfoList.size();
    }

    public boolean hasStation(String Id) {
        for(int i=0;i<TripInfoList.size()-3;i++){
            if(TripInfoList.get(i).getStopID().equals(Id)){
                return true;
            }
        }
        return false;
    }

    public void ShowTrip() {
        for(int i=0;i<TripInfoList.size();i++){
            int tmp = i+1;
            int Ttime = 0;
            pcnt = pcnt+TripInfoList.get(i).getOncnt()-TripInfoList.get(i).getOffcnt();
            if (i>0){
                Ttime = (int) (TripInfoList.get(i).gettime()-TripInfoList.get(i-1).gettime());
            }
            System.out.println("Station "+tmp+"    "+TripInfoList.get(i).getStopID());
            System.out.println("Time    "+TripInfoList.get(i).gettime()/3600+", Oncnt "+TripInfoList.get(i).getOncnt()
                    +", Offcnt    "+TripInfoList.get(i).getOffcnt()+", pcount    "+pcnt+", Ttime "+Ttime);
        }
```

}
}

附录5.2 TripInfo

```java
public class tripInfo {

    private float TripTime;
    private String StopID, RouteNo;
    private int Oncnt, Offcnt;


    public tripInfo (Float time){
        this.TripTime = time;
    }

    public void setOncnt (int oncout) {
        this.Oncnt =oncout;
    }

    public void setOffcnt (int offcout) {
        this.Offcnt =offcout;
    }

    public void setStopID (String stop) {
        this.StopID =stop;
    }

    public void setRoute (String route) {
        this.RouteNo =route;
    }

    public Float gettime () {
        return this.TripTime;
    }

    public int getOncnt () {
        return this.Oncnt;
    }
```

```java
    public int getOffcnt () {
        return this. Offcnt;
    }

    public String getStopID () {
        return this. StopID;
    }

    public String getRoute () {
        return this. RouteNo;
    }
}
```

附录5.3 Block

```java
import java.util.ArrayList;
import java.util.List;


public class block {

    private String BlockID;
    List<trip> TripList= new ArrayList<trip>();

    public block (String date, String VehNo){
        this.BlockID = date+VehNo;
    }


    public String getBlockID() {
        return BlockID;
    }

    public void addRecord(tripInfo in) {

        if (TripList.size()==0||(! TripList.get(TripList.size()-1).getTripRoute-
            No().equals(in.getRoute()))
            ||TripList.get(TripList.size()-1).hasStation(in.getStopID())){
            trip add = new trip(in.gettime().toString(), in.getRoute());
```

```java
            TripList.add(add);
        }
        TripList.get(TripList.size()-1).AddTripInfo(in);
    }


    public trip getTrip(int tripNo) {
        return TripList.get(tripNo-1);
    }


    public int getTripNo() {
        return TripList.size();
    }

    public void ShowBlock() {
        System.out.println("BlockID "+BlockID+" with "+TripList.size()+" trips");
        for(int i=0;i<TripList.size();i++){
            int tmp = i+1;
            float Totaltime = TripList.get(i).getTripInfo(TripList.get(i).getTripInfoNo()-1).gettime()-TripList.get(i).getTripInfo(0).gettime();
            System.out.println("Trip "+tmp+" is "+TripList.get(i).getTripID()+" at "+TripList.get(i).getTripTime()/3600
                    +", with "+TripList.get(i).getTripInfoNo()+" stations, Total T-Time "+Totaltime/3600+" hours");
            TripList.get(i).ShowTrip();
        }
    }
}
```

附录5.4　Main

```java
import java.io.FileReader;
import java.text.SimpleDateFormat;
import java.util.Scanner;
import java.io.FileOutputStream;
```

```java
import java.io.IOException;
import java.io.LineNumberReader;
import java.io.PrintStream;
import java.util.ArrayList;
import java.util.Enumeration;
import java.util.Hashtable;
import java.util.List;
import java.lang.Integer;
public class jianMain {

    public static void main(String[] args)throws IOException{
        LineNumberReader readdata = new LineNumberReader(new FileReader("input.txt"));
        Hashtable<String, block> BlockTable= new Hashtable<String, block>();


        for(String input; (input=readdata.readLine()) != null;) {
            Scanner sc = new Scanner(input);
            Float time;
            String Route, VehNo, StopID, datein;
            int date, oncnt, offcnt;

            datein = sc.next();
            date = Integer.valueOf(datein);
            time = Float.valueOf(sc.next());
            VehNo = sc.next();
            VehNo = "V"+VehNo;
            offcnt = Integer.valueOf(sc.next());
            oncnt = Integer.valueOf(sc.next());
            Route = sc.next();
            Route = "R"+Route;
            StopID = sc.next();
            String Blockkey=date+VehNo;
//          System.out.println(datein+" "+time+" "+VehNo+" "+oncnt+" "+offcnt +" "+Route +" "+StopNo +" "+Blockkey);


            if(! BlockTable.containsKey(Blockkey)){
                block inblock = new block (datein, VehNo);
```

```java
                BlockTable.put(Blockkey, inblock);
            }
            tripInfo intripInfo = new tripInfo (time);
            intripInfo.setOncnt(oncnt);
            intripInfo.setOffcnt(offcnt);
            intripInfo.setStopID(StopID);
            intripInfo.setRoute(Route);

            BlockTable.get(Blockkey).addRecord(intripInfo);
//          in.ShowBlock();
        }

        String reportPath = "F:/eclipse/workspace/jian/report.txt";
        System.setOut(new PrintStream(new FileOutputStream(reportPath)));

        System.out.println("Start Data process!");

        Enumeration e=BlockTable.keys();
          while(e.hasMoreElements()){
              BlockTable.get(e.nextElement()).ShowBlock();
              System.out.println();
          }


        if(BlockTable.containsKey("120060919V853")){
//            System.out.println("EMPRTYAAAAAAAAAAAAAAA");
//            BlockTable.get("120060919V853").ShowBlock();
        }

        System.out.println("Data process finished!");
    }
}
```

附录6 主要变量及符号释义

变量符号	中 文 释 义	单位
$P_{l,l'}$	乘客从站点 l 上车至站点 l' 下车的概率	—
$T(l, l')$	公交网络中任一站点对 (l, l') 之间的公交客流 OD 量	人次
ΔT	线路发车间隔优化的研究周期	min
T^0	优化时段的初始时刻	—
$[T^0, T^0 + \Delta T]$	研究时间范围	—
A	线路总数	—
j	车辆班次标记	—
αj	第 α 条公交线路的第 j 个班次	—
αl	第 α 条公交线路的 l 站点	—
$U^+_{\alpha j l}$	第 α 条公交线路的第 j 个班次在 l 站点的上车人数	人
$D^-_{\alpha j l}$	第 α 条公交线路的第 j 个班次在 l 站点的下车人数	人
$Q_{\alpha j}(l, l+1)$	第 α 条公交线路的第 j 个班次在 l 站点与 $l+1$ 站点之间的断面客流量	人次
$Q_{\alpha}(l, l+1)$	第 α 条公交线路在 l 站点与 $l+1$ 站点之间的断面客流量	人次
$U^+_{\alpha j}$	第 α 条公交线路第 j 个班次的乘客上车总量	人
U^+_{α}	第 α 条公交线路的乘客上车总量	人
U^+	整个运营区域内乘客上车总量	人
$\lambda_{\alpha高}$	公交线路 α 的高峰满载率	—
$Q_{\alpha高}$	高峰小时内单向高峰断面上车辆实载量	人
l_{α}	线路长度	km
$T_{\alpha营运}$	周转时间	min
f_{α}	某时间段内线路 α 的发车频率	班次/h
$Q_{\alpha h}$	线路 α 单位小时客流量	人/h
T	车辆占用停靠站的总时间	s
t_1	车辆进站停车所用时间	s
t_2	车辆开门和关门的时间	s
t_3	乘客上下车占用的时间	s
t_4	车辆启动和离开车站的时间	s

附录6 主要变量及符号释义

变量符号	中 文 释 义	单位
B_s	公交停靠站点公交车辆通行能力	bus/h
B_l	单停靠泊位的公交车辆通行能力	bus/h
N_{el}	有效停车泊位个数	—
t_c	清空时间	s
$P(s)$	乘客乘坐 s 站的概率	—
$\overline{X_1}(l, l')$	第 l 站上车,第 l' 站下车的人数	人
$Y(l, l')$	第 l 站上车,第 l' 站前仍留在车上的人数	人
$W(l')$	l' 站前的车内人数	人
$D(l')$	在 l' 站下车人数	人
$P'(l'-l)$	乘客乘坐 $l'-l$ 站的概率	—
S_{lu}	公交停靠站点 l 在 500 m 范围第 u 种用地性质的土地面积	m²
X_u	各种用地性质的吸引系数	—
$n_{1l'}$	公交停靠站 l' 所经过的线路数	—
$n_{2l'}$	起始线路数	—
$n_{3l'}$	终点线路数	—
$T_{l'}$	公交站点 l' 的重要系数	—
N	时间段内的发车总数	班次
t_{out}	出场时刻	—
t_{d1}	车辆入线的第一个发车时刻	—
t_s	首末站停车时间定额	min
t_m	停车场(保养厂)与入线站点之间的单程时间定额	min
t_{up}	入线时刻	—
t_{down}	离线时刻	—
t_{an}	车辆最后一个车次的到站时刻	—
t_{in}	回场时刻	—
$D^{l, l+s}(t)$	线路上 t 时刻乘客到达 l 站的目的地为 $l+s$ 站的乘客人数	人
T_j^l	线路上第 j 班次车辆在 l 站的发车时刻	—
T_{j-1}^l	线路上第 $j-1$ 班次车辆在 l 站的发车时刻	—
$W_j^{l, l+s}$	第 j 班次车辆从 l 站发车时为止,站点 l 等待前往 $l+s$ 站的乘客数	人
$B_j^{l, l+s}$	线路上第 j 班次车辆从 l 站等待前往 $l+s$ 站的乘客可上车乘客数	人
T_{j+1}^l	线路上第 $j+1$ 班次车辆在 l 站的发车时刻	—
C_p	乘客等车时间	min
C_l	票价	元/人次

变量符号	中 文 释 义	单位
C_2	每发一班次车辆的费用	元/班次
C_c	公交公司经济成本	元
w_p	乘客等车经济成本的非负权重系数	—
w_{t2c}	乘客时间成本与经济成本的非负换算系数	—
w_c	公交公司经济成本的非负权重系数	—
t_k	第 $k-1$ 班次车辆与第 k 班次车辆间的发车间隔	min
S_l^j	第 j 班次车辆在 l 站的停留时间	s
R^x	线路上车辆从 $x-1$ 站到 x 站的站间行驶时间	min
u	平均每人上车时间	s
d	平均每人下车时间	s
P	公交车辆额定载客人数	人
$t_{\max}$	公交车辆最大发车间隔	min
$P_{\min}$	最小满载率	%
S	区域范围内公交站点个数	—
S'	区域范围内换乘站点个数	—
L_α	区域范围内公交线路 α	—
Bus	公交车辆	—
Bus_α^j	线路 L_α 从始发站开出的第 j 班次车辆	—
$T_{\alpha j}^l$	线路 L_α 第 j 班次车辆在公交站点 s_l 的发车时刻	—
$T_{\alpha 1}^1$	线路 L_α 始发时刻	—
$t_{\alpha k}$	线路 L_α 上第 $k-1$ 班次车辆与第 k 班次车辆间的发车间隔	min
$t_{\alpha \min}$	线路 L_α 上相邻两个班次车辆间的最小间隔	min
$t_{\alpha j}^l$	L_α 上第 j 班次车辆从始发站到换乘站点公交站点 s_l 所需行驶时间	min
$C_{\alpha\beta}^l$	在站点 s_l 从线路 L_α 换乘到线路 L_β 的乘客数	人
$\mathrm{Cons}T$	换乘乘客的平均换乘时间	s
A_α	公交线路 L_α 上公交车辆的时刻表时间调整值	min
RX_j	站点晚点到达公交车辆的实际发车班次序号	—
PX_j	站点晚点到达公交车辆的计划发车班次序号	—
$t_{停}$	公交车辆到达站点后的停站时间	—
c	需要改变发车班次序号数	—
T_{j+c}^0	公交班次序号为 $j+c$ 的车辆到达站点后的发车时刻	—
RT_{j+c}^0	公交班次序号为 $j+c$ 的车辆到达站点的实际时刻	—
NT_{j+c}^0	班次序号为 $j+c$ 的公交车辆到达站点后下一行车计划发车时间	—

附录6 主要变量及符号释义

变量符号	中 文 释 义	单位
NT^0_{j+k}	班次序号为 $j+k$ 公交车辆到达公交站点后的下一个行车计划发车时间	—
$h(x,\rho)$	单车道情况下公交车辆之间的车头间距分布密度函数	—
x	位置	—
ρ	交通流密度	veh/h
$P(n)$	一个连通集内包含 n 辆公交车的概率	—
N_{Total}	单车道上的车辆总数	—
M_i	第 i 台机器	—
J_j	第 j 个工件	—
O_{ij}	工序	—
m_i	工件 J_j 工序的数目	—
p_{ij}	工件 J_j 在机器 M_i 上加工所需的时间	min
p_j	工件 J_j 的加工时间	min
r_j	工件 J_j 可以开始加工的时间	—
s_j	工件 J_j 所有工序的加工应该开始的时刻	—
d_j	工件 J_j 所有工序的加工应该结束的时刻	—
w_j	工件 J_j 的权重值	—
C_j	工件 J_j 的最后一道工序加工结束的时刻	—
T_{ria}	从点 a 在 t_{ia} 时刻发出的车辆在线路 r 上的平均运营时间	min
T_{rjb}	从点 b 在 t_{jb} 时刻发出的车辆在线路 r 上的平均运营时间	min
n_{ia}	在 $[t_{ia}, t_{i'a})$ 时段内在 a 站发车的车次数	—
$t_{i'a}$	自 a 站发向 b 站的第一个可行车次的发车时间	—
n_{jb}	从 b 站发出针对车次 j 的发车车次数	班次
$\max_i n_{ia}$	执行 a 站时刻表所需的最大车辆数	辆
$\max_j n_{jb}$	执行 b 站时刻表所需的最大车辆数	辆
$NT^r_{\min}$	不允许跨线调度和插入空驶车次情况下,线路 r 需用的最小车辆数	辆
N_i	在工件集 N_i 中不存在工件 $j \notin N_i$ 却可以在该机器上进行加工的工件	—
U_{vi}	对任一机器 i 第 v 个不可加工时段	—
a_{vi}	机器 i 不可加工时段的开始时刻	—
b_{vi}	机器 i 不可加工时段的结束时刻	—
u_i	机器 i 的不可加工时段总数	—
I_{jil}	机器 i 可以用来加工工件 j 的固定时段	—
s_{jil}	在机器 i 上,工件 j 第 l 个可加工时段的开始时刻	—
d_{jil}	在机器 i 上,工件 j 第 l 个可加工时段的结束时刻	—

变量符号	中 文 释 义	单位
n_{ji}	工件 j 在机器 i 上可加工时段总数	—
w_{jil}	可加工时段 I_{jil} 的权重系数	—
$\overline{U_i}$	机器 i 不可加工工件的总时段	—
bt_j	工件 J_j 第 k 道工序（个班次）的加工（运营）开始时刻	—
et_j	工件 J_j 第 k 道工序（个班次）的加工（运营）结束时刻	—
f_i	车辆 i 的燃料续航里程	km
FT_i	车辆 i 的燃料续航时间	min
$(t_a^s, t_a^e]$	车次链由固定起始时刻和结束时刻确定的时间区间	—
t^{maintain}	车辆维护时间	min
U_j	车次链 B_j 的无关链	—
$G(V, E)$	顶点集为 V，边集为 E 的图	—
$G(V, D)$	无环图	—